COLLECTION « VÉCU »

BÉATRICE SAUBIN

L'ÉPREUVE

Condamnée à mort à vingt ans
en Malaisie

ROBERT LAFFONT

ISBN 2-221-06970-6

A ma grand-mère.

« Je veux être pour vous la liberté et le vent de la vie qui passe le seuil de toujours avant que la nuit ne devienne introuvable. »

René Char
Le poème pulvérisé.

A mes avocats :
Me Paul Lombard,
Me Karen Berreby,
Me Kumaraendran.

A mes fidèles :
Nicole,
Jean,
Guy, Martine et Patrick,
Jacques H.

A mes amis de l'ambassade de France à Kuala Lumpur :
Claire, François,
ceux du Liban, Rachid

A mon ami malaisien :
Tuan Nik, ex-directeur général des prisons en Malaisie.

A tous ceux qui se sont mobilisés pour la vie et pour la liberté.

Je remercie Hortense Dufour, des Éditions Robert Laffont, pour son aide éditoriale.

Je remercie mes éditeurs, Robert Laffont et Laurent Laffont.

PROLOGUE

Chambre de la fin

Penang, Malaisie. 17 juin 1982

A haute et intelligible voix, sans haine ni passion, le juge Lee se met à lire :

La cour ordonne que vous, Béatrice Saubin, soyez conduite de cette enceinte jusqu'à une prison, puis de là vers un lieu d'exécution où vous subirez la mort par pendaison.

La salle d'audience est toujours là. C'est moi qui ai disparu.

Tout s'est figé. Même la foule.

Je suis glacée.

Pourquoi la mort ?

Elle ne se concrétise pas (pas encore) avec l'idée d'une corde brisant mes cervicales. Faisant éclater mes ovaires. La mort. Terreur animale, puis blanche abstraction. L'esprit aussi se glace.

Est-ce mon innocence volée offerte à l'obscénité de cette foule qui semble se repaître de mon visage livide ?

Livide.

Moment singulier. Glas inévitable de toute vie, réparti sur chacun de nous.

Je vais mourir. Ils l'ont dit. Ils le veulent.

Pourquoi ?

Plus rien n'existe. Cauchemar complet qui se vit éveillé. L'horreur de plein fouet, en totale conscience.

J'ai tout oublié. Mon enfance, Grand-mère, ma vie d'avant. Et même les juges.

Long cri intérieur d'où jaillit la lame aiguë d'un poignard qui ne blesse que moi.

Il faudra que l'on me boucle au quartier privé des condamnés pour que la mémoire, peu à peu, ressuscite cette fille de vingt ans que l'on va tuer.

Que s'est-il passé ?

Quand ?

Où ?

L'enfance. L'ombre

Romilly-sur-Seine. 7 septembre 1959.

J'ouvre sur Grand-mère et le monde — si laid derrière ce mur — de vastes yeux châtains semblables à ceux de Josette-ma-mère.

7 septembre 1966. J'ai sept ans. Il fait très doux. Je suis assise sur les marches de la maison, un livre sur les genoux. C'est un dimanche, désert, sans autre rumeur que le crépitement des transistors. Une voiture s'arrête presque à mes pieds. J'ai du mal à reconnaître ma mère. Comment la nommer ? Je ne puis dire maman, ni Josette, ni madame. Je ne peux pas, je ne peux rien. Que me taire, et pourtant mon cœur fait un bond. C'est bien elle ; je reconnais son singulier visage, parfaitement maquillé, ses cheveux noirs, laqués, brillants. Les pantalons moulants en un tissu scintillant, un pull rouge épouse toutes ses formes. Une ceinture en chaînette dorée est assortie à ses pendentifs. Elle avance d'un pas ferme, sur de très hauts talons. Ses poignets cliquettent des mêmes chaînes que la taille. Elle vient vers moi, un gros paquet cadeau au bolduc rose. Elle se penche, un lourd parfum de muguet, de lilas, je ne sais trop, émane de cette femme très belle dont les ongles sont peints en rouge vif. Elle effleure mes joues, profite de ce gros paquet — « Bon anniversaire, Béatrice ! » — pour ne pas me serrer contre elle et fuit mon regard qui la fixe intensément.

— Je monte, crie-t-elle à sa mère.

Elle grimpe comme une flèche, ne m'attend pas, ne prend pas ma main. Ahurie, je la suis. La porte claque sur nous. Aussitôt s'élève entre Grand-mère et elle le ton de la dispute, aigre musique de mon enfance. Grand-mère critique sa tenue, les reproches cinglent par-dessus ma tête coupable, oui, coupable d'exister, car chacune me désigne au feu de sa rage :

— Tu me l'as laissée sur les bras !

— Tu n'as rien compris à ta fille, enrage ma mère. Tu m'as laissée croupir à Romilly, insultée dès que j'allais danser ou qu'un garçon venait me chercher !

— Ah, ah, tu vois à quoi ça t'a menée d'avoir traîné les bals, à la suite de ces saletés d'hommes ! Tu t'es comportée comme une putain. C'est tout. D'ailleurs, tu ressembles à une putain. Et, comme les putains, tu m'as refilé ta gosse...

Je me bouche les oreilles. Ma gorge refoule un épais sanglot. Je connais désormais trop bien le scénario de ces déchirements dont je suis l'enjeu.

Je ne défais même pas le paquet cadeau dont Grand-mère fera sauter avec rage les cordelettes. Une poupée, une poupée de velours et de taffetas rose dont les yeux s'ouvrent et se ferment et qui dit « maman ».

Josette a disparu. La portière de la voiture a claqué. La rue est redevenue déserte. Mon cœur aussi. J'ai jeté à la volée la poupée contre le mur. Elle s'est brisé le crâne. Grand-mère a encore crié. J'éclate alors franchement en sanglots, d'autant plus que je sais que Josette disparaîtra au moins jusqu'au prochain anniversaire.

Toute la nuit je vais rêver d'elle, les lambeaux de la poupée contre moi. La poupée brisée, est-ce ma mère, est-ce moi ou, jadis, Grand-mère quand elle était jeune, portant Josette dans son sein ? Ma mère, je la hais et j'en rêve en même temps. Je hais son abandon. Pourquoi ne m'as-tu pas vivement enlevée dans tes bras jusqu'à cette voiture qui attendait et qui a filé je ne sais où ?

— Vers les bars ! ricane Grand-mère. Vers ses sales types qui l'engrosseront encore ! Mais cette fois-ci, qu'elle se débrouille ! Tais-toi, maintenant. Et si tu veux la suivre, va, je ne te retiens pas...

Je me réfugie dans le coin le plus sombre de la chambre. Je n'allume pas. Où vit Josette-ma-mère ? Je ne sais rien. On ne dit rien. On crie, c'est tout.

Le silence referme sa cage sur moi.

Je n'ai qu'une poupée à la tête brisée pour me souvenir de mes sept ans.

Le temps passe. Avec ses trous noirs, ses brèves amnésies. Heureusement, je découvre une évasion de poids : la lecture. J'apprends vite et bien. L'école me plaît. L'institutrice me laisse emprunter des ouvrages à la bibliothèque. Chez Grand-mère, à part *Nous Deux* et autres romans-photos, pas de livres ; je les ramène de l'école, de plus en plus nombreux, et je m'y plonge avec ivresse. Une liberté intérieure se structure : sans quitter ces lieux que je déteste, je m'évade. J'échappe à cette médiocrité qui a sans doute piégé Josette. Elle ne lisait pas, si ce n'est ces absurdes feuilletons qui l'enivraient follement jusqu'à ses fugues vers les bars, ses héros de bazar.

Ma prédilection va aux récits de voyages. Les *Contes* d'Andersen : *La Petite Sirène* a ma préférence. Verrai-je un jour les océans magiques, les fleurs multicolores, les rochers radieux et lisses sous le soleil ? Irai-je à mon tour vers cet exotisme envoûtant des grands navires, de l'écume de la mer et du prince qui charme et emporte ? Je pleure beaucoup sur *La petite fille aux allumettes* ; sans Grand-mère et son pauvre toit, ne serais-je pas en train de périr de froid et de faim sous les fenêtres de la ville ?

A Noël, Grand-mère achète un sapin, y glisse trois guirlandes, quelques boules. Je n'ai pas été baptisée et nous ne pratiquons pas. Point de crèche ni de messe de minuit. Par contre, une dinde aux marrons qui nous fera la semaine, chauffée et réchauffée.

Une seule fois, Josette est venue à Noël.

Sans voix, je la contemple. Sorte de mauvaise divinité sur laquelle je n'ai aucun pouvoir. Avant même de partager la bûche et le champagne qu'elle a apportés, une dispute éclate vers minuit. Sur ma tête, les mots sifflent de la mère à la fille. Je ne démêle plus qui injurie l'autre, qui est l'une, qui est l'autre...

Je suis presque soulagée quand ma mère quitte brusquement l'appartement. Grand-mère s'est écroulée, le front sur la toile cirée, et a sangloté bruyamment, un torchon sur les yeux, tandis que Josette a disparu sans m'embrasser, sans me voir, oubliant ses cadeaux que je brise, pièce à pièce.

Elle a laissé là le dessin qu'à tout hasard je lui avais croqué : *la Petite Sirène,* mais avec mes yeux et mes cheveux lisses.

A l'école, on parle encore beaucoup de la guerre d'Algérie. A Romilly, certaines mères pleurent un fils disparu. J'emprunte un livre sur le désert de Kabylie. C'était un soir où la nuit tombe à cinq heures. Je suis alors en dernière classe de primaire. La Kabylie, ses dunes, ses rares cités rouges... Cette sécheresse extraordinaire d'une terre jamais abreuvée provoque en moi une réminiscence.

Je dois avoir deux ou trois ans. Mon père m'a reconnue puisque je porte son nom, « Saubin ». Il a l'intention d'épouser ma mère et nous a emmenées chez ses parents à Montpellier. Mon grand-père paternel est concessionnaire Opel. Nous vivons dans une vaste maison, toute blanche, aux larges baies ouvertes sur un ciel très bleu. Un petit garçon partage ma chambre : le très jeune frère de mon père, âgé de dix ans. Nous occupons des lits-bateaux et, le soir, il épie tous mes gestes. Une régente domine toute la maison : ma grand-mère paternelle. Une fois de plus, ce sont les grand-mères qui occupent tout le terrain. Leur terrain. Ma mère est très peu présente dans ce cliché très net. Sans cesse en sortie, on ne sait trop où. La très énergique grand-mère Saubin s'occupe de moi et du petit dernier. Pourtant, le charme de Josette a dû agir. « Grand-mère » lui fait des yeux de velours, la sert, la bichonne. Elles rient volontiers ensemble, assises sur le grand canapé. Je trottine vers elles : aucune des deux ne me prend dans ses bras. Elles chuchotent leurs confidences. S'exclament, s'esclaffent, m'excluent. Je ne comprends toujours pas ma place en ce monde.

Mon père passe sa vie dans les cafés. Toutes ces femmes l'encombrent. Sa mère, Josette, cette petite fille-boulet...

Le temps abolit cette vision : probablement m'a-t-on rendue à Grand-mère de Romilly où je m'éveille et pour longtemps dans la vilaine chambre à linoléum.

Grand-mère ne m'expliquera rien de ce bref passage à

Montpellier. Il me faudra des années pour déduire la vérité. Jamais Josette et ce garçon n'auront fait couple.

Le premier sang

Nous n'avons pas de salle de bains, ce qui n'empêche pas Grand-mère d'être très stricte sur l'hygiène. Elle se soucie du gant, du savon, de l'eau froide et du linge impeccable blanchi à la main.

Nous nous lavons, le soir, dans la cuisine. Au robinet de l'évier sous lequel trois bassines sont réservées à cet usage.

Grand-mère veille chaque soir à ma toilette. Elle m'aide à me frotter le dos, le cou. J'ai onze ans maintenant et je préférerais vaquer seule à ma propreté. Elle a pris l'habitude de briquer ce corps maintenant nubile qui, pour la rassurer, ne devrait jamais grandir. Elle s'offusque de me voir pousser si vite... Instinctivement, je pose mes mains sur deux petits seins prêts à saillir.

— Enlève tes mains de là que je te savonne! dit-elle.

Je résiste; on s'affronte. Une bizarre querelle nous dresse l'une contre l'autre. Celle du corps, le mien en train de se modifier et qu'elle accepte mal. Elle a arraché mes bras de mon torse et a compris ma gêne. Qui devient sa gêne et une espèce d'effondrement. Elle se souvient du corps de Josette, sculpté si vite qu'elle n'a pas eu le temps de s'en apercevoir vraiment. Pour elle, cette modification est reliée à la honte possible, au danger.

C'est l'année de la sixième. Me voilà dans une direction scolaire différente de celle de Josette... Nous ne savons plus rien d'elle depuis deux ans; nous n'en parlons plus. Son ombre plane dans nos têtes, telle celle d'un corbeau qui mange le cœur. Est-elle dans le Midi? A Paris? Elle rêvait tant de Paris...

Grand-mère se crispe et va jusqu'à gronder, car j'ai remis mes poings serrés sur ce début de poitrine. Jamais je ne lui ai vu un regard pareil. Comme si mon corps était devenu d'un seul coup une souillure. Un serpent. Un objet redoutable qu'elle voudrait nier.

Elle ne m'a jamais rien dit sur le changement naturel du

corps des femmes. Rien. Je ne sais rien, sauf ce que les copines de classe chuchotent à chaque fois que l'une d'elles a ses règles.

Ça ne devrait plus tarder pour moi, et je devine au regard de Grand-mère qu'elle redoute ce moment qui abolira à jamais, du jour au lendemain, la petite fille devenue alors fécondable et proie pour les hommes.

Ce soir-là, exaspérée de ma résistance, exaspérée de mon début de poitrine, de l'abandon de Josette qu'elle endure à double titre car les fins de mois sont très difficiles, Grand-mère, accablée par son travail à l'usine, mon silence de plus en plus épais, explose d'un seul coup. Elle désigne mes seins si minuscules et crie, s'enroue :

— Tu vas me faire le plaisir de cacher ça !

Elle claque du gant de toilette contre l'évier, le tord sous l'eau avec une force soudaine. Elle crie sans me regarder, vomit en vrac une tonne de mots qui m'ahurissent, m'effraient et me feraient ramper sous terre, y disparaître à jamais :

— Les hommes, quelle saloperie ! Tes seins, pour eux, ce sera un truc pour leurs saloperies, et le reste de ton corps, tu verras, ils y feront leurs saletés... Tu entends ? Leurs saletés... Ta mère, ils en ont fait une saleté...

Je me bouche les oreilles. Je comprends seulement que je suis la saleté de cette union : Josette et un homme... « Saleté » devient mon nom.

Cette nuit, je ne supporte pas le corps de Grand-mère. Au fond de ce lit que nous sommes obligées de partager, je me glisse à l'extrême bord, vers la lampe éteinte. Vers les livres fermés. Pour un peu, je fuirais dans la nuit, vers je ne sais quel lieu pourvu qu'il y ait des rires, de la lumière, de la chaleur... Peut-être Josette en a-t-elle eu assez, une nuit, et est-elle partie ainsi vers son abîme... A l'aube, je finis par m'assoupir, recroquevillée, vite éveillée par une douleur au ventre. Je me réveille, du sang plein les draps. Une saleté. Une saleté de fille qui saigne dans une saleté de trou près d'une vieille qui ronfle, rompue et vide...

Du sang, le sang. Ce qui devrait être un secret naturel devient le cauchemar de chaque mois. D'ailleurs, au début, j'ai des cycles irréguliers. Je n'ose saigner. Être la Saleté-pour-les-hommes.

Des cauchemars accablent mes nuits, des cauchemars où ruisselle le sang : Grand-mère a découpé Grand-père à la tronçonneuse et caché son corps sous l'évier. C'est pour cela que je ne l'ai jamais vu. Elle est reprise d'un tel dégoût des hommes depuis mon premier sang que je mélange tout. L'abandon probable de mon grand-père l'a-t-il rendue à demi folle et à son tour, quand Josette a eu son premier sang, ne l'a-t-elle pas rendue folle avec ses théories de haine ? Josette aurait alors fui vers la ville, ses bars, le premier venu, pour ne plus entendre ce qu'elle m'enfonce dans le crâne depuis ma naissance :

— Les hommes sont la pire saleté de la terre... A la rigueur, si tu passes devant le maire, tu auras le droit de faire toutes leurs cochonneries... Tu pourras devenir la putain de ton mari et garder le respect des gens.

Comment désormais me laver en paix ? Depuis mes règles et la scène qui les avait précédées, elle ne peut plus supporter mon corps à l'heure de la toilette. Elle m'abandonne à l'évier, le dos tourné, courbée sur une pile de linge qu'elle plie avec fureur. Mais elle m'épie, me guette dans la méchante glace du mur. Je deviens de plus en plus hantée par l'eau, la propreté. Je me frotte à m'arracher la peau.

— L'eau coûte cher ! grogne-t-elle. Va te coucher maintenant.

Pendant cette demi-heure de toilette que j'écourte de plus en plus, je rêve, mâchoires crispées, aux océans, aux cascades, à une île de fleurs et d'ilangs-ilangs où la peau-la saleté se gommerait enfin avec l'affreux appartement et cette vieille qui vocifère et me cloue ensuite dans le silence. A-t-elle fait de moi sa prisonnière et de son antre une prison ? Comment faire pour gommer Romilly et ce ciel plus terne que le linoléum sur lequel je baisse les yeux, car je n'ose plus les lever sur rien ni personne.

Heureusement, il y a l'école. Au programme, la mythologie grecque. L'histoire des dieux. Les uns après les autres, les meilleurs, les pires soulagent mon imaginaire, l'imprègnent de beauté et d'évasion.

Je parcours les Cyclades où Ulysse errait vers les nymphes. Je rencontre Circé, écoute les sirènes...

Un jour, je connaîtrai l'Olympe. Je voyagerai. J'oublierai Romilly.

Pour cela, il va falloir se dépêcher de grandir...

Premier amour

Je suis en classe de quatrième. J'ai un corps de femme, des cheveux longs et lisses, une bouche bien dessinée qui ne sourit guère. Je suis peut-être jolie. J'ai beaucoup de complexes et n'ose jamais me regarder longtemps dans la glace. Pour mes treize ans, j'ai revu Josette. Visite éclair, visite dispute, petite veste en cuir noir, pantalons étroits, elle ne change guère, excepté une coiffure plus courte, coupée au carré avec une épaisse frange noire et brillante au-dessus de ses yeux très maquillés. Elle m'a regardée avec surprise. Nous avons la même silhouette.

— Je vais te donner des vêtements que je ne porte plus, dit-elle.

Elle a sorti d'un gros sac faux Chanel un tas de choses pimpantes, imitant les beaux tissus, portant son parfum de muguet et de citronnelle.

— Non, dis-je. Je ne veux pas porter tes affaires.

Je ne peux pas entrer dans la doublure synthétique de ce corps de femme qui m'a mise au monde et continue de nier mon existence. Les vêtements tombent en boule sur le linoléum. Grand-mère se met à crier, grommeler, que ces vêtements de pute sont bons pour la poubelle.

Cette fois-ci, je fuis chez mon copain Éric, seul ami de ma classe. C'est l'année où je découvre la poésie, dévore Rimbaud. Éric est fils de commerçants. Lui aussi aime les livres, et m'en prête. Ceux à la gloire du corps et de l'amour. Ceux qui aident à oublier le leitmotiv de Grand-mère à ce sujet. Ceux qui revalorisent le corps au point d'en faire le temple de l'extase et du bonheur. Nous parlons de l'amour auquel nous ne connaissons rien, si ce n'est l'envie de le sublimer. Éric adore *Les Fleurs du mal.*

J'effeuille avec lui leurs pétales vénéneux. Nous récitons à haute voix « Les Aveugles ». J'oublie un moment le spleen de Romilly...

Éric est amoureux de moi. Il essaie de m'embrasser. Le livre roule à terre. D'un saut de carpe, je lui échappe, je m'échappe. Je ne suis pas attirée par les garçons de mon âge. Nous avons quatorze ans et je rêve d'un homme mûr. D'une sorte de père. Pas d'un gamin aussi inexpérimenté que moi.

Derrière la mairie, il y a le café où les lycéens se rendent le matin avant les cours. Moment béni pour les filles qui ont calé sur les maths. Contre un petit flirt, Éric et les autres les aident à finir leurs copies.

Il faut avoir seize ans pour entrer dans ce café, mais le patron ferme les yeux. Nous ne faisons pas de mal, buvons un café, une limonade. Tous les jeunes s'y retrouvent. Ce sont les grands de terminale qui m'attirent. Éric est jaloux et me plante là, mes équations inachevées, parce que Marc, un « grand », s'est assis en face de moi.

— Tu veux que je t'aide? dit-il, se penchant sur mon classeur.

Je rougis, je me tais, je le laisse écrire sur mes feuilles.

Il y a longtemps que j'avais remarqué Marc sans jamais oser l'approcher. Il a cinq ans de plus que moi. Un homme. Grand-mère, inlassable, répète : « Ils sont pires que l'auge et le cochon avec. » Marc sent bon, a la douceur des gestes, une démarche souple. Défilent dans ma tête les poèmes où flamboient les corps des amants. Le plaisir, un vin mêlé de miel qui amène à l'extase... L'amour... Comment fait-on l'amour? Chez les poètes, on ne parle que d'extase et d'étreintes sublimées. Je voudrais abolir le vilain discours de Grand-mère, me réconcilier avec le corps de l'homme, avec mon propre corps.

Je laisse Marc effleurer mes cheveux, ma bouche, et je dis « oui » quand il me propose de passer l'après-midi de mercredi dans sa chambre.

Je n'avais jamais vu un sexe d'homme. Je n'imaginais pas qu'il pût devenir ce boutoir et cette charrue qui déchirent les chairs. Au point que je le supplie d'arrêter et cesse de l'aimer quand ses assauts redoublent. Les yeux et le corps pleins d'effroi.

Il n'a pas réussi à enlever mon tee-shirt. Par contre, la blessure physique et morale qu'il vient de m'infliger donne raison à Grand-mère. Pourtant Marc implore mon pardon, me couvre de baisers, mais je n'ai qu'une hâte depuis cette demi-heure — juste une petite demi-heure (elle est loin l'éternité de délices !) : oublier, me laver tout entière, ne plus recommencer, retrouver les poètes et la drogue de leurs mensonges.

Mais où se trouvent donc l'extase et cet amour qui nous hante tous ? N'existent-ils que dans les livres ?...

Dépression

Éric me boude. Marc m'a laissée choir, et je demeure avec le souvenir d'un moment sans gloire. Irréversible. Je ne me sens pas pour autant devenue une femme. Au contraire, je reste une gamine encore plus repliée sur elle-même. Une panique me hante. Pourvu, dans cette ville où tout se sait, que Grand-mère n'apprenne pas la catastrophe furtive dans la chambre de Marc... Et si j'allais tomber enceinte comme Josette ? A-t-elle vécu la même chose que moi, dans le lit du premier venu-mon-père ? Heureusement, le sang est revenu. Accueilli comme un cadeau de Dieu, il laisse mes doutes à vif. Ma tendresse en capilotade.

1974, classe de troisième.

Je commence l'année avec une dépression. Je ne mange plus, maigris beaucoup. Pleure pour un oui, beaucoup de non. Grand-mère finit par m'emmener chez le médecin, qui prescrit un traitement de Valium. Petits cachets bleus, ouverture deux fois par jour sur un univers opaque et nuageux qui endort vaguement ma peine... Je somnole agréablement, surtout en milieu d'après-midi. Quand la mélancolie m'assaille, imprévisible, je double en cachette les doses. La vie devient alors ce nuage ni bleu ni rose qui mène vers nulle part, éloigne ce grand rêve de voyages et d'évasion, d'absolu qui demeure mon lot secret. Le Valium devient une habitude. Sournoise, légale. Mes rêves ont pris la teinte bleuâtre des cachets que j'avale.

Au programme de français : *Les Contes orientaux*, de Voltaire. Ma moyenne en maths a singulièrement chuté, par contre je tiens la tête en français, anglais et allemand. Les langues étrangères me plaisent ; je voudrais les apprendre toutes afin de parcourir sans peine le monde. J'évite Marc tant que je peux ; le Valium devient mon compagnon de route.

J'ai changé le style de mes vêtements. C'est ma période romantique. Je me voue au noir. Je vais causer une autre perturbation chez Grand-mère. A la place du manteau bleu marine de la rentrée, j'exige une cape anthracite. Grand-mère s'impatiente, refuse. J'insiste. Elle se met à tempêter dans ce modeste magasin, puis, de guerre lasse, cède. J'ai honte, mais rien ne me transcende d'avantage que ce bout d'étoffe sombre. Je ressemble au « Spleen » de Baudelaire... Le Valium ne me l'a pas enlevé, ce cafard quotidien...

Pendant les absences de Grand-mère à l'usine, je me fais d'autres amis que ceux du lycée. Les « chevelus » de Romilly. Pour Grand-mère et les habitants de la ville, ce sont des voyous, des bandits, des débauchés. Ils vivent dans une promiscuité qui déchaîne les langues. C'est l'époque « baba cool ». Ces jeunes, dont certains viennent de Troyes, ont tout plaqué dès la majorité et se sont groupés ici. Utopistes inoffensifs, rebelles à la réalité de la vie. Sa dureté. Ils survivent de petits jobs. Cueillette des betteraves, de fruits, ou les vendanges selon les saisons. Ils se sentent et se disent libres. Les deux plus âgés portent les surnoms de Panard (il prend, dit-on, si bien « son pied ») et Sensas. Tout le monde les regarde quand ils descendent au café des Jeunes. Cheveux étalés jusqu'aux reins en boucles éparses, chemises indiennes surbrodées, jeans délavés, bottes afghanes, bracelets et colliers de cuir et de verroterie... Ils vivent à la sortie de la ville, dans une petite maison. On dit qu'ils s'y droguent et font l'amour tout le temps.

Ils me fascinent. Comme moi, ils n'ont de place nulle part dans la société. Paumés, exclus, détestant la médiocrité de leur quotidien familial, ils ont eu le courage de partir. Partir. Leurs rêves : abolir famille, école, monde bourgeois. Rejoindre Katmandou... Vivre ensemble, s'épauler de dialogue en dialogue. S'aimer, en un mot. D'un amour absolu, filtre qui dissout le réel et nourrit les rêves...

Autour de Panard et Sensas, gravitent leurs disciples. Certains sont beaux. Surtout les deux filles qui les accompagnent.

Un jour, Panard se déplace de sa table et s'assoit en face de moi.

— Viens boire un café avec nous, tu n'es pas comme les autres, toi... Tu es différente... Tu es comme nous...

Assise au milieu d'eux, je me sens bien. Immédiatement. Leurs propos sur les routes d'Orient me ravissent. Après Baudelaire, ils m'invitent au voyage.

J'accepte de les rejoindre, un après-midi, dans la petite maison.

Premier joint

Panard : Panard est-il capable d'exalter un sexe féminin? Panard et son interminable chevelure. Son corps d'une extrême maigreur. Ses vêtements déchirés par endroits. Son désordre physique est comparable à celui de la maison où je l'ai rejoint. Son comparse, Sensas, lui ressemble. Une surcharge de bracelets enserre ses poignets aux veines saillantes.

Dans la grande pièce principale s'étalent des peaux de chèvre jaunies. Punaisés aux murs, des posters « psychédéliques ». A la gloire du L.S.D. Des spots de couleurs jettent une ombre mauve sur les coussins aux tons passés, venus des puces. Cet amas de tissus vaguement mités forme une sorte de divan. Mes hôtes m'invitent à m'y asseoir. M'y étendre. M'y détendre. « Être cool. »

Panard, accroupi devant un petit *kanoun* marocain, fait bouillir l'eau pour le thé. Plusieurs bâtons d'encens répandent une fumée douceâtre qui m'entête légèrement. D'autres odeurs s'en mêlent. Du patchouli. Le tabac froid des cendriers débordant de mégots éteints.

Sensas a mis en route un disque sur une chaîne embroussaillée de fils, « L. A. Woman ». J'entends du bruit à l'étage. Les deux filles — Annie et Claire — se joignent à nous.

Ils ont tous une vingtaine d'années. Ils ne parlent jamais de leurs parents, de leur identité, de leur histoire. Ils ne posent aucune question. Ni d'où l'on vient ni où l'on va. Ils se contentent du prénom ou du surnom. Quiconque le désire peut entrer chez eux.

Panard s'assoit près de moi, me tend un verre de thé à la menthe, puis commence à émietter une petite barrette brune sur du tabac blond :

— C'est un joint, tu en as déjà fumé ? Tu vas voir, tu vas aimer.

Il passe avec onction sa langue sur cette préparation mystérieuse.

— C'est du « pakistanais ». Quand on pense qu'il faut se cacher pour fumer du *shit* alors que l'alcool est en vente libre ; au moins, nous, on n'agresse personne. On ne rosse pas nos gonzesses. On ne fout pas de raclées aux mômes. Tu n'as qu'à faire un tour dans les bars de Romilly le samedi soir, tu comprendras...

Sensas y va de son refrain :

— Nous, nous sommes non violents... Comme Gandhi. Gandhi fumait...

C'est la première fois que j'entends dire que le libérateur de l'Inde se défonçait !

— Et puis, merde alors, chacun a droit à son coin de ciel !

Un doute que je dissimule me souffle qu'ils déconnent...

Allongée sur les coussins, corps contre corps, je savoure mon premier joint. Rien d'extraordinaire ne se passe. J'avais déjà fumé quelques cigarettes dans la chambre de Marc. Je n'en avais retenu qu'un goût âcre, aussi écœurant que ses premières caresses...

— Continue, dit Panard, paternel.

Une bouffée, une autre, une troisième...

De bouche en bouche, le joint va et vient, à nouveau jusqu'à moi. Je m'entends dire : « Vous avez raison. Pas de quoi en faire un plat ! »

Une insidieuse détente m'éloigne peu à peu de Panard et ses amis. La musique, les spots, le goût du thé m'euphorisent. Effet comparable à celui du Valium... Non, plutôt à deux coupes de champagne avalées coup sur coup. Nous sommes six ou sept sur ces coussins.

Ce n'est pas le hasch que j'étais venue chercher dans cette petite maison. Mais la chaleur humaine. Le contact. Le dialogue. Oublier l'univers fermé de Grand-mère. Le monde froid du lycée. J'ai accepté ce joint pour être admise auprès des habitants de la petite maison. Est-ce à partir de là qu'est né en moi ce terrible complexe : me soumettre à ce que les autres attendent de moi afin d'en être aimée ? Le mimétisme, plus qu'une perte d'identité, est-ce aussi la tentative de se retrouver ?...

Il n'y a que Grand-mère que je n'aie jamais voulu imiter. Ses obsessions m'ont trop remplie d'horreur.

Ce premier joint a été une sorte de louche examen de passage afin qu'un univers m'accepte. Ne me juge pas. Je n'en mesure pas les conséquences. Ni que ces gens ne sont ni Baudelaire ni Rimbaud. Jamais ils ne passeront aux actes. Au seul acte qui me hante. Que je trouve digne d'intérêt, de survie, malgré les risques : partir. Très loin. Très loin de tous les Romilly de la terre.

— Tu te sens cool ? murmure Panard, effleurant mes mains, mes épaules et me tendant un troisième joint.

A partir du cinquième joint, je me sens merveilleusement bien, au point de réciter à haute voix, moi la timide, la repliée, « Le Bateau ivre ».

Sensas n'a jamais lu l'auteur d'*Une saison en enfer*. Il met à plein tube un disque des Pink Floyd.

A mon tour, je perds le réel. Je sens le sol flotter sous moi.

L.S.D.

J'ai beau courir à toutes jambes — amollies —, je rentre bien après Grand-mère.

Elle me guettait derrière le carreau, rideau soulevé. J'ai droit à une scène d'enfer. Quel contraste avec ces heures sans problèmes ! Pour un peu, je la planterais là pour aller rejoindre mes nouveaux amis. Grand-mère tonne toute la soirée. Les insultes d'usage où se mêle la confusion de son problème avec Josette. J'en ai marre à en crever. Je ne sais plus où me réfugier. Vivre dans une chambre à moi. Ne serait-ce qu'une cellule ! Rien n'est pire que cette cohabitation et l'étroitesse du lieu. J'ai beau me boucher les oreilles, me terrer sous la couverture à pivoines, ses cris me poursuivent. Ses remarques où jaillit le mot le plus laid de la création : « Saleté ». Surtout quand « saleté » devient pour elle, dans ces moments-là, mon nom.

Dès le lendemain, après le lycée, je retourne à la petite maison.

Je trouve à Panard un air bizarre. Aux autres aussi. Pas de musique, ni d'encens, ni de thé. Le silence. Des yeux caves et fixes. Sensas se balance de gauche à droite. Il ne me reconnaît pas.

Je leur parle, ils ne répondent rien. Ils n'ont rien entendu.

Annie balbutie :

— On est en plein « trip ».

Mais quel voyage ? Sensas a l'air d'un mort. L'autre fille titube, s'allonge.

— Il reste encore un buvard. Prends-le, tu verras, c'est sensas...

Sensas ? Il a basculé en arrière. Il reprend son tangage, toujours sans me reconnaître. Claire me tend un minuscule rectangle de buvard sur lequel je ne distingue rien.

— Avale, dit-elle.

J'avale. Leur plaire, il faut leur plaire ou ils ne voudront plus de moi. L'un d'eux, allongé sur le côté, fixe dans le vide un point invisible. Je reconnais Vincent, le fils d'un notable de Romilly. Il prépare une vague licence à Paris.

Pourquoi vient-il à la petite maison pendant les week-ends ? Que lui manque-t-il ?

— Plus rien ne manque quand on a avalé « un buvard ».

Qui a parlé ? Moi ? Moi qui viens d'avaler du L.S.D. et non un petit bout de papier...

L'effet est bien différent de celui du hasch.

Le L.S.D. est une drogue chimique d'une telle puissance qu'elle entraîne le cerveau vers tous les extrêmes des visions paradisiaques — ou celles de l'enfer si on est stressé. Or, je sors d'une série de scènes pénibles avec Grand-mère.

Son visage est la première chose qui grimace devant mes pupilles hallucinées. Démesuré crapaud géant, bavant des injures qui sortent sous forme de crânes de morts sur une épaisse langue bifide et noire... Je ne sais plus qui est en train de hurler. Elle ? Moi ? Car je hurle. La terreur : va-t'en, image de démon. Va-t'en, tête monstrueuse qui va m'avaler...

Le L.S.D. a sorti de mon imaginaire le monstre maternel absent sous le substitut défiguré d'une aïeule de cauchemar.

Ce cauchemar va durer des heures...

La nuit sera largement tombée quand je rejoindrai l'appartement où Grand-mère ne me regardera même pas.

Je tombe sur le lit. Endormie, évanouie, morte. Je ne sais plus...

Hélène

Grand-mère a appris l'histoire de la petite maison. Le bouche à oreille lui a colporté mes visites là-bas. Les rideaux se soulèvent quand je passe dans la rue. Le récit fait par une série de commères a tout déformé et empiré.

— Débauchée !... hurle-t-elle un soir. Mais ça va finir, ce cirque. Crois-moi. A la rentrée prochaine, je te colle en pension. L'école s'est occupée de ta bourse...

Cette nouvelle me soulage. Je n'en peux plus d'entendre les criailleries, les grincements de cette voix, de vivre sous ce regard hostile qui m'épie, me foudroie, me méprise. Une saleté, dit-elle, une saleté. Comme sa mère. Fuir, fuir Romilly et cette vision que le L.S.D. a greffée dans ma mémoire.

Au lycée de Troyes, ma vie s'organise très vite. Nous avons le droit — je suis en classe de seconde — de sortir librement le mercredi après-midi de deux heures à sept heures. Le samedi à midi, je reprends le train pour Romilly jusqu'au lundi matin. J'ai de plus en plus de mal à le faire. Je serais à deux doigts de passer l'année entière ici !

Derrière la cathédrale, dans une rue étroite, se trouve un café de lycéens. Nous nous y retrouvons entre les cours. Nous refaisons le monde... Au juke-boxe, Léonard Cohen, Bob Dylan, Brel, Gainsbourg. Gainsbourg... et son velours enroué qui trouble mon corps d'un émoi vague. J'aimerais être la captive de cette voix. De sa sensualité.

C'est ici qu'Hélène entre dans ma vie. Est-elle la voix de Gainsbourg métamorphosée en femme ? Coup de foudre ! Elle s'assoit près de moi. Nous nous connaissons depuis toujours. Je ne m'ennuie plus. Je ne cherche plus rien. J'ai Hélène, et nos mercredis sont un enchantement d'échanges, de promenades, de petits baisers dans le parc... Elle est au lycée voisin du mien. En seconde, elle aussi. Nous lisons les livres qui parlent de Lesbos. J'oublie le samedi midi le train pour Romilly et saute à regret dans celui du soir, très tard. Afin de rester le plus possible avec Hélène. Grand-mère, naturellement, croit que je passe mes après-midi avec un garçon. Mon amitié avec Hélène remplace tous les garçons de la terre. Nous chuchotons à quel point ils sont limités et stupides.

Où sont les héros et les poètes ?

Hélène aussi vit difficilement son adolescence. Enfin une amie à qui réciter « La Chanson du mal-aimé ». Je viens de découvrir Apollinaire.

Il m'a fallu attendre d'avoir seize ans et d'aimer une fille de mon âge pour enfin connaître la complicité. Rire. Rien de malsain dans notre couple d'amitié passionnée. Mais l'urgence d'un échange enfin épanoui. La suavité des confidences. Hélène est la seule à connaître mon secret : mes fugues à la petite maison. Le L.S.D. L'histoire de Grand-mère crapaud greffée dans l'hallucinogène de la drogue. Combien d'années vais-je endurer ce grand trou dans le cerveau ? S'il n'y avait pas ma douce amie, je repartirais vers la petite maison.

Avec le peu d'argent de poche dont nous disposons, nous échangeons solennellement des cadeaux. Sur un banc public, j'entoure le cou d'Hélène d'un foulard. Elle gardera un peu de moi à son cou. Elle m'offre une petite bague. Je la porte à mes lèvres. Hélène a été le miel de cette année. J'écourte de plus en plus les week-ends à Romilly. Je me précipite à Troyes pour retrouver Hélène. Rêver avec Hélène.

Bientôt je partirai, je ferai le tour du monde.

— Ce n'est pas un métier.

— C'est une vocation. Peintre, aussi, est une vocation. Un jour, tu me rejoindras et tu peindras des merveilles.

— La mer de Chine, les cocotiers, les îles...

— Les hommes...

Nous nous regardons en riant. Non, pas les hommes ! On ne peint pas les hommes. On les aime ou on les oublie. Hélène, je ne t'oublierai jamais.

Pourtant, je ne devais plus revoir Hélène. A la rentrée suivante, ma mère, Grand-mère, enfin, personne n'avait songé à me réinscrire en classe de première. Le lycée me ferma ses portes, l'aventure m'ouvrit ses bras.

Premier voyage

Passer l'été à Romilly me paraît impossible. Deux mois et demi dans cette cage, avec pour vis-à-vis Grand-mère, me suffoquent d'avance. Je ne peux pas, je ne peux plus... Privée d'Hélène partie en vacances familiales, j'ai le mal de l'absence. L'absence d'Hélène. L'absence de moi-même. Que faire pour échapper à cet été cloîtré, cet été de pauvre, réduite aux rues poussiéreuses, à l'unique café presque désert en cette saison ? Dans cette petite ville échaudée et laide que nulle fraîcheur, nulle beauté ne transfigure. Grand-mère ne connaît pas le repos. L'usine bat son plein, fermera en août. Ce sera alors encore pire. Elle et moi, en tête à tête. Du matin au soir... La suspicion de Grand-mère à mon égard a encore empiré. J'ai épousé peu à peu la silhouette de Josette, sa fille... La honte qu'est sa fille... Les peurs de Grand-mère ont grandi au fur et à mesure de ma taille. L'abîme qui nous sépare est encore accentué par mes résultats. J'ai eu une brillante moyenne en littérature, en langues vivantes. Je passe en première. Grand-mère en est restée (ce n'est pas sa faute) à une instruction primaire. Elle craint aussi cet autre gouffre qui fait de moi, année après année, une étrangère. Le décalage sur tous les plans est trop grand. Le dialogue entre nous — si l'on ose nommer « dialogue » ces cris, ces réprimandes et ce silence — est au paroxysme de l'incompréhension.

Je ne tiendrai jamais deux mois ici. Je serre les dents. L'obsession revient. La petite maison. Non, non, il ne faut pas y retourner. Je l'ai promis à Hélène.

Hélas, c'est mon seul asile. Romilly est le véritable L.S.D. porteur d'un éternel cauchemar.

Je retourne à la petite maison.

Nous nous retrouvons au même point. Sauf cette année de lycee en plus dont ils se moquent. Qu'ils méprisent. Panard me fait bon accueil, mais ricane sur mon passage en première. Tout ça, le jeu des bourgeois. Tu finiras comme eux, tu verras... Qu'il se taise ! Qu'ils se taisent ! La petite maison ne m'apporte plus rien, sauf les joints. La seule chose qu'ils peuvent me donner. Le truc qui endort, qui abrutit. Le coup de poing dans la mémoire. L'indigence de ces types est telle que maintenant c'est la drogue qui m'intéresse. Pas eux. Détresse, cependant : et s'ils allaient me lâcher ? m'exclure ? Je faiblis intérieurement. Le mimétisme me reprend. Bouée infecte d'un secours qui ne vient jamais sainement. Je fume, je fume, je fume, calée entre eux. Panard, plus maigre que jamais, me semble beau et intelligent. Nous parlons voyages, exotisme, soleil et enchantement des eaux dormeuses, là-bas, dans les pays où la drogue est naturelle... au même titre que l'air, l'amour...

Depuis Hélène, le manque d'Hélène, j'ai besoin des filles. Je m'éloigne de Panard et Sensas, et rejoins Annie. Annie aux interminables tresses emmêlées de perles fausses. Annie aux jeans moulants, aux chemises surbrodées. Annie s'est installée ici à l'année. Elle a dix-neuf ans. Ses parents, découragés, dépassés, l'ont laissée partir où elle voulait.

— Tu es majeure. Va-t'en puisque tu en as marre de nous.

Annie se vit mal comprise, mal aimée. Pourquoi n'ont-ils pas su la retenir ?

Annie roule sa tête contre moi.

— Je partirais volontiers très loin, murmure-t-elle.

Moi aussi. Depuis ma naissance, sans doute.

Allongée l'une contre l'autre, on se passe le joint. On parle du pays où l'on va aller. Cette année, j'ai lu Loti et adoré *Aziyadé*. J'ai rêvé longtemps de Constantinople, Istanbul. Ses lumières, ses étranges mosquées, Topkapi, ses ruelles mystérieuses. L'Orient derrière chaque porte...

— Istanbul, dis-je à Annie dans les vapes qui sourit. Oui, partons à Istanbul... Toi et moi... Les autres n'auront jamais le courage de nous suivre, ils ne sont bons qu'à rêver.

Je l'oblige à me regarder de ses prunelles presque chavirées.

Passons aux actes. A quoi ça sert de toujours ressasser les mêmes rêves et ne pas les vivre ? Faire la route, voir enfin ces pays, voilà la vraie drogue... celle qui enrichit et ne détruit pas !

Annie se redresse. Elle a l'air de m'écouter avec une attention différente :

— Annie, je n'ai que seize ans. Et encore, pas tout à fait. Il m'est impossible de voyager seule. Accompagne-moi. Ma grand-mère ne me laissera jamais partir. Encore moins avec un garçon. Je t'en supplie, dis oui... De mon côté, je vais remuer une montagne pour qu'on m'accorde un passeport et un minimum d'argent...

Je ne passerai pas le 14 juillet à Romilly. Si Annie refuse, tant pis. Je fous le camp toute seule. Avec ou sans passeport.

La nuit tarde à tomber en été. Il est plus de neuf heures quand je rentre chez Grand-mère. J'entends parler derrière la porte. Je reconnais, à côté du son métallique et nasillard de Grand-mère, la voix rauque de Josette. Depuis combien de mois ne l'ai-je plus vue ? Hélène me l'avait presque fait oublier. Je n'ose pas pousser tout de suite la porte. La détermination de partir remplit ma tête. Pulsion farouche que rien n'arrêtera. La solution est peut-être là. Ce retour inopiné, inespéré, va m'aider à réaliser mon rêve. Josette n'a jamais rien fait pour moi. Il me faut son autorisation pour le passeport. Je l'obtiendrai d'elle plus facilement que de Grand-mère. Josette comprend ce qu'est le besoin de foutre le camp... Pour une fois, nous nous ressemblons. Je ne prête même plus attention à son visage épaissi, sa toilette sans goût. Pour la première fois, elle m'est indifférente. Je ne l'aime plus. Je veux l'utiliser. Étrange retour de la vie : Josette semble, au contraire, vouloir tenter une approche. Vouloir m'aimer. Elle s'ébroue en admirations diverses. Ses yeux trop maquillés révèlent un éclair de culpabilité. Une tristesse, une irritation assez sombres. Surtout quand elle croise le regard hostile de sa mère. Hélas, il est trop tard, Josette ! Retourne à tes conneries. Laisse-moi maintenant faire les miennes. Peut-être sommes-nous de la même eau. De la même peau. Avec un effort de ta part, tout cela aurait été évité. En quelques secondes, je crache le morceau. Je veux partir à Istanbul. Aussitôt, autour de la toile cirée, éclate entre ces trois femmes une véritable foire d'empoigne. Criaillerie immédiate de Grand-mère qui comprend, dans « Istanbul », repaire d'Arabes violeurs, voleurs, égorgeurs, et traite des blanches.

— Non ! tu ne partiras pas ! Ce sont les traînées qui s'en vont sur les routes ! Chez les Arabes... Tu sais ce qu'ils font, les Arabes, avec les filles ? des saletés pires encore que chez nous ! d'ailleurs, d'où viens-tu si tard, hein ? hein ?

Je me mets à haïr ce « hein » qui la transforme à nouveau en ce crapaud du rêve hallucinogène.

Je me tourne vers Josette.

— Toi, tu peux comprendre. Comment passer l'été ici, avec elle ? Aide-moi, pour une fois... Il ne faut pas grand-chose. Un passeport, une sortie de territoire pour mineure, un peu d'argent... J'ai une amie de dix-neuf ans qui va m'accompagner... Je ne serai pas seule. Je reviendrai pour la rentrée, en septembre. A Troyes. En classe de première... Où est le mal ?

Grand-mère se met à glapir :

— Elle le sait où est le mal ! Et puis j'ai bien tort de m'en faire pour des filles comme vous. Qui se ressemble s'assemble. Partir... partir... celle-là aussi, à ton âge, elle ne rêvait que de ça... Tu vois où ça l'a menée, de partir... Si, à ton tour, tu reviens avec un pantin dans le tiroir, je te flanque à la porte ! Ça, tu comprends, je ne pourrai plus jamais le supporter !

— Va-t'en ! hurle-t-elle avec une violence accrue.

J'ai gagné. Josette a dit oui. Josette a fait le nécessaire. Josette a donné de l'argent. Josette s'est brouillée encore davantage avec sa mère.

Je suis heureuse ! C'est l'été, Annie est avec moi sur la route d'Avignon. En jean et tee-shirt, sac au dos. Je n'ai même pas fait attention aux dernières malédictions de Grand-mère, penchée à la fenêtre, au vu et au su de toute la rue :

— Et surtout ne reviens pas, tu trouveras la porte close à ton retour.

Première étape : la cité des Papes. Auto-stop. L'attente en bord de route. C'est l'aventure ; c'est grisant. Quelquefois, nous traversons des villes à pied pour nous poster à la sortie. Nous buvons un café à des petites terrasses ouvertes. Le soleil pleut sur la nuque, le dos. Le soleil, quelle merveille ! La route, quel cadeau ! Annie et moi avons adopté une règle de prudence. Ne jamais monter dans un véhicule occupé par deux types. Nous arrivons ainsi sans histoire à Avignon. Le festival y bat son plein. Deux jours d'arrêt enchanteurs. Nous voulons tout voir, tout visiter, tout entendre. Mais Istanbul est encore loin. Nous dormons dans des hôtels bon marché. Quelquefois à la belle étoile, la tête sur nos sacs. Nous nous lavons aux fontaines.

Première frontière : l'Italie. L'auto-stop, dans ce pays, tient du délire, du comique, du folklore. Tous les types nous draguent. Ils sont beaux, légers, souriants, flatteurs. Enchantement malgré la canicule. A Rome, nous restons de longues heures sur les marches de la fontaine de Trevi. Nous mangeons des pâtes arrosées de chianti, place Navone. Nous recevons un soleil de plomb, assises sur les pierres vénérables du Colisée. Toujours beaucoup d'hommes pour nous parler. Nous entreprendre.

Seconde frontière : la Méditerranée. Nous embarquons à Brindisi. Sous la lumière, dans la lumière, dans le tangage, vers le ciel d'un bleu suprême : la Grèce. Courte escale, car ma hantise d'Istanbul est à son comble. C'est l'Orient qui m'attire. C'est là que se trouve ma vérité. Je vais vers lui comme vers l'amour. Une urgence. Une perfusion de vie. Un grand rendez-vous rêvé, puis réalisé. Annie, subtilement, m'encombre déjà. J'aimerais, à partir de ce moment du voyage, la planter là. Vivre seule ma grande rencontre. Le bonheur de la solitude est ineffable dans l'aventure. Annie n'est pas Hélène. Son indigence de dialogue me pèse. Annie est un peu molle, sans grandes ambitions, sauf celles qu'elle me susurre, le soir dans notre chambre d'hôtel.

— Tu crois que là-bas on pourra fumer ?

Elle fait le geste de former un joint.

Istanbul ! La voilà, cette ville mystérieuse. Ce Bosphore rutilant. Ses odeurs de délices et d'excréments. Les douaniers aux moustaches redoutables ont longuement regardé nos passeports, puis nos visages, puis à nouveau nos passeports. Leurs yeux luisent d'un désir refoulé. Ils nous laissent passer. Un camion nous ramasse. La peur m'a totalement quittée. J'adore le monde musulman. Je suis en confiance. Bien plus que sur les chemins de France. Plus nous nous enfoncerons sur les routes de l'Orient, moins nous aurons de problèmes. Un mystère m'habite. Une sorte de grâce. Je n'ai jamais eu une aventure dangereuse sur ces pistes peu sûres, mal tracées, dans ces véhicules cahotants, surchargés d'hommes farouches et secrets. Ont-ils senti ma profonde acceptation de leur passé, de leur histoire ?

Les coupoles d'Istanbul me fascinent. Istanbul, charnelle, complexe, se savoure sans se lasser. Nous montons sur la colline. Nous nous asseyons à la terrasse de l'estaminet où s'attablait Loti devant un café épais et noir. Je regarde la ville merveilleuse, éclaboussée de lumière. J'entends les plaintes envoûtantes et interminables des mosquées. Le brouhaha des rues animées jusqu'à l'aube... Les étoiles se mêlent à ce paradis terrestre où j'arrêterais bien volontiers ma vie.

L'ivresse des profondeurs existe. Plus le plongeur descend, moins il peut s'arrêter. Parfois jusqu'à la mort. Je suis dans une crise aiguë de voyage.

Même Istanbul ne suffit plus.

Plus loin, encore plus loin.

Le Liban.

Par la route.

Beyrouth. Nous sommes début août 1975. Déjà, en avril, il y avait eu des meurtres, des attentats, des enlèvements. On avait retrouvé des cadavres mutilés sur le campus de l'université américaine. Nous entrons dans la ville par un début d'après-midi accablant de chaleur. Beyrouth, si différente d'Istanbul. Avec ses immeubles modernes. Beyrouth, cependant si belle sous le ciel, la lumière, la poussière. Beyrouth qui vit les premiers mois de son martyre et de son abandon.

L'hospitalité est immédiate. Un grand nombre de riches Libanais sont en France ou ailleurs afin d'organiser au mieux la débâcle qu'ils pressentent. Il y a une série d'appartements immenses, quasi vides, où les amis que nous allons nous faire dès notre arrivée nous hébergeront.

Assises au café Wahad, devant une glace au lait, spécialité de là-bas, deux garçons s'enquièrent aussitôt de nous. Ils parlent un français parfait. Ils admirent notre équipée. Proposent de nous loger. Deux autres de leurs amis se joignent à eux. Jean-Loup, Rachid, Richard, Mohamad. Leur ami, Salem, viendra dans la soirée.

L'appartement appartient aux parents de Rachid. Six cents mètres carrés tout en vitres ouvertes sur les collines ! Un minimum de meubles. Quelques toiles abstraites au mur. Le contraire d'Istanbul, mais toujours ce sens parfait de l'hospitalité.

C'est le soir. Rachid va chercher chez le traiteur en bas un assortiment d'entrées libanaises, de la crème à la fleur d'oranger. A cette heure, les casinos battent leur plein. La drogue se vend, s'échange, à chaque minute. L'inquiétude autorise tous les excès. Le Liban cherche à oublier qu'il est le Liban.

Mohamad se met à émietter une barrette de haschisch. Le vrai. Celui de la Bekaa. Pollen envoûtant de la plante femelle, passé au tamis, puis pressé, fumé avec lenteur. On est très loin des médiocres mégots de la petite maison.

Assise sur un grand canapé en cuir blanc, j'atteins une ivresse intérieure absolue. J'oublie Annie qui a disparu avec Rachid ou un autre ; je ne sais plus.

Salem est arrivé. Je le trouve très beau. Il ne cesse de me regarder. Il s'assoit près de moi. Nous fumons en silence. J'ai envie de faire l'amour avec Salem. J'ai envie de ce garçon à la peau de velours sombre. Hasch ou pas, Salem m'attire et je l'attire avec la même force. Où sont passés les autres ? Peu importe. Salem m'entraîne dans ses bras jusqu'à une vaste chambre. Un lit bas. Des caresses à doubler l'ivresse des joints. Le plaisir des corps rejoint la vision de Beyrouth qui flamboie de ses dernières forces...

— Reste, dit Salem. Reste avec moi.

Ma gorge se serre. Je ne veux plus que l'on me capture. Je n'ai fait qu'entreprendre la route et le plaisir. Je ne veux pas que tout s'achève à Beyrouth. Il en est une autre dont je caresse le rêve avec encore plus de force. L'Inde. L'Extrême-Orient. Je ne veux d'aucune prison.

D'ailleurs, septembre approche. La rentrée est dans quelques jours. Il est temps de retrouver Grand-mère...

Vincent ou la fugue

Dare-dare, le retour. Nous adoptons le trajet le plus court. Par la Yougoslavie. Dix jours, nuit comprises. Toutes sortes de véhicules. Une grise urgence me talonne. Nous sommes le 2, le 3 septembre... Pourvu que je sois à Romilly avant la rentrée des classes ! La date correspond à celle de mon anniversaire. Seize ans. A demi endormie contre Annie, je cauchemarde. Grand-mère s'est vengée. Elle a quitté la ville, l'usine. Je n'ai plus de domicile. Personne, plus personne dans cette sinistre bourgade qui a pourtant été mon gîte. Où aller si Grand-mère a tenu parole ?

Malgré notre épuisement, dès la frontière française, Annie et moi retrouvons notre ancien système de survie : ne monter qu'à bord de routiers conduits par un seul homme. Jamais derrière. A l'avant, près du conducteur.

Un soir, vers huit heures, notre dernier véhicule — un semi-remorque — nous laisse, Annie et moi, à l'entrée de Romilly.

Bagage au dos, je tremble de reposer pied sur le sol d'ici. Ce sol qui a toujours été sous mes pas un sable mouvant. Une glu au pied, au cœur. L'angoisse de mon enfance me submerge aussitôt.

Je tombe de haut : du camion à la désillusion du voyage achevé. J'ai perdu l'Orient, le petit café de Loti. Le corps de Salem. Le ciel de là-bas. La vie.

Revoici la grise terre de France. Ces rues aux sinistres lampadaires. Bientôt, peut-être, Grand-mère. Sa voix de crécelle.

J'embrasse Annie. Ciao, ciao, on se sépare ici.

— Si tu as un problème, dit-elle, viens à la petite maison. Tu vivras avec nous.

Non, je ne suis pas chez moi avec eux. Chez moi, c'est la terre tout entière. La route sans fin. Sans frontières, sauf pour marquer un saut dans un autre espace. Chez moi, c'est tout ce qui captive, enivre, séduit. Ravive l'énergie soudaine. Chez moi, c'est quelque chose qui n'appartient peut-être pas à ce monde. C'est aérien, invisible et visible. Heureux. Loin des sales réalités. Des cages. Des prisons.

Le carreau de Grand-mère est éclairé. Quelques rideaux se sont soulevés tandis que j'avançais. Je les entends penser. Ah, ah ! la voilà, la traînée, fille de l'autre traînée... Elle est allée chez les Arabes ? Les bicots. Je vous l'avais bien dit, cette fille a du vice plein la peau. Sa grand-mère est bien à plaindre... Mais il lui arrivera malheur... Malheur...

Ma tête bourdonne. Je suis la Suspecte. Ils me jugent avec l'instinct des animaux qui flairent la blessure et s'en repaissent.

Grand-mère ouvre violemment la porte.

Elle a la rage.

Je n'ai le temps ni de l'embrasser ni de poser mon bagage. Je reçois, à la volée, une série de gifles à me décrocher la tête. Je me cogne contre le mur. Les cris me tombent dessus en missiles. J'y discerne au milieu des injures le mot « amour ». « J'ai tout fait pour toi par “ amour ”. » Je ne lui en veux pas de son agression. Elle pleure, elle trépigne, morve au nez. Peut-être est-la seule, en dépit de ses aberrations, à m'avoir vraiment aimée...

Ses coups me soulagent, soulagent cette terrible culpabilité qui me submerge à chaque seconde.

Elle m'enfonce cependant un clou dans le cœur. Un clou auquel je ne m'attendais pas. Sinon, pourquoi avoir quitté Salem, Beyrouth, Istanbul ?

— Ta mère ne t'a pas inscrite au lycée. Tant pis pour toi. Tu n'avais qu'à rester ici et t'en occuper toi-même. Fini le lycée ! Terminée la belle vie ! Désormais, tu vas gagner ta croûte ! Hein ? Hein ?

Ce « hein » est la goutte d'eau dans le seau trop plein.
Elle n'a pas le temps de le répéter, j'ai filé dans la nuit.

Me voici bel et bien à la rue. C'est encore là que je retrouve un peu de paix. Je marche, je pleure, je marche, je pleure. Défigurée, enlaidie, sale, désespérée. Seule ; surtout seule. Dans quelques minutes, je vais avoir seize ans.

Bon anniversaire, Béatrice, reconnue Saubin !...

Une heure du matin.

J'ai retrouvé la rue principale. L'unique café ouvert à cette heure. Je pousse la porte vitrée. M'effondre tout au fond, sur la banquette. Un vertige me prend. Vais-je m'endormir ou m'évanouir ? Une main se pose sur mon épaule.

— Ça va ? dit quelqu'un.

Je reconnais Vincent.

— Alors, ce voyage ? C'était bien là-bas ?

Je grelotte de fatigue, de fatigue nerveuse. Il m'offre un double express. Je ressuscite lentement.

— Qu'est-ce que j'ai pu m'emmerder à Romilly, chez mes parents ! Voilà deux mois que je déconne. Heureusement, il y avait la « petite maison ». Autrement, j'aurais craqué... Je suis content de te voir... Ça n'a pas l'air d'aller ? Je peux t'aider ?

Il plaque doucement ses mains sur les miennes.

Vincent a vingt-cinq ans. Jeunesse dorée. Il est grâce à l'argent de papa à la fac. Depuis cinq ans sans résultat. Médecine, pharmacie, architecture : échec partout. Il ne termine rien. Sa vie ? La petite maison, le café de Romilly, ceux du Quartier latin, la solitude. L'angoisse, l'envie, parfois, de se jeter d'un pont.

Dans notre histoire, je sais maintenant qu'il ne s'agissait pas d'amour, mais de deux faiblesses, de deux détresses alliées.

— Je te comprends. Moi aussi, j'en ai assez d'ici, continue-t-il. Mes parents m'ont laissé leur appartement à Paris. Viens avec moi. Je t'emmène... Tu n'es pas comme les autres... Si on partait maintenant ?

Abasourdie, je dis « oui ».

— Mais laisse-moi d'abord essayer une dernière fois de rentrer là-bas. Chez elle...

— Je te retrouve demain ici. A midi, d'accord ?

— D'accord. A demain.

La fenêtre de Grand-mère est noire. Il est plus de quatre heures. Je titube d'épuisement. J'en serais à envier ce lit honni où j'ai dormi pendant des années. Je devine à son souffle que Grand-mère ne dort pas. Le dos voûté, vaincu, elle a passé la nuit à m'attendre. L'inquiétude l'a rongée. La honte aussi. Que vont dire les voisins ?

Je n'ai que la force de tomber endormie sur le couvre-lit à pivoines devenues d'un rose violine avec le temps.

Paris

Je suis à Paris. Chez Vincent.

Grand-mère n'a ni crié, ni frappé, ni insulté. Depuis la nuit de mon retour, elle a lentement compris l'irréversible. Je ne serai pas vendeuse à Romilly. Elle m'a écoutée presque avec calme quand je lui ai annoncé mon départ pour la capitale. J'ai affabulé en partie pour la rassurer. Éviter d'autres complications, car je suis toujours mineure. Vincent, le fils du plus riche notable de la ville, m'aime. Il a l'intention de m'épouser. Je vais vivre à Paris, chez lui.

Vincent a, pour elle, l'avantage d'être un bourgeois. Elle se met lentement à espérer ce qu'elle a lu dans les romans-photos. Si enfin j'allais devenir raisonnable ! Je régnerais alors, dûment baguée, sur les notables de Romilly ! L'inaccessible réalisé ! Du malheur, ma saleté de présence serait l'instrument du bonheur. De l'argent. De l'honorabilité. Elle deviendrait alors, qui sait, arrière-grand-mère d'une progéniture de nantis ! On la recevrait dans une belle maison !

C'est sans difficulté que je remplis mon sac. Y fourre mes poètes, les cadeaux d'Hélène. Je rejoins Vincent qui m'attend dans sa voiture, près du café de la grand-rue.

J'ai du mal, au début, à faire l'amour avec Vincent. Le souvenir de Salem, la douceur de sa peau, le plaisir de ses caresses m'obsèdent. Vincent m'apporte surtout l'illusion d'être moins seule. D'affronter Paris sans trop d'angoisse. Mais ni passion ni désir ne me hantent. Je garde souvent mon tee-shirt en faisant l'amour. Je me dérobe tant que je peux. J'accentue, sans le vouloir, son manque de confiance. Il le ressent, s'en plaint. Il passe ses jours à ne rien faire. Sauf ébaucher d'invraisemblables projets jamais exécutés. Nous nous levons tard. Nous traînons boulevard Saint-Michel. Je l'écoute, assise dans les cafés du Quartier latin. Je commence à vivre, au fond de moi, la pente irréversible du mépris. Mépris de sa faiblesse, de ses angoisses. Quoi, il est né le cul en or et il se plaint ? Et il ne fait rien de sa vie ? Mépris aussi de ma lâcheté. Pourquoi n'ai-je pas le cran de le plaquer au lieu de rester coincée entre lui et son trois-pièces ? J'ai honte d'admettre la vérité. Je profite de son appartement, car je suis totalement démunie.

Si j'étais née dans son milieu, quelle énergie j'aurais pu déployer ! Je le regarde presque avec dégoût. Il est pourtant beau avec ses larges prunelles foncées, sa bouche aux lèvres bien dessinées. Je n'aime pas l'étroitesse de ses épaules. Son menton trop bref. Ses bras qui toujours semblent tomber de découragement. Dès le début de chaque journée inutile passée ensemble.

Il faut que je trouve un job. N'importe lequel. Je ne veux pas lui devoir tout sur le plan matériel. Même si ce sont ses parents qui filent l'argent...

L'Inde ! Je l'ai bien gagné, ce voyage. Je n'ai plus de scrupules à dormir chez ce tiède. J'ai trouvé du travail dans une petite boutique de souvenirs aux Invalides. Je pars très tôt chaque matin. Métro. Boulot. Je rentre tard. Il n'a même pas fait de courses. Je travaille douze heures par jour. Il peut bien me prêter un coin de sa niche !

Parfois, on a des scènes. Il envie mon énergie. Je le secoue sans ménagement. Je le traite de mou, d'inexistant. Il dit : « Je sais, je sais. » Ou il ne dit rien. Rejoint, la nuit, les bars. Un joint. D'autres individus dans son genre.

L'appel de l'Orient sera le plus fort. Ma vraie drogue. On y revient sans cesse. Qu'elle soit chimique ou mentale. Rien, personne ne m'arrêtera.

Orient, je t'aime et t'aimerai toujours. Pour toi, Orient, je suis prête à tout. Même à endurer cette fausse situation qui m'encage.

Bientôt, Orient, je renouerai avec toi ma grande histoire d'amour.

Quand je connaîtrai l'Asie, ce sera encore plus fort. Toujours plus fort. A ne plus en revenir.

La route vers l'Inde

Seule !

Seule, au sens de la jubilation. Se sentir pleinement en accord avec soi-même lorsque le rêve devient enfin réalité.

Pour la première fois seule, et heureuse de l'être.

J'ai mis au point mon trajet. Pas d'auto-stop mais d'abord l'avion. Revoir Istanbul, l'inoubliable. Mon billet comporte le parcours Paris-Londres-Istanbul. D'Istanbul, sans itinéraire précis, mais carte à la main, je rejoindrai par les moyens de là-bas l'Inde et ses envoûtements. Je ne passerai pas à Romilly embrasser Grand-mère. Ses mots gâcheraient tout. Je me contente désormais de lui envoyer quelques cartes des endroits où je me trouve. Parfois une lettre. Elle est si loin de ma vie intérieure ! Elle ne souhaite même plus me revoir. Sa paix passe par mon éloignement. Même si cet éloignement la fait souffrir. Me culpabilise

Ivresse de ce premier vol de nuit. Petits plateaux préparés. Tout à coup, entre ciel et terre, une voie invisible, impalpable, vers tous les mondes possibles... Vincent n'est guère plus important dans cette envolée qu'un être étiolé dont j'oublie le visage, le son de la voix, les gestes sur ma peau. Les scènes avant mon départ s'estompent dès le changement à Londres. Faire barrière entre soi et les autres. Vivre derrière l'épaisseur invincible d'un cristal mystérieux qui me permet, à chaque fois, d'oublier les êtres qui me déçoivent... Istanbul, vue du ciel, c'est encore plus beau.

Je renoue avec les mêmes endroits qui m'avaient enchantée. Mais avec une émotion bien plus vive. Bien plus neuve. Annie me pesait. M'empêchait, sans le vouloir, de savourer à ce point chaque aspect du Bosphore. Topkapi et ses rutilances. Les longues soirées au petit café de Loti...

Je loge dans un hôtel, près des souks où courent les cafards. Le gérant adipeux, lippu, me laisse tranquille.

Il est temps de quitter Istanbul.

Tôt un matin, je pars dans les rues vers les bus. Je roule, je cahote hors de la ville. Je m'enfonce dans la Turquie. Je mets quinze jours pour atteindre l'Iran. De bourgade en bourgade, ne sachant jamais de façon très claire si je vais dans la bonne direction, j'apprends la patience. J'apprends le temps. Sa lenteur. Ses handicaps. Ses cadeaux. Bien sûr, quand je monte dans un bus, en général bondé, j'excite la curiosité. Assise côté femmes, je subis leurs petits rires, leurs effleurements soudain sur mes mains. L'envie de toucher mes vêtements. Savoir ce que contient mon sac.

Un matin, à l'aube, nous atteignons la frontière iranienne.

Nous sommes en 1977. Le Shah est à la veille de la grande catastrophe. Je suis loin de me douter que ce pays deviendra bientôt synonyme d'enfer.

Pour décourager les avances, j'ai adopté une longue chemise d'homme sur un pantalon en toile trop large. Je dissimule mes cheveux dans un large foulard en coton. Les manches de la chemise cachent mes poignets, la moitié de mes mains. Je porte des chaussures de marche. Semelles de crêpe, cuir blanc, lacées jusqu'aux chevilles. Marcher, marcher jusqu'au bout du monde ainsi allégée de tout. Un sac, quelques vêtements, un passeport, un peu d'argent, aucune attache. Aucun passé.

Téhéran.

Répulsion progressive. Au contraire d'Istanbul, complexe,

bigarrée, je trouve Téhéran pénible. Pots d'échappement sous la chaleur écrasante. Ville tonitruante de klaxons. Foule de véhicules anciens, mal conduits. Foule tout court. Inquiétante. Je suis sur le qui-vive permanent. Je ne peux ni m'arrêter ni marcher tranquillement. Les hommes ne me lâchent pas du regard. Un regard saleté, dirait Grand-mère. Chez les plus vieux, parfois, un éclair de haine. Visages mal rasés, vêtements douteux. Beaucoup de femmes sont déjà enfouies sous le tchador qui les transforme en une affreuse petite tente noire. Elles avancent très vite. Traquées.

L'hôtel crasseux loue un lit étroit, aux draps d'un gris malodorants. Je n'ai qu'une hâte : fuir cette noirceur qui serre la gorge et l'étrangle. Quitter au plus vite ce pays qui allait redonner à l'Orient le goût de la foi. La foi qui tue.

Afghanistan.

Nous sommes en novembre. La chaleur a diminué. J'ai sorti de mon sac un blouson en laine. Les nuits sont froides.

A partir de cette terre, les communications sont presque inexistantes. Les routes s'effacent, cèdent la place aux pistes. Pompes à essence, misérables et rares. Population silencieuse, rurale. J'aperçois, dans un champ caillouteux, une fillette attelée à une charrue à la place de la bête... Têtue, elle trace son sillon. J'atteins Hérat, première ville après la frontière. Le choc s'accentue. Nous basculons dans le Moyen Age. Hommes oisifs, vêtus comme il y a des siècles, prenant le thé, assis sur d'étranges sièges en cordes tressées et lattes de bois. Ils restent ainsi pendant des heures, tandis que les femmes sont à la peine.

Paysage aride. Ciel d'un bleu très dur. Non plus la terre, mais des cailloux. Des cailloux sur lesquels, pourtant, il faut bien compter pour vivre.

Un bus nous suit depuis la frontière et s'arrête en même temps que le mien. Je reconnais le bariolé « Magic Bus », compagnie spécialisée pour les raids hippies. Je les vois descendre à la queue leu leu. Certains sont défoncés. Alcool ou autre chose. Ça m'est égal.

Qui comprendra un jour que mon histoire a été tout sauf celle d'une hippie ? Une solitaire amoureuse de la route. De la peau d'un homme quand je le trouvais beau. D'aucunes chaînes.

De l'oubli envers tout ce qui me heurtait. Pour me protéger, je suis devenue caméléon.

Kabul, Bamyan, Jalalabad, nuits brèves ; réveil aux aurores. Petit déjeuner local. Du thé, un grand bol de yaourt mêlé de miel et de raisins secs. Je savoure ce goût âcre et chaud mêlé à la douceur du lait caillé. J'aime cette nature sauvage, grandiose. Portant des êtres qui lui ressemblent.

Je vais atteindre un moment inoubliable de ce voyage : la traversée du Khyber Pass. No man's land. Piste hallucinante où traînent toutes sortes de légendes... Le brigandage y bat son plein. Certains bus ont à jamais disparu. D'autres ont été retrouvés, les voyageurs égorgés. Les véhicules n'y passent que le jour. A certaines heures. Avec le fatalisme d'ici. La police ? Inexistante. Soudoyée, effrayée de ces bandits bien plus redoutables qu'eux. Ils poignardent, mutilent, violent (ô Grand-mère !), se déplacent à cheval, telle la horde de Gengis Khan. Pourtant, le bus est plein à craquer. On ne peut éviter cette traversée si l'on veut atteindre le Pakistan.

La population est très mélangée. Des femmes, des enfants, des hommes, des balluchons au contenu confus. Ils sont si pauvres qu'avec de vieux pneus ils fabriquent d'ingénieux récipients, parfois même des chaussures.

Les femmes sont entièrement voilées. Elles rient, gênées, curieuses de ma présence. L'une d'elles, fascinée, regarde attentivement mes deux mains qu'elle a brusquement enserrées dans la callosité des siennes. Elle s'étonne, s'émerveille à haute voix de leur douceur. Leurs mains, burinées par les travaux des champs, sont devenues des outils dont elles prennent lentement la forme.

La route est effroyable. Dure aux reins. L'inquiétude se propage. Chacun guette par les carreaux empoussiérés les hauteurs, les ravins. Hantise d'apercevoir un gros nuage de poussière qui indiquerait la meurtrière galopade des bandits. Beaucoup de voyageurs sont armés d'un fusil composé de bric et de broc. Tous ont un coutelas.

Je n'ai pas même un canif.

J'ai toujours voyagé, agi, aimé, perdu, encaissé à mains nues.

Le bus est tellement bondé que je préfère, malgré le danger, monter sur le toit, parmi les balluchons. Je profite d'un très bref arrêt pour me hisser sur ce toit, brûlant le jour, glacial la nuit.

De là-haut, le spectacle est divin. La vue est extraordinaire. La plénitude m'envahit. La mort n'existe pas. Ou alors aussi naturelle que ces souffles de vent, imprévisibles, qui emportent vers nulle part. Plénitude de tous mes sens. L'œil. L'odorat. Chaque pore de la peau ressent le frémissement du vent. La force du soleil absorbe les montagnes, les ravins, les pierres du chemin. Oui, même les pierres du chemin sont belles. Dans ce désert, j'atteins une crise d'exaltation intense. Une sorte de prière intérieure qui pourrait bien ressembler à une supplique pour la vie. La vie, je ne lui demande rien, sinon de m'offrir la gratuité de ses beautés. Ni la drogue ni le corps d'un homme n'égaleront cette exaltation totale que je ressens, seule, pauvre, là-haut sur un vieux bus tout cahotant. Heureuse à en mourir — derrière le cristal invisible de ma protection intérieure. Le bonheur, là-haut, a foncé sur moi avec la force d'un vautour.

Vincent, qui, autrefois, avait fait l'Inde dans un « Magic Bus », avait-il jamais connu ce bonheur ? Avait-il seulement envisagé de quitter ce cocon baba cool pour atteindre, seul, l'intensité hasardeuse de ces pays ? Derrière le cristal qui m'isole, Vincent me semble plus dérisoire qu'un seul caillou de cette piste. La pitié m'assaille. On déteste subtilement l'homme qui soulève la pitié. Je lâche là cette intrusion fâcheuse, je reviens tout entière à ma plénitude. Plus loin, encore plus loin, encore plus fort... L'Inde ! Et puis un jour, l'Asie.

La vie pratique de mon équipée est de plus en plus hasardeuse.

Me voici au Pakistan, dans la vallée de Swat. Plein Nord. Grand froid. Neige sur les sommets. Montagnes, ravins, sapins. Une végétation de pays froid.

J'ai adopté définitivement le toit de chaque véhicule. Ainsi se prolonge mon étrange bonheur. Il est au prix de ma constante séparation avec les autres. Tenace, tel un encens très précieux qui vole à mon secours. Au secours de tous les autres manques. Là-haut, mon grand panorama continue. Là-haut, c'est toute la gomme, le vol à tire-d'aile d'une série d'anges invisibles qui me hissent, me poussent aux frontières du ciel. Là-haut, c'est un trône, le « magic palace », le vrai trip. J'y emmagasine une richesse et une joie qui voleront à mon secours à chaque détresse. Qui peut m'enlever ces heures, sous le ciel de là-bas et d'ailleurs ?

Peu de choses comestibles.

Je me nourris essentiellement de thé au lait. Il chauffe devant les échoppes dans un lourd chaudron noir. On le sert, épais et bouillant, à la cuillère, pour quelques roupies. J'achète aussi des « capatis », sortes de crêpes épaisses vaguement salées. C'est le pain d'ici. Il me suffit. Je redoute d'ailleurs de goûter à l'infect ragoût dont la viande me semble d'origine suspecte. Rats ? Chats ? Chiens ? Reptiles inconnus ? Le voyage, seul, me nourrit entièrement. M'abreuve. Me tient lieu de tout. De patrie, de famille. D'amant.

La route, la route, la route.

Je me suis acheté une couverture de laine. Tissée à la main, à larges rayures brunes. Il m'arrive de traverser parfois dix kilomètres à pied pour atteindre un autre village. Seule. Quelquefois, la mauvaise rencontre : les chiens sauvages. Là, oui, j'ai peur. Une peur horrible des chiens. Je ramasse des cailloux pour les éloigner. Me débarrasser de ces hordes miteuses qui collent à mes talons. Aboient d'une gueule jaune et qui bave...

Mes arrêts font sensation. On me parle, par gestes. Toujours avec bienveillance. Je souris beaucoup. Je souris tout le temps. Le sourire est un passeport compréhensible dans chaque pays. Quelle fée mystérieuse, quel dieu du voyage m'ont protégée jusqu'à maintenant ? Fée ocre de la route, tu accompagnes mes pas. Peut-être est-ce toi qui chasses les chiens, les hommes méchants, les idées noires, la rage ?

Ce pays est parcouru de rivières étincelantes. L'eau provient de la fonte des glaciers. Foin des bassines de Grand-mère !

Je m'éloigne du village, serviette et savon dans un sac. L'endroit est désert. Grelottante, me voilà en slip. Vite, vite. Je m'enfonce d'un seul coup dans ce cube glacé. Je crie de saisissement, presque de douleur. Je me savonne pourtant, cheveux compris. Le choc est violent. Heureusement, au-dessus, doré, éblouissant, déjà écrasant, le soleil. Je m'ébroue, claque des dents. Je sors de ma glacière. Une jouissance très suave envahit ma peau. Le soleil après le gel ! Plénitude amplifiée. Énergie peu à peu apprise. Je me sens capable d'affronter toutes sortes de situations inconfortables. Je cours ensuite vers le village, le thé bouillant, la galette chaude... Non sans me tordre les chevilles. Tout n'est que chemin et rocailles.

Je vais pourtant tomber malade après ce bain mémorable. Dans les heures qui suivent, je grelotte de fièvre. Montagnes, rivières, ravins se brouillent. Forment un écheveau complexe. Je me traîne vers l'hôtelier-épicier. Homme sec aux énormes moustaches. Vêtu d'une sorte de pyjama bouffant et d'un gros chandail en laine tricotée. Il comprend ce que je tente de lui expliquer. Qui peut me soigner par ici ? Je ne m'étais jamais souciée de ma santé. J'avais compté sur elle. Mon corps ne m'avait pas encore trahie. La ville la plus importante est à des dizaines de kilomètres... Mon logeur me fait signe de le suivre. Nous entrons dans un magasin où sont roulés des tissus. Je gémis, mais non, je ne veux pas acheter de tissus ! Je réalise que le drapier derrière le comptoir est le médecin. Miracle, il parle un peu anglais. La pièce arrière lui sert de cabinet. Une armoire vermoulue avec quelques boîtes et des seringues. Un bureau et une chaise en bois. Une table d'examen plus que fruste. Entre une couchette et un lit de torture. Je n'ai pas le choix, sauf de faire confiance. Y compris quand il m'enfonce dans la fesse gauche une seringue remplie d'un liquide brûlant. De la pénicilline, je crois comprendre ce mot. Il demande une somme dérisoire. Je n'ai pas réalisé qu'il s'est servi d'une aiguille non stérilisée. En 1978, merci fée du voyage, le sida ne sévit pas encore.

J'arrive en Inde encore plus malade. Une infection ne tarde pas à se développer à l'endroit de la piqûre. Une grosseur de plus en plus tuméfiée. La fièvre est à son comble. Mon voyage se déforme. Se complique. Je rate mon entrée dans l'Inde fabuleuse. Pourtant, le spectacle en vaut la peine. Dès les gardes-frontière vêtus en faux maharadjahs, enturbannés de rouge, de bleu... Me voici en pays sikh. Région la plus verte, la plus riche de l'Inde. En 1978, un semblant de paix flotte encore. On peut accéder sans problème au « Golden Temple », la Mecque des sikhs. Grelottant d'une fièvre de jument, j'entre dans la ville d'Amritsar. Le Temple d'Or est une vision digne du L.S.D. Quand le buvard se transforme en paradis. Atmosphère du sacré presque visible. Fumerolles rosées, entrées en courbes, volutes, spirales... Prise de conscience que peut-être Dieu est partout. L'absolu divin plane en nous, au-delà de nous, au-dessus de nous. Sous nos pieds ; sous ma peau qui tremble. Des vertiges d'or et de feu électrisent mon cerveau. Mourir là serait facile. L'âme mêlée aux volutes du temple d'or... Je délire d'une extase mêlée d'épuisement. Groguie.

Je dois atteindre New Delhi, recroquevillée, au bord de sombrer, pour me traîner enfin à l'hôpital américain de là-bas. Je n'en peux plus. La grosseur est énorme. La fièvre, un brasier permanent.

Je ne me souviens plus très bien du premier examen par un chirurgien en turban. Dès le lendemain, il m'opère dans un bloc dernier cri. Bien sûr, une grande partie de mon argent y passe. C'est un hôpital privé, luxueux. Les soignants ont été formés en Angleterre. Ça y est, on m'a enfin enlevé cet espèce d'œuf bleuâtre dû à la seringue non désinfectée. Perfusée d'antibiotiques, la fièvre a baissé d'un seul coup. Encore chancelante, j'éprouve un vrai plaisir à me laver dans une salle de bains étincelante.

Le chirurgien m'a conseillé d'aller à Goa achever ma convalescence. Il ne me cache pas que je vais être assez fatiguée pendant un mois. De plus, à Goa, il y a un hôpital où l'on peut changer régulièrement mon pansement. Éviter à tout prix une rechute d'infection.

Goa, près de la mer, au climat salubre et doux...

Exquis moment que ce mois passé là ! J'ai loué une maison en pierre, au toit très haut. Située au milieu d'un jardin de cocotiers. Je passe des heures assise sur la terrasse à me repaître de toute cette beauté. Dans ce jardin, il y a même un puits. L'eau y est fraîche et saine. On la puise soi-même pour ses besoins et sa toilette. Une grappe foisonnante de bougainvillées escalade les murs de mon balcon. Je prends mes repas dans un restaurant de poissons à dix minutes de chez moi.

Le temps s'abolit suavement.

Les hippies sont sur la plage de Goa.

Venus de chaque coin du monde. Beaucoup d'Américains,

d'Australiens, d'Anglais. Dans cette partie de l'Inde, il est très facile d'acheter de la drogue. N'importe laquelle. Certaines meurtrières. Capables d'entraîner l'imaginaire vers des paroxysmes irréversibles.

La plage de Goa, pourtant, a l'air sans danger. La police n'y fait apparemment aucune incursion. Tout est possible. Tout est simple. Tout est mystérieux, tout se sait. Tout se tait.

La drogue, ici, perd encore davantage de son aspect tabou. La population locale n'est pas de religion musulmane. L'étranger et la drogue ne sont pas tracassés. Les hippies ne soulèvent pas la haine. L'intérêt économique est certainement l'enjeu de cette surprenante et lucrative tolérance.

Au restaurant de poissons, les touristes de la défonce sont légion. Ils m'ont remarquée. L'un d'eux s'approche de moi. C'est un Américain. Longue queue de cheval, poignets et avant-bras surchargés de bracelets dont certains hérissés de pointes dorées. Une superbe moto l'emmène de-ci, de-là. Il fait des affaires. Il souhaite, il veut, que je sois sa petite amie.

S'il m'avait plu, j'aurais fait l'amour avec lui.

Je n'aime plus les peaux occidentales. Je n'ai nulle envie de suivre ce type dont j'ai deviné que c'est un trafiquant dangereux. Il me scrute de ses yeux bleu métallique. Je lui plais ; il m'offrirait, si je le suis, des shoots merveilleux, l'amour tant que je le veux.

Heureusement, depuis Vincent et surtout Salem, aucun homme ne m'intéresse. L'ivresse de mon voyage a étiolé jusqu'au désir. La fièvre et ma fatigue aussi. Le choc du Golden Temple... Je ne veux que la paix.

Mes ressources sont presque épuisées.

Il me faut à nouveau retourner à Paris. Gagner l'argent pour entreprendre l'autre grand rêve : l'Asie.

Paris, cela bouscule à nouveau dans ma tête le prénom inconfortable de Vincent. Vincent ? Inimaginable de le revoir, de vivre encore chez lui. Ce voyage a développé à jamais en moi une indépendance farouche. Tout sauf supporter ceux que j'ai exclus de ma mémoire. Loin, toujours plus loin. Sans chaperon, sans amant, sans aucun joug.

J'avais réglé ma rupture avec Vincent avant mon départ. Je

me sentais coupable de rester chez lui, sachant parfaitement que ce n'était pas de l'amour. Profiter de son appartement afin de ne pas toucher à ces économies indispensables à mes raids. Étais-je en train de l'exploiter ou de tenter un dernier effort pour le changer ? Avais-je le choix ? Ou Romilly, ou l'appartement de Vincent — ou la route. Or, la route, ça se gagne. Je ne voulais pas engloutir mon salaire dans la location d'un studio. Ce voyage était devenu ma substance même de vivre. Ma justification sur cette terre.

Suite à nos conflits permanents, Vincent, quelques jours avant ma décision, avait tenté de satisfaire ce besoin de bouger. Afin de me retenir. Il m'emmena à Amsterdam. Je me laissai faire, reprise par le terrible mimétisme. Tenter de lui plaire encore. Le convaincre que je n'étais pas une salope, mais une fille habitée d'une autre demande. Il allait falloir dire la vérité. Tuer ce mensonge — le faux amour — qui finirait par m'enlever toutes mes forces. Je décidai de lui parler là-bas. Obsédée par cette nécessité, je ne profitai pas d'Amsterdam. Vincent m'emmena au Paradiso, l'endroit à la mode. Une ancienne usine transformée en une série de salles aux fonctions diverses. Restaurants végétariens, cinémas, discothèques psychédéliques.

Une retrouvaille m'y attendait.

La piste est bondée. Certains types ont des chevelures jusqu'aux reins. Les filles, des nattes de Sioux. Ils dansent, pris dans le rythme hallucinant de la musique. Quelqu'un me bouscule. Je me retourne. Stupéfaite, je reconnais Rachid. Rachid, le Libanais !

— Vivant ! Tu es vivant !

Nous tombons en riant dans les bras l'un de l'autre. Vincent perd de plus en plus d'épaisseur. Pourtant, il se joint à nous. On se retire vers une table pour boire et parler. J'apprends avec bonheur que tous ses amis sont sauvés. Vivent à Paris.

— Salem ? dis-je timidement.

— Salem est resté là-bas, dit-il sans autre commentaire.

Je dois au Paradiso, à ma rencontre avec Rachid, la force d'éliminer Vincent de ma vie. Cette merveilleuse incursion de l'Orient dans ma vie me stimule d'un coup. Rachid me donne son adresse à Paris.

— Béa, dit-il, tu peux venir me voir quand tu le désires.

L'amitié orientale ne dépend pas, comme en Occident, de la dépendance physique à tout prix. Le temps, pour eux, est l'Éternité. On peut se perdre, se revoir des années après. Le dialogue reprend, intact. Aussi chaleureux. La porte s'ouvre. Ne se ferme jamais. Il y a toujours une chambre où dormir. Une table où manger. La véritable hospitalité.

Je reverrai Rachid. Les autres.
Ceux de l'Orient ; les miens ; les étrangers. Ma vraie famille.

Rachid

Heureusement, j'avais acheté mon billet de retour. Je n'ai presque plus d'argent. Plus de domicile réel en France. Ni Vincent ni Romilly, devenus deux phobies inséparables, ne sont envisageables au décollage de Bombay.

Quatorze heures de vol. Nous atterrissons au petit matin.

Horreur de ces retours où tout se ternit d'un seul coup! Roissy sous le brouillard. Février glacé, balayé de vent froid. Visages français bien en accord avec le paysage. Aucun sourire, brusquerie des voix, des chauffeurs de taxi. Morosité. Indifférence. La France redevient Romilly.

Déjà s'ébauche en moi, en forme de carte asiatique, le dessein plein d'espérance : repartir.

Vivre selon mes lois intérieures, mes envies, mon code secret.

Je téléphone à Rachid. Il me met tout de suite à l'aise. Je ne le gêne nullement. Je peux m'installer chez lui dix ans ou partir le lendemain.

Je frappe joyeusement à sa porte. Il ouvre, nous nous embrassons à qui mieux mieux. Il me fait un café à la cardamome, se précipite au téléphone, appelle tous nos amis.

— Béa est de retour. Il faut fêter ça. Venez dîner à la maison ce soir.

Tandis que je lui raconte mes péripéties, Rachid prépare un immense taboulé. Une salade aux poivrons. Un dessert à la fleur d'oranger. La soirée s'achèvera très tard. A parler, boire, manger, savourer chaque minute passée ensemble.

Beyrouth est à feu et à sang. Beaucoup de parents, d'amis ont péri (Salem ?) sous les bombes. La communauté libanaise à Paris se sert les coudes.

Et si un jour la mort allait me frapper sournoisement ? Malgré la joie des retrouvailles, une vague appréhension assombrit ma pensée. Tout est possible à des errants de ma sorte.

Une fois le dernier invité parti, j'aide Rachid à tout ranger. Puis je mets les choses au point :

— Je ne veux pas être à ta charge. Je tiens à partager les frais. C'est très important pour moi. Je vais trouver du travail rapidement.

Rachid, avant de partir pour le C.N.R.S., m'indique au bas du journal une annonce :

« Chaîne d'hôtels internationale cherche réceptionniste : bonne présentation. Connaissance obligatoire en langues étrangères. Trois horaires envisagés. »

— Ce serait bien pour toi, dit Rachid. Sami doit passer tout à l'heure en moto. Il pourra t'y déposer... C'est du côté des Champs...

Une fois de plus, le réseau libanais s'occupe de m'aider. Je regarde Rachid, éperdue de reconnaissance.

— Laisse, dit-il avec un sourire désarmant. C'est bien normal de s'entraider. Toi aussi, tu nous apportes beaucoup... Nous t'aimons tous.

La moto m'enchante. J'adore cette impression de vitesse extraordinaire. Devenir soudain aussi vive que le vent qui m'enveloppe. Invisible. Puissant. Pulseur. Casque sur les yeux, en jeans, blouson et bottes, j'oublie tout, accrochée au dos en cuir de Sami.

Nous stoppons pile devant le palace. Le portier, galonné, en casquettes et gants gris clair, nous jette un regard étonné.

— A tout à l'heure, dit Sami. Même endroit.

Je fonce dans le hall. Je demande le chef de la réception. Une glace murale me renvoie l'image androgyne d'un garçon longiligne et délicat : moi. J'enlève d'un seul coup mon casque. Quelle aberration de chercher, attifée ainsi, un job qui exige tailleur et talons aiguilles ! Le soleil de mes routes a blondi mes cheveux. Ils glissent, brillants, vivants, sur mon pull. Ma peau a conservé son bronzage d'abricot mûr. Mon humeur est excellente. L'envie de sourire éclate sur ma bouche. Ni l'angoisse ni la perturbation d'usage quand on se présente à un employeur. Si on me prend, tant mieux. Sinon, tant pis pour eux. Ma petite cage en cristal invisible me protège une fois de plus.

En vérité, je me fous du monde entier sauf de la Joie. De ceux qui me l'offrent. On me dit d'attendre. Plusieurs hôtesses s'activent derrière le rutilant comptoir d'acajou, de verre et de chrome. Toutes vêtues d'un costume standard. Tailleur bleu marine, chemise à rayures vertes. Escarpins vernis qui glissent sur l'épaisse moquette. Bas impeccables. Maquillage obligatoire.

Le contraire de toutes mes tenues.

Le chef du personnel me reçoit enfin. Il ne me regarde pas, mais fixe mon casque. Il me pose quelques questions. Quelles langues ai-je apprises ? Ai-je déjà travaillé en hôtellerie ? Quels voyages ai-je faits ? L'Afghanistan semble l'épater. Il me fait parler anglais, allemand.

— Vous faites de la moto ? dit-il.

Il entre alors dans un discours dithyrambique sur les charmes ineffables de ces engins. Le Castellet, la compétition. Par la fenêtre, il me montre une redoutable Davidson, noire et luisante.

— Présentez-vous demain, dit-il. Je crois que ça ira.

Grâce à une moto, j'ai obtenu ce job. Bien payé.

J'envoie à Grand-mère quelques lettres. Des pages laconiques de fausses nouvelles rassurantes. Pas question qu'elle sache que je vis chez « un Arabe » et que je travaille, tard dans la nuit, dans un hôtel... Elle me répond, poste restante, outrée de ma rupture avec Vincent. Seul rêve que je lui avais peut-être donné dans sa vie. Et brisé rapidement.

Elle ne me parle même plus de sa fille.

Mon contrat a été établi pour six mois. De février à septembre. J'ai dix-neuf ans, une coquette somme sur un compte personnel. Cela me permet de gâter Rachid. L'inviter au restaurant. L'emmener au concert, au cinéma.

Nous faisons bourse commune comme un couple. Mais nous ne sommes pas un couple. Rachid est plus que jamais dans sa période collectionneur de femmes. Elles vont, elles viennent. Je les croise tard dans la nuit, ou le matin. Certaines sont jalouses, choquées ; claquent la porte. Ne reviennent plus. Elles n'admettent pas notre relation. Elles sont persuadées que nous couchons.

J'ai toujours aimé les chemins de traverse, le marginal. L'au-delà des conventions. L'abolition des tabous. Il me semble naturel de partager des années de vie avec un être sans pour cela faire l'amour. Sans pour cela être gênée le moins du monde par sa compagne ou son compagnon.

Il est difficile de partager cette conception des choses. J'ai rencontré cet aspect de l'amitié avec les Orientaux. Les Arabes, comme dirait Grand-mère.

Thaïlande

Me voici parée. Visa pour deux mois. Les vaccins. Mon passeport, ouvert pour cinq ans, est toujours valable. Aller retour par avion, compagnie troisième ordre sans confort.

Jamais de valise. Je les trouve encombrantes. Ennemies de l'aventure qui exige le maximum d'allégement. Comment les hisser, les coincer dans les bus ou à leur sommet ? Sur les ponts de ces bateaux dont l'horaire de départ dépend presque toujours de l'humeur du capitaine ? Je me demande qui pourrait me convaincre de porter une valise ! La valise, c'est du Romilly-by-Air. Du raid petit-bourgeois en groupe, style troisième âge cherchant à tout prix leurs steaks frites sous les Tropiques... J'aime les sacs dans lesquels je fourre le minimum. En général, j'achète mes vêtements sur place. Très bon marché dans les pays où je vais et surtout adaptés au climat.

Au moment d'atterrir à Bangkok, j'aperçois des champs, des rizières. Des hangars de fortune cachés sous les palmiers. Novembre, saison chaude. Dès la descente de l'avion, impression de suffoquer. Je m'inonde d'eau de Cologne. Obsession de sentir bon. Horreur de la saleté. De la laideur. Le temps de rejoindre le hall des bagages, ma chemise est à nouveau trempée. La chaleur est humide. Elle enveloppe comme une tunique d'eau poisseuse. Il va falloir composer avec cette moiteur qui exige des douches fréquentes. La nuit aussi est étouffante. Bangkok accentue au maximum cette suffocation. Plaque tournante de la drogue. Bangkok est cent fois plus frénétique qu'Istanbul ou Goa. Circulation en tous sens, passants rares habillés à l'européenne. Portant des attachés-cases. Filant vers les immeubles d'affaires qui sillonnent les grandes avenues. L'hôtel est correct, sans plus. Je ménage mes fonds. Par contre, j'ai pris une chambre avec douche. Je m'y précipite. Il en coule une eau jamais assez fraîche.

La nuit.

L'excès de touristes m'agace. Où aller pour ne jamais plus les rencontrer? Leur quête est le contraire de la mienne. Je n'aime pas l'ambiance de cette ville, hélant les filles seules vers tous les dangers. Je longe à pied une avenue cinglée de néons. Le sexe bat son plein sous forme d'une enfilade impressionnante de cabarets camouflés en pubs. J'étouffe de chaleur, de soif. Je pousse la portière de l'un d'eux. Une musique américaine, tonitruante, m'assaille. Une brochette de petites Thaïs — quinze ans peut-être — se trémoussent, debout sur le bar, en monokini étoilé. Elles se tortillent sous le nez des consommateurs. De gras Allemands qui rigolent lourdement. Avec l'argent, ils leur font faire n'importe quoi. Assise à une table, au fond, je me sens mal à l'aise. Gênée pour ces filles. Espérant en même temps qu'elles sauront leur extorquer le maximum de dollars, sans rien donner. Une des petites danseuses m'a aperçue. Elle s'assoit à ma table.

Tout de go, tout sourire, elle susurre :

— C'est cinq dollars, Miss!

— Non merci. Le spectacle suffit.

Le patron, Rolex au poignet, diamant au petit doigt, briquet Cartier, me sert un *manao*.

— Vous devriez aller à Kohsamui, dit-il. C'est une île sur la côte est, pas encore polluée de touristes... Beaucoup plus agréable que Phuket. A Kohsamui, on vous laissera tranquille...

Après une nuit de bus et une traversée agitée, j'atteins Kohsamui.

Cocotiers tordus par le vent. Dès le débarquement, une foule de Thaïs m'entoure pour me proposer (en cette saison creuse) de me louer une villa sur la plage. Pour quelques *baths* — monnaie d'ici —, j'occupe un bungalow très agréable.

Premier matin.

La mousson a disparu. La Beauté m'assaille en plein visage. Kohsamui est une magie de feuillages, de rochers rouges contre la mer redevenue cette vaste émeraude.

Une flambée d'orchidées de jungle éclabousse la terre rose. Violettes, orange, blanches. La jungle recouvre l'île. Exubérante de parfums inconnus et lourds... des plantes étonnantes jaillissent du sol. La plage étincelle. Poudre blanche sous un ciel d'azur.

Ciel d'Asie : ni le bleu métallique, souvent gris de la France, ni celui presque blanc de l'Orient. Mais un bleu très dense. Parfaitement harmonisé avec le vert éclatant des végétaux et de la mer.

Le support rouge de la terre exalte le tout.

Je n'ai qu'une hâte. M'enfouir dans l'eau. Nager. M'étendre au soleil. Me fondre dans cette nature. Devenir plante. Rocher. Poisson. L'écume radieuse de chaque élément...

Dom

L'ivresse des voyages, ma liberté durement acquise n'ont cependant pas gommé les tabous bien incrustés par Grand-mère. Même seule dans cet Éden, je ne peux m'empêcher d'enfiler une longue chemise d'homme sur mon maillot une pièce. Je suis toujours aussi maladroite quand il s'agit de mon corps; sa nudité. Je rejoins, ainsi dissimulée, la cabane en bambou où l'on peut se restaurer. Une vieille femme prépare le thé derrière le bar. Petite, ridée, chignonnée de gris. Vêtue d'un « sarong » à blouse sans col. Silencieuse, elle s'active. Sourit largement sur une mâchoire édentée. Par petits gestes, elle me sert un jus de papaye. Un grand bol de salade de fruits frais, additionnée de noix de coco râpée. Je bois, je mange avec délice.

De Bangkok, j'avais envoyé une carte postale à Grand-mère. Je pense très fort à elle quand, dans mes parcours, je croise une vieille femme. Quels malheurs secrets se dissimulent dans le cœur de ces vieilles Asiatiques ? Peut-être, dans un sens, les mêmes que ceux de Grand-mère. Mais sous le soleil, dans ces paysages parmi les plus beaux du monde, vieillir est un sort plus doux que sous les brouillards de Romilly. La vieille femme a disparu. Soudain remplacée par un jeune Thaï. Torse nu, vêtu d'un sarong noué à la taille. Un sourire de chair et de porcelaine. Des lèvres tendres et brunes. Il parle très bien anglais. Il est le petit-fils de la vieille femme. Son père a monté cette affaire de bungalows.

— Je suis en troisième année d'économie à l'université de Bangkok. Pendant les vacances, j'aide ma grand-mère.

Il me propose de visiter l'île. Nous montons à bord d'une jeep. Nous roulons sur la piste rouge. Le vent souffle à nouveau.

— La mousson est capricieuse, dit-il.

De piste en piste, nous atteignons des villages de pêcheurs. Petites paillotes en bois, avec, cependant, la télévision dans l'unique échoppe. La mer est redevenue très agitée. Nous ne nous baignons pas. Nous longeons la plage. Dom m'a pris la main. Main à peau de soie, captivante et chaude. Main qui capture sans agression... Doigts fins et vigoureux en même temps, refermés sur les miens. Pression douce, suave envie de tendre abandon. Son premier baiser effleure ma bouche de façon si douce que je m'immobilise... On continue de longer ce ruban de sable menacé par les vents. Il a glissé son bras autour de mes épaules. On croise et dépasse un groupe de pêcheuses au filet.

— Elles savent où se trouvent les barracudas ! murmure Dom.

Plus loin, au bout de cette plage où il n'y a que nous, les baisers de Dom deviennent brûlants. J'y réponds avec la même fougue. Le désir passe, électrique, invisible. En Thaïlande, rien n'arrive brusquement. Nous retournons au bungalow, Dom me prépare un cocktail de sa composition. Un « Mekong whisky ». Mélange de whisky, de Coca sur cubes de glace. Il a mis en route une cassette. Un « hit » américain. L'alcool, la peau de Dom contre la mienne m'enivrent, accentuent l'envie sensuelle de me fondre en lui...

Dom ne me rappelle aucun homme. Dom a le don presque féminin de comprendre un corps féminin. D'en soulever les orages. Il sait exactement quelle parcelle de peau frémit le plus, exulte le mieux...

Avec Dom je découvre un nouveau monde à la dimension de cette exaltation. Maintenant, mes routes vont se confondre avec cette quête. Peut-être, sans le savoir vraiment, était-ce l'amour et son plaisir que je cherchais ? Salem m'avait déjà fortement troublée. Ce garçon thaï, plus encore que la révélation des sens, me fait désormais confondre plaisir, désir, amour et pays que je cherchais.

Je cherchais ; j'ai trouvé.

Mon homme, c'est l'Asie.

Le réel a rejoint le fantasme exulté.

Au bout de dix jours et autant de nuits parfaites, Dom me demande de rester avec lui. Mon visa va expirer. Pour le prolonger, il me faut aller en Malaisie, jusqu'à la première ville administrative.

Nous nous donnons rendez-vous à Bangkok. Il m'a laissé une adresse et un numéro de téléphone. Il loge chez sa tante. On commence l'un et l'autre à échafauder un projet. Vivre ensemble. Monter une autre affaire de bungalows à Kohsamui ? Dom est prêt à emprunter les fonds à son père.

— Reviens vite, dit-il. Je t'attendrai. Je t'aime

Voyage éclair en Malaisie. En vérité, je n'en vois pas grand-chose. Je n'ai qu'une hâte. Rejoindre Penang où se trouve le consulat adéquat pour prolonger mon visa. Retrouver Dom. Sa peau. L'âme se cache dans les peaux.

Penang est une île différente de mon Éden avec Dom. C'est un grand port, très animé. Habité essentiellement de Chinois. Je me rends à la ville principale, George Town, pour régler mon affaire. Vieille cité coloniale, vestiges britanniques, palais de justice de style anglo-saxon. Vastes avenues ombragées, centre grouillant, regorgeant de tous les commerces. Je me promène à pied un long moment. Je longe des villas croulant sous les fleurs. Je bute soudain devant un très haut mur insolite. A ses pieds déambule un Chinois en uniforme. Armé d'un fusil. Je lis ces mots peints au-dessus : Penjara. Est-ce le commissariat ? Une caserne ? C'est la prison.

Bonheur de nos retrouvailles à Bangkok !

Cette ville ne m'apparaît plus aussi vile que la première fois. Avec Dom, j'en découvre d'autres aspects. Une manière de vivre, l'intérieur d'un appartement thaï. Dom me présente à sa tante. Tout sourire, rondelette et avenante. Ne parlant pas anglais. Pas question de dormir chez elle ! Cela ne se fait pas. Elle a bien compris que nous sommes amants mais se contente de m'inviter à dîner. Nos nuits auront toujours lieu à mon hôtel.

Très libre avec moi, dans l'île et dans ma chambre, Dom, dans la rue, reprend aussitôt sa réserve. Il me tient la main, mais jamais ne m'embrasse sur la bouche. Chez les Thaïs, ce sont les putes qu'on embrasse ostensiblement, au vu et au su de tous. Dans l'intimité, nos corps se déchaînent. Avec la force somptueuse des fleuves...

Je n'ai presque plus d'argent. Je ne veux pas dépendre de Dom. Je suis d'accord pour cette histoire de bungalows à condition d'y contribuer. Je dois aussi m'occuper d'obtenir un visa de résident. Il me faut donc rentrer à Paris. Reconstituer une tirelire afin de m'installer — oui, m'installer — en Thaïlande.

— Je t'attendrai, dit Dom. *I mean it.* Ici, le temps n'existe pas. Un mois, un an, nous savons attendre. Reprendre une histoire là où on croit l'avoir laissée.

Je me jette dans ses bras. Je l'aime ; j'aime cette conception des choses qui est aussi celle de Rachid, et profondément la mienne. L'Occident endure le temps. L'endure souvent tel un supplice qu'il faut accélérer, détruire. En Orient, en Asie, on respecte le Temps. Il est un dieu à part entière. On se garde bien de l'effrayer en le bousculant.

Dom et moi nous quittons sans déchirure. Certitude de se revoir. Anesthésie du bonheur... De la confiance...

Ici, tout n'est qu'un immense sourire permanent.

Je me souviens ; même le gardien armé de Penjara m'avait souri.

La mort aussi, en Asie, est un sourire qui n'a plus de fin. Aussi naturelle que la vie. Sans importance ; reliée à l'infini.

Le Saoudien

Mi-février (1979), je débarque à Orly. La transition est d'une grande brutalité. Je deviens de plus en plus étrangère. Étrangère à mon propre pays. Ma rencontre avec Dom accentue plus que jamais cette sensation proche d'un vertige glacial. Heureusement, il y a Rachid, notre petit cercle d'amis. Déracinés, comme moi. Rachid m'embrasse avec tendresse. Il m'éloigne de ses bras, me regarde attentivement. Il a deviné que je suis amoureuse. De son côté, les femmes tiennent toujours autant d'importance dans sa vie. Surtout Gretel, son amie de Zurich. Une Suissesse allemande, adorable avec moi quand je la croisais chez Rachid.

— Si tu passes un jour à Zurich, viens me voir ! m'avait-elle dit, me laissant son adresse et son téléphone.

Rachid n'investit pas encore son avenir. La mutilation de son pays, l'obligation de le perdre le déchirent trop. Sa vie, celle des siens, est un suspense continuel. Rachid sait où est l'essentiel : la constance dans l'amitié. L'entraide. Passé et avenir n'ont toujours aucun sens. Seul le présent compte.

— Tu peux occuper l'appartement autant que tu le désires, Béa. Ici tu es chez toi.

Les premiers jours, je dors très mal. La France n'est plus pour moi qu'un lieu de passage. Y gagner quelque argent, renouveler mon passeport, revoir mes rares amis. Ni racines ni géniteurs. Cette noire certitude est maintenant assimilée. Elle maintient vivace, cependant, une sourde blessure. Combien d'heures d'amour avec Dom me faudra-t-il pour livrer au ciel, à la terre, à la mer un être enfin libéré de ses anciens jougs ! Grand-mère. Malgré l'indestructible dilemme, je fais un effort inouï pour me rendre à Romilly. Pauvre Grand-mère, clou et marteau de ma cervelle, je sais cependant que nous nous aimons. A notre triste et convulsive manière...

J'ai su parcourir des milliers de kilomètres sans la moindre fatigue, malgré quelques avatars de santé. Les deux heures de train pour rejoindre ma ville natale m'épuisent bien plus que la traversée du Khyber Pass... Le train file le long de cette plaine battue de vent, hérissée de pointes glaciales et blanches. Une plaine qui encercle la ville, l'isole, la tient dans son gel et son isolat... C'est dimanche. Un midi glauque, sous un début de grêle. La gare n'est pas loin de la rue où gîte Grand-mère. J'enfile à pied le trottoir déjà désert à cette heure. Quelques rideaux se soulèvent. J'ai sur l'épaule un sac rempli de menus cadeaux. Poupées emboîtées, peintes à la main, bricoles colorées achetées à Bangkok. J'ai monté d'une traite l'étroit escalier qui ne se débarrasse jamais de cette odeur de soupe aux poireaux. Le menu des pauvres; l'ordinaire des simples; la tête (si complexe) des gens simples. Capables de juger avec férocité l'audace d'échapper à la médiocrité de leur sort étouffant.

Je suis partie d'ici : pas eux. Grand-mère est restée, restera, mourra ici. C'est sa dignité, son orgueil, son honneur.

Elle a senti mon approche. Je suis aussi sa gamine, son tout-petit, son épouvantable bébé, sa fofolle en perdition, son angoisse, sa crise cardiaque toujours possible : son Amour. Sur la toile cirée est ouvert le journal de la région. Une seule assiette, une tranche de jambon. Une demi-baguette, quelques pommes.

— C'est toi ? dit-elle.

Elle éclate aussitôt :

— Pourquoi ne m'as-tu pas avertie? Qu'au moins je te prépare du poulet, de la crème au chocolat. Regarde, je n'ai que du jambon, un reste de fromage. Un peu de soupe...

Je la regarde intensément. Elle a blanchi. Elle traîne un peu de la jambe. Tant d'années à repasser dans l'usine de bonneterie. Tant d'années à manier les fers, les humbles objets de son travail. Elle est vêtue de sa blouse à fleurettes grises sous laquelle gonfle un pull tricoté par elle. Une laine marron. Des gros bas épais. Des chaussons à carreaux. Des lunettes à double foyer. Un reste de beauté dans le dessin délicat et bien ourlé de sa bouche. Ma bouche. La bouche de Josette... Le transistor grésille une niaise émission de jeux et de rêve à la portée des gens sans histoires. Un genre « Tournez manège — de vos rêves — vous allez gagner une voiture, un voyage, un million... ». Grand-mère sort du buffet deux tasses en Pyrex, la boîte de sucre. Elle amène du poêle-cuisinière la cafetière en fer-blanc. Sur le buffet, elle a disposé mes cartes postales. Une photo de moi. Le soleil gicle dans mon œil. Je penche doucement la tête. J'ai l'air à la fois de bouder et d'espérer. Je lève vers un ciel invisible de vastes yeux châtains. Insondables ; habités d'une sorte de désespoir mêlé d'avidité de vivre... M'échapper vers le bonheur, l'ouverture. Comprendre, être comprise ; aimer. Vibrer. Grand-mère a posé cette photo à côté de son musée des disparus. Ma mère, Grand-père (qu'en as-tu fait ? Comment est-il mort ? Où est-il enterré ? On dit qu'il était ton fiancé. Que tu ne t'es jamais consolée de son accident de voiture. Ou de guerre. On dit n'importe quoi. Et toi, pourquoi ne dis-tu rien ?).

Je songe à la grand-mère de Dom. A toutes les vieilles femmes de la terre quand la vie les brise. Les emmure. Les refoule dans l'épais silence d'un désespoir muet. Celui de l'incompréhension. Grand-mère, au cœur fermé, farouche et bon... Ayant à jamais opté pour une dure et honnête petite vie bornée. Impossible de lui parler de mon amour pour Dom, un Thaïlandais. Je n'ai plus le choix ni la force de faire la part des choses entre toi et Josette. Je suis devenue égoïsme pour survivre. Quitter la mort lente qui me venait de votre totale absence. Peut-être que je vous aime, mais vous m'avez asphyxiée, atterrée, dépouillée — vidée — sans air, sans lumière, sans chaleur, sans présence, l'amour est une plante qui crève.

Tandis que le café refroidit dans ma tasse, la bouche de Grand-mère distille tant de reproches que je reprends mon train deux heures plus tôt. Le remords pince mon âme ; mais je fuis, tandis qu'elle sanglote presque :

— Et « elle » ne reste même pas une nuit ici ! même pas une nuit !

En deux heures, elle m'a volé ma joie. Mon seul trésor : la joie. Moi, issue de ces femmes dont on a piétiné la joie. Et qui l'ont accepté. Avec un fatalisme soumis, noir comme leur regard quand elles me fixent...

Début mars. Je m'active à nouveau pour trouver du travail. Je n'ai pas téléphoné à mon ancien hôtel. Jamais je ne me retourne sur une situation ancienne. En aucun domaine. Je veux sans cesse découvrir. Dépasser mes capacités. Apprendre, connaître, surprendre. Mounir, un ami intime de Rachid, est venu dîner à l'appartement. Mounir est accompagné de son père et un ami de celui-ci. Tous deux conseillers auprès d'un Saoudien, brasseur de milliards. Nous en parlons toute la soirée. Cet homme, Al Nidam, est en fait un Syrien qui, dans les années 60, avait tenté un coup d'État à Damas. Il avait réussi à s'enfuir, dans des conditions mémorables, jusqu'au Liban... Au cours des années suivantes, Al Nidam se retrouve en Arabie Saoudite. Le pétrole a commencé son essor fantastique. Bourrés d'or, les Saoudiens cherchent des hommes de paille. Al Nidam sera l'un d'eux. Il deviendra ce qu'ils appellent un « middle man » : un médiateur entre les affaires de là-bas et celles de l'Occident.

Al Nidam cherche des secrétaires-hôtesses.

De culture française, Al Nidam parle assez mal l'anglais. Il envisage un long voyage aux États-Unis avec sa femme et ses enfants. Il a besoin de filles bilingues. Discrètes, élégantes, sûres, capables de se dévouer à sa famille et à ses exigences. Ses bureaux sont aux Champs-Élysées. Le père de Mounir m'affirme que c'est très bien payé. En plus des notes de frais et de la garde-robe achetée chez les grands couturiers. Al Nidam exige des hôtesses habillées Yves Saint-Laurent. Le père de Mounir apaise une méfiance soudaine en moi. La traite des blanches... la disparition des filles embarquées de cette façon dans ces pays mal connus... Le père de Mounir me rassure. D'abord il se fait caution de mon introduction auprès d'Al Nidam. Ensuite, quand Al Nidam a envie d'une cover-girl à trois briques la nuit, il n'a qu'un téléphone à décrocher. Il sait ne pas mélanger les genres et ses exigences. Son travail, sa famille, ses « girls », ses hôtesses, ses hommes d'affaires. Il ne confond jamais ses différents univers qu'il paie à coups de millions.

De plus, ses « cover-girls » n'ont pas du tout mon genre. Il préfère les blondes voluptueuses, à la prunelle bleu ciel...

Je veux bien essayer. Mais j'aimerais d'abord profiter d'une semaine de liberté. Un de nos amis, banquier à Bahreïn, m'a invitée à y passer huit jours.

— Je vais m'occuper de tout. Un de mes amis — le neveu de l'émir — te servira de « sponsor ». Tu verras le désert...

Comment refuser une telle invitation ?

J'accepte avec enthousiasme. J'en ai un peu moins pour aller voir Al Nidam. Le rendez-vous est organisé.

Je m'y rends surtout pour ne pas décevoir le père de Mounir. Ils se sont donné tant de peine pour m'introduire dans ce milieu presque inaccessible ! L'envie de revoir Dom et la Thaïlande me donne tous les courages. Je n'ai pourtant pas fait d'efforts de toilette. Jamais de maquillage. Un simple shampooing car j'aime mes cheveux lisses et propres. Un peu d'eau de toilette. Un jean, un pull, un long manteau noir, une écharpe... Je me présente un matin vers onze heures.

L'immeuble est somptueux. J'annonce mon nom à la réception. On m'indique l'étage d'Al Nidam. Une caméra suit tous mes gestes.

On me fait attendre dans un petit salon XVIIIe. Meubles d'or, d'acajou, de velours, copiés sur ceux du Petit Trianon de Marie-Antoinette. Tapis, vases en porcelaine de Sèvres débordant des fleurs les plus rares en cette saison. Je ne m'ennuie pas de ma longue attente, absorbée par la contemplation d'un délicieux petit pastel. Escarpolette, marquis poussant une dame rieuse, hautement troussée sur des jambes de neige...

Enfin, il me reçoit.

Son bureau — XVIIIe siècle, lui aussi — est organisé en une véritable tour de contrôle. De son fauteuil à moulures, Al Nidam fixe sans cesse le défilé lumineux sur son écran de contrôle. Il peut, à tout instant, en appuyant sur le clavier, stopper l'image dans chacun de ses bureaux. Écouter ainsi, sans que les employés le sachent, leurs conversations. On redoute également Al Nidam pour cette raison. Qui oserait exprimer quoi que ce soit à son encontre ? En féodal, en despote, Al Nidam fait jeter sur le trottoir, en quelques secondes, qui ose lui déplaire.

Al Nidam souffre d'une paranoïa aiguë due au pouvoir hallucinant relié à celui de ses milliards.

C'est un petit poussah, mesurant à peine 1,59 mètre. Il se tient bien droit pour ne pas perdre un pouce de sa petite taille. Il porte des talons renforcés, en peau de crocodile, faits sur mesure.

Des costumes issus des plus hautes maisons de Paris, de Londres ou de Rome. Trois-pièces en gris fondus, de nuances progressives.

Il change de montre suivant la couleur de ses chemises. Ses montres sont en or massif et viennent de Suisse.

Le visage est intéressant. Le regard dissimulé par des verres fumés, très épais. La bouche petite et rouge sous une minuscule moustache bien taillée, d'un noir absolu. Un brushing quotidien dissimule tant bien que mal un début de calvitie.

De l'ensemble de ce petit personnage se dégage une impression de force et de malaise. Un malaise qui, progressivement, paralyse. Fait perdre toute assurance. Il me paraît évident qu'il a dû longuement m'observer de sa console. Quand il engage quelqu'un, il le laisse ainsi mijoter dans le petit salon. Il observe son manque d'assurance. Il se repaît des stigmates de l'angoisse. L'ombre sournoise de la soumission le ravit. D'instinct il repère l'esclave, l'ennemi. Au contraire de mes chaleureux et confiants amis libanais, Al Nidam appartient à l'Orient froid, introverti. Sa fortune l'a rendu d'une méfiance maladive. Il a appris que tout s'achète. Qu'aucun être ne résiste à ses chèques.

Il méprise l'humanité : celle qu'il emploie. Qu'il utilise.

Que lui dire ?

Sa technique est de mettre au comble du malaise, si possible au bord de la syncope, ceux qui l'approchent. Je suis persuadée qu'il en retire d'obscures satisfactions.

Heureusement, le père de Mounir avait plaidé ma cause. Le poussah, dans sa logique orientale, ne peut donc pas me recevoir avec mépris. Tout au moins, apparemment. Je sens que c'est à moi de parler. Il est sensible à tout, au son des voix. Je force volontairement le diapason hôtesse d'aéroport.

— Merci d'avoir accepté de me rencontrer, je crois que vous cherchez une personne de confiance pour vous accompagner dans vos déplacements. Je parle couramment l'anglais. Je serais ravie de travailler pour vous.

Ma simplicité le surprend ; visiblement il n'a pas l'habitude qu'on lui parle sur ce ton. Il me répond, dans un français sans accent :

— J'ai besoin d'une jeune femme dévouée à mon épouse, mes enfants et moi-même concernant tous les aspects pratiques de nos déplacements. Nous voyageons le plus souvent dans un de mes avions privés. Lorsque nous nous trouverons dans un pays où je n'ai pas de voiture, je compte sur vous pour louer une Rolls ou une Bentley, bref, veiller au nécessaire. Nous partons à New York dans trois semaines, puis en Californie. Deux hôtesses seront des nôtres en plus de vous. Vous n'aurez jamais de problème d'argent tant que vous serez à mon service. Voyez mon assistante pour les détails. Je suis très généreux. En retour, j'attends de vous une parfaite correction avec ma famille et mes amis, une totale disponibilité, une santé à toute épreuve. Vous pouvez commencer demain.

Le salaire, en effet, est exorbitant. Mais aucune vie privée ne sera possible. Service de huit heures du matin à minuit si besoin est.

Je formule alors une exigence : commencer seulement dans huit jours. Je dois me rendre à Manama...

Al Nidam est surpris. Il me demande si j'ai obtenu mon visa, chose difficile à l'époque. Ma réponse positive l'étonne. Il devient presque amical lorsque je lui dévoile l'identité de mon hôte.

— Entendu, dit-il avec une soudaine allégresse. Mais ne manquez surtout pas le rendez-vous définitif avec moi. Lundi en huit.

L'entretien est clos.

Al Nidam s'absorbe sur la console. Bloque l'image. Tend une oreille minuscule et experte vers un employé qui ose parler...

Intermezzo : l'émirat

J'ai écrit une longue lettre à Dom. Il me manque. Les mois à passer afin de gagner l'argent pour le rejoindre me semblent interminables. J'ai besoin de retrouver la Thaïlande, cette île de fleurs, de feuilles, de peaux... Nos peaux. Que ferais-je sans Rachid et nos amis ? J'aurais le moral à zéro. Je n'ai pas encore affronté le courage de retourner à Romilly.

Mais je suis tellement heureuse de reprendre un avion pour un nouveau pays : Bahreïn, le désert, revoir Bassel, contempler un ciel de transparence et de lumière... De Roissy, en attendant l'embarquement, je rédige, sur mes genoux, deux lettres. D'abord, en anglais, à Dom. Puis à Grand-mère.

4 mars 1979

Mon chéri, me voilà obligée de vivre probablement jusqu'en octobre prochain sans toi. Sans ta tendresse, le goût de tes baisers... Je pars dans une heure pour Manama. Retrouver les amis dont je t'ai parlé. Tous se sont démenés pour moi. Grâce à eux, j'ai trouvé un job intéressant auprès d'un milliardaire saoudien... L'argent gagné me permettra de te rejoindre plus vite. Pourquoi ne m'écris-tu pas ? Ton silence me hante. Ton amour aussi.

Béa.

Je plie, cachette l'enveloppe *airmail*. Je la jette côté « destination étrangère ». Le second courrier me donne plus de mal. Pourtant, il ne compte que quelques phrases sans intérêt. Quoique posté d'un aéroport, il cachera soigneusement la destination de mon voyage. « Émirat », pour Grand-mère, lèverait une image de harem et de saletés de mâles arabes croupant des filles dont je ne manquerais pas, bien sûr, de faire partie, nue sous un péplum, jouet, tant qu'il lui plaira, d'un pacha immonde qui, quand je serai trop vieille, me fera discrètement assassiner...

Chère Grand-mère,

Tout va bien ici pour moi. Je travaille comme secrétaire bilingue dans une boîte bien payée. J'espère aller te voir à Pâques. J'ai fort peu de temps pour aller à Romilly, car la compagnie nous emploie un dimanche sur deux. J'espère que ta santé est bonne.

Je t'embrasse très fort.

Béatrice.

J'écris de plus en plus péniblement. Y compris ma signature. Quel mal me donnent ces quelques mots idiots !

Cinq heures de vol. Bassel m'a offert un billet en première. Je refuse le dom pérignon. Je ne carbure qu'aux jus de fruits. Je résiste ainsi à tous les décalages horaires, aux crises d'amibes, aux fièvres. Très peu d'alcool, sauf un peu de vin rouge. Beaucoup d'eau, de thé, de jus de fruits. Je mange sobrement. Surtout pas ces plateaux, souvent noyés de sauces trop riches. La sobriété m'a forgé une solide résistance physique qui me sauvera par la suite.

L'univers où je débarque est à l'opposé de tous ceux traversés jusqu'à maintenant. Une blancheur presque insoutenable. Larges avenues, constructions modernes. Allées de banques. Ici, les fleurs sont des banques.

Bassel est venu me chercher à l'aéroport. Nous sommes au début du week-end. Bassel a tout organisé pour notre randonnée dans le désert. D'abord, balade dans le souk. Ensuite, camping vers les dunes. Dès lundi, Bassel reprendra sa vie de financier. C'est-à-dire quatorze heures par jour au fond d'un immeuble climatisé. Va-et-vient d'énormes capitaux dont la couleur est singulièrement proche de celle du pétrole.

Manama est une île. A moins d'être motivé par l'univers de l'argent, on ne peut qu'y périr d'ennui. Le dollar, ici, atténue un peu le joug islamique. On ne sent pas — comme en Iran ou ailleurs — l'urgence, l'obligation de se couvrir. Les femmes ont le droit de conduire, de se baigner dans les piscines fréquentées par les hommes, de travailler avec eux.

Il sera toujours temps, un jour, de les boucler à nouveau...

Nous partons dans deux jeeps.

Nous sommes huit dont deux Américaines et une Anglaise. La trentaine, agents de change. Indépendantes, bien dans leur peau. Si elles font l'amour, c'est dans le secret de blancs appartements dans une discrétion de bon aloi.

Le désert est la rare escapade hors intérêt, hors sexe. De calme et de fort en même temps. Le désert taille d'autres brèches dans l'esprit. Nous organisons notre installation sous deux vastes tentes. Sacs de couchage, couvertures. Les nuits sont glaciales. Les hommes allument un feu parmi ces dunes. Vieille mémoire bédouine ? A l'arrière de notre jeep, Bassel a entassé le bois nécessaire. Ce brasier dans le désert, sous un ciel étoilé à l'extrême, a quelque chose de féerique. Nous cuisons des « kebabs », brochettes d'agneau et de poivron. Le vin, couleur rubis, m'enivre délicieusement. Une exaltation merveilleuse m'envahit. La beauté du monde. Son silence quand le silence est radieux. Pur. Loin de la perversité. Loin de la folie des êtres.

Je m'endors entre Bassel et l'Américaine. Chacun, bouclé dans son sac de couchage. L'aube. C'est encore plus beau. Levée la première, l'Anglaise prépare un café très noir. Je prends un peu de sable dans mes mains. J'ouvre mes paumes. Sablier de mes jours, coule, coule, merveille de la métamorphose... Que peut-il donc m'arriver de triste ou de grave quand tout m'est ainsi donné ?

Le désert est rose tendre.

Le soleil cognera dur d'ici deux heures. Décolorera le tout en un blanc de fer.

Nous roulons. Nous nous arrêtons chez des bédouins. Ils nous servent un thé bouillant. Nous ne rentrerons qu'à la nuit. Économes de paroles. Heureux.

A l'aéroport, Bassel et moi avons la certitude de nous revoir un jour. Les départs ne sont jamais des ruptures.

— Au revoir, avons-nous dit.

Au sens réel des deux termes : le temps va et vient. Ramène, reprend, redonne...

De l'avion, les dunes s'estompent progressivement.

Il n'y a plus que la lumière éclatante d'un ciel sans nuages.

La cage luxueuse d'Al Nidam

Les premières journées chez Al Nidam se passent à courir les boutiques, rue Saint-Honoré. Mirna, une des hôtesses, m'accompagne. Égyptienne, jolie, hermétique, porteuse du chéquier au nom du poussah. Elle m'indique le genre de toilette à choisir pour complaire au maître. Un lot de tailleurs bon chic, bon genre. Jupes au genou, chemisiers en soie. Des bleus discrets, des verts sourds... Tissus en fonction des pays à traverser. Laine, cachemire, soie, lin, coton exquis... Essayage également de robes de cocktail. Il nous faudra accompagner Al Nidam dans toutes ses réceptions. Veiller aux moindres détails de son bien-être. Lui tendre les coupes de champagne, ou les sodas. L'hôtesse se doit d'être aussi élégante que les invités. C'est la fierté d'Al Nidam. La preuve de ses milliards.

Malgré le luxe de nos vêtements, la pudeur est obligatoire. Genoux cachés, poitrine dissimulée, manches longues... jamais de décolleté. A peine l'échancrure des somptueux et pudiques chemisiers.

— Et le voile ? dis-je en riant à Mirna.

Elle me fait comprendre que, s'il le souhaitait, nous serions toutes sous tchador — Christian Dior... Nous sommes, en fait, des femmes admises à s'introduire dans son milieu d'affaires. Bien sûr, nous la bouclons du matin au soir — une caméra suit même nos talons aiguilles —, mais son entourage professionnel doit remarquer notre élégance. L'extrême décence de nos vêtements et de nos propos quand on daigne nous adresser la parole.

Plusieurs raisons poussent Al Nidam à s'entourer d'un personnel jeune, féminin, gracieux. Ses complexes physiques, sans doute. Nous le dépassons toutes de quelques bons centimètres. Al Nidam a surtout l'infini besoin que l'on devance chacun de ses désirs. L'envie soudaine d'un café épais et noir. Un cigare de tel goût, telle marque, allumé sous ses moustaches par nos mains aux ongles bien polis, vernis à la perfection. A nous (à moi) de savoir craquer le briquet Cartier, en or massif, sous la courte moustache d'Al Nidam avec un conventionnel sourire.

Et tout à l'avenant. Seules les femmes (il le sait) ont l'intuition de ces minuscules détails qui créent la barrière entre sa paranoïa, son angoisse et la réalité de sa vie. Jongler avec des milliards est une prouesse qui monopolise la pensée jour et nuit. Al Nidam aurait des dépressions sans ses hôtesses. Sa famille lui cause plus de souci que de satisfaction. Elle est dévorée des mêmes angoisses. Il me faut aussi devancer les désirs de Madame. Veut-elle un grand carré en soie de chez Cardin même si elle en possède une centaine ? Dans l'heure qui suit, je dois le trouver. Omar, le plus jeune des fils, trépigne-t-il pour se promener à Disneyland, en Californie ? Je trouve aussitôt la limousine climatisée, le parcours privilégié... A cause de leurs exigences, je ne verrai rien des États-Unis. Un jour, je referai tout ce voyage, à ma guise, avec l'homme que j'aime... L'Amérique, avec Al Nidam et les siens, se confond avec l'atmosphère climatisée, les murs d'acier du « jet » privé, des palaces, et la hantise de bien les servir...

Autre rôle. Nous sommes trois — Mirna, Viviane la Française et moi — à nous occuper du lever et du petit déjeuner du pacha et de sa famille. Viviane, qui adore les fringues, se charge de choisir ses vêtements. Différents, chaque jour, suivant les rendez-vous, l'humeur. Ne rien oublier. La pochette, la cravate, la montre, les bagues assorties. Mirna s'occupe de son brushing. Elle lui coupe également ses moustaches. Vérifie sa manucure.

Moi, c'est le petit déjeuner. Attention ! ne jamais oublier son carré de fromage préféré, un fromage blanc, suri, de goût âcre. Tour de force pour courir des palaces au plus modeste quartier des villes où nous descendons. Trouver un petit épicier arabe, acheter ce morceau laiteux et aigre. Sinon, Al Nidam entrerait dans une rage folle. Un doute de lui-même, incommensurable. Je serais d'ailleurs renvoyée sans pitié. Son café aussi me donne du mal. Il le veut à la turque. Épais, noir, sirupeux. Nous voilà à New York. J'ai dû, très tôt, avant son réveil, me faire conduire en Rolls au quartier italien. Chez un quincaillier. Acheter la cassolette en fer-blanc. Cuire moi-même sur la plaque électrique ce breuvage dont il raffole.

Aucun argument ne pourrait justifier l'impossibilité de le satisfaire. Même au cœur de Reno, Al Nidam n'a qu'une seule réponse :

— JE VEUX. C'EST TOUT.

Il veut : il a des milliards. Il n'envisage jamais l'obstacle géographique, écologique. S'il le faut, il me ferait acheter une épicerie en entier. Mais sans son carré de fromage et son café turc, sa journée est morte. Tuée. Le doute l'envahit jusqu'à une grave crise d'angoisse. Alors, à son tour, il tue — à défaut, il exige —, humilie.

Son épouse — troisième du nom —, Libanaise capiteuse, elle aussi a ses caprices. Pas question de ne pas trouver ses cosmétiques habituels, ses parfums, ses soies...

Les six enfants, sanglés dans les fauteuils extraordinaires du jet personnel, sont les plus insupportables. Surtout le petit dernier, Karim. Al Nidam me l'a confié. J'ai du mal à retenir les paires de claques devant les exigences hallucinantes de ce potentat de quatre ans. Karim est prêt à me piétiner, me briser tel un objet quand je lui résiste. Je suis une esclave, comment puis-je oser lui refuser cette autruche qu'il a vue courir au zoo. Le père serait prêt à accepter. A nous, les hôtesses, de satisfaire Karim, trouver la cage, l'autorisation, emmener le grand oiseau stupide... évidemment, ce n'est pas toujours possible. L'enfant alors se venge par des exigences encore plus folles et force coups de pied dans tous les sens.

Et si Grand-mère le prenait en pension à Romilly, ce petit salaud ?

Autre souci : on ne peut faire confiance à personne. Chaque employé surveille l'autre. Le dénonce en douce au poussah. Chaque propos est rapporté, déformé, suivant les intérêts de chacun.

Karim veut un modèle réduit de Ferrari vert pomme, il l'obtient dans la journée. Mirna épie sans en avoir l'air la moindre expression de contrariété sur mon visage. Je souris sans cesse. Près d'exploser en mille éclats.

Quelquefois, le tyran a de soudaines générosités. Il m'offre alors une épaisse gourmette en or. La montre assortie.

La perspective de retrouver Dom me soutient le moral. Certains soirs — je me couche très tard quand le pacha n'a plus besoin de moi —, je suis proche des sanglots. Je m'écroule de fatigue. Je somnole six heures par nuit. Je me demande si la caméra ne me suit pas quand je dors, recroquevillée, en chemise Cacharel, dans le grand lit marqueté.

Je suis devenue étiolée de l'intérieur. Je gagne beaucoup d'argent. Mais j'ai perdu mon indépendance si chère. Je suis bel et bien dans une cage dorée. J'ai horreur, horreur, de toute prison. Je perds de plus en plus le sens du réel. Où sont mes vieux bus de l'Afghanistan et d'ailleurs ? Je ne voyage qu'en voitures de luxe, avions privés aux baignoires de porcelaine et d'or... Où est le réel ? Même le bungalow de Dom s'éloigne... Suis-je encore sûre de l'aimer ? Je vais sur vingt ans. Emmurée dans mes tailleurs Yves Saint-Laurent. J'effrite dangereusement ma jeunesse et ses enthousiasmes.

Je suis devenue une bonniche de luxe qui n'a le droit que de se taire et sourire... Sourire, même à l'infernal Karim qui a crié six heures d'affilée pour qu'on lui achète une girafe du jardin des plantes.

Pour Al Nidam et les siens, je suis Mademoiselle Personne.

— Es-tu vraiment sûre, Béa, de vouloir retourner en Thaïlande ? me demande discrètement Rachid, un jour, inquiet de cette dépression latente qu'il a devinée.

J'ai maigri ; je flotte dans mes beaux tailleurs.

— Il le faut, dis-je. Ne serait-ce que pour voir clair à nouveau dans ma tête. Redevenir vivante... Jouir de la vie et des voyages. De la liberté...

Chez le Saoudien, je me vis de plus en plus dédoublée. Tout se mêle. Romilly, la Thaïlande, les exigences d'ici. L'univers insidieux et si dangereux des milliards. L'insatisfaction chronique d'Al Nidam, sa femme et ses enfants, m'a gagnée. Ils sont insatiables jusqu'à l'angoisse puisque tous leurs désirs sont exaucés. Ceux du monde matériel. Par contre, tout ce qui ne s'achète pas les indiffère. Rien ne soulève leur enthousiasme. Ni un coucher de soleil. Ni une aube tendre.

Ils m'ont déstabilisée. J'ai perdu la joie. Heureusement, dans trois mois, je m'en vais...

Cette fois-ci, lotie de très beaux sacs. Héritage de cette mercantile aventure. Al Nidam aurait été offusqué de mes bagages cabossés de tous les bleus des chemins. J'en ai maintenant deux — y compris une sacoche fourre-tout en cuir très fin — mêlés des plus belles toiles. Je peux garder, après mon départ, mes toilettes de la rue Saint-Honoré. Les talons aiguilles iront au panier. Mais me voilà nippée pour éblouir Dom ! sans parler d'une pile de dollars. Nous allons pouvoir nous installer à Kohsamui.

En octobre, je quitte solennellement Al Nidam.

Il me fait alors un grand sourire :

— J'ai été très content de vous. Vous avez été parfaite pour moi et les miens. Si vous restez, je double vos gages...

Je secoue la tête. Quelqu'un m'attend ailleurs.

Avec dédain, il se tourne frénétiquement vers sa console d'observation.

Notre histoire est close.

Sur le trottoir, mes trois sacs sur le dos, pour la première fois depuis des mois, je fredonne.

La perte du réel

Bangkok.

Sous la pluie. Et la mousson. Dans le taxi, une sournoise torpeur m'envahit. Les mois chez Al Nidam m'ont affaiblie. L'Asie exige le soleil. Les intempéries sont sur ce pays une sorte de sombre maquillage qui déforme choses et êtres. Un malaise généralisé m'assaille. A l'hôtel, je me précipite aussitôt sur le téléphone. Dom. Au bout du fil, une voix thaï qui ne comprend rien à mon insistance. Je suis sûre du numéro. Je répète inlassablement le nom complet de Dom et de sa tante, incompréhension de part et d'autre. Un vague pressentiment cloue ma gorge. Je raccroche net. Ne prends pas le temps d'une douche — j'ai loué une chambre dans un hôtel quatre étoiles, les dollars d'Al Nidam ont du bon. Je saute dans un taxi, direction l'appartement. Malgré les nuées basses, la torpeur des nuages, l'agitation de Bangkok est toujours la même. Le taxi met du temps à se frayer un chemin jusqu'au pied de l'immeuble. Je grimpe les escaliers, frappe à la porte, cœur battant. Une famille thaï m'ouvre. L'homme, la femme, des enfants, une aïeule... Je répète le nom de Dom et sa tante. A force de signes, de gestes, d'intuition, nous finissons par nous comprendre. Dom et sa tante ont quitté les lieux. Ils n'habitent plus cet appartement. Où sont-ils ? ai-je envie de crier. Les nouveaux locataires secouent la tête négativement. Ils ne savent pas. Ils ne savent rien. Je ne peux accepter la réalité. Je refuse de croire à un abandon. Il me reste un autre espoir : l'université. Demain. A la première heure. J'enfile l'avenue à pied. Les cabarets clignotent. J'entre dans une déstabilisation proche du vertige. Ce voyage qui devait être une fête commence tel un mauvais rêve. Un appartement occupé par des étrangers. Le visage aimé enfui, disparu dans cet espace grouillant de milliers de visages...

Impossible de franchir seule les heures qui vont suivre. L'université n'ouvrira pas avant huit heures. Je vais donc de boîte en boîte. Le cœur coincé, les côtes douloureuses. Le décalage horaire accentue cette impression hallucinante de traverser à vif un rêve qui ne vous concerne pas. Pourtant, le cœur est cloué à chaque seconde... ce pays que j'avais pensé adopter, élire et faire mien — moi, sans patrie réelle — me catapulte violemment dans un statut d'étrangère. Lancinante obsession. Punition incroyable de toute ma vie : être l'étrangère des uns, des autres, y compris des espaces infinis... Je suis entrée au hasard dans une discothèque. L'ambiance me révulse. Trop d'Européens en bringue vulgaire alors que je me débats.

Où est le réel ? Quel sens a-t-il ? Grand-mère à Romilly ? les bras de Dom dans l'île merveilleuse, vert et bleu ? le jet d'Al Nidam tandis que ses rejetons exigeaient la lune et le soleil avec ? Et moi, moi, qui suis-je ? dépouillée de moi-même. Volée peu à peu de mes enthousiasmes, de mes élans par ceux en qui j'ai cru ?

— *Come and have fun !* me dit joyeusement un Australien. (Viens ! amuse-toi !)

Impossible de le suivre pour danser sur la piste cernée de néons aussi violents, violets, que la musique. Détresse soudaine. Coup de poing au ventre. Une seule hâte. Retourner dans ma chambre. M'enrouler sous le drap. M'isoler, me replier ainsi qu'aux pires moments de mon adolescence. Je ne suis plus une voyageuse ni une amoureuse. Mais la solitude. La désolation.

Alors, dans cette boîte idiote, je me mets à boire. Verre après verre. Une vraie cuite à la vodka.

Grimace d'abord. Anéantissement ensuite grâce au feu glacial de cet alcool translucide et brutal. Alcool des pays froids, alcool qui vrille le point, là où je grelotte alors qu'il fait trente-huit degrés...

Complètement ivre, je titube vers un taxi. J'ai de la chance qu'il me véhicule à la bonne adresse et me rende même la monnaie. Je m'écroule enfin, sans allumer le pavé lumineux du chevet, sur le lit trop large pour moi.

Réveil nauséeux. Gros bourdon noir dans la tête. Où est Dom ? la confiance ébranlée. Impression du fugitif dangereux que sont les plaisirs en ce monde. Un sourire, un corps heureux, une peau aimée. Tout se paie. Et très cher.

Tout m'échappe. Mal au crâne. Une douche, un thé fort et brûlant. Une tenue de coton frais.

Taxi vers l'université.

J'entre du côté de la section où j'allais si souvent attendre Dom. Je reconnais quelques visages. Je tente, malgré mon angoisse, d'avoir l'air naturelle, enjouée, tandis que, tout sourire, ils m'assènent le dernier coup. Dom est parti il y a maintenant deux mois. A Kohsamui ? Ils secouent la tête. Ils ne savent pas... J'ai compris. Je n'irai pas à Kohsamui. Non seulement il y aurait une autre déchirure, mais encore l'humiliation.

Petit flash-back, dans ma détresse : à mon tour de souffrir à cause de quelqu'un. Je comprends maintenant la peine de Vincent. Je perçois le sens de certains regards d'hommes, quand ils tentaient de me retenir :

— Reste, Béa, reste ! Rien qu'une nuit... Une autre...

Parfois, il y avait la violence. Je m'en allais alors sans me retourner. Le cœur refroidi, le corps oublieux, la jambe longue, proche de l'élan des gazelles... en route ! ailleurs ! tout est encore à découvrir. Ne me retenez pas. Jamais par la force... je ne veux ni argent, ni alliance, ni chaînes ; mais le léger bonheur d'aimer...

Hélas, je ne savais rien.

Comprendre ce qu'est une déchirure du cœur. Que le cœur est un muscle soyeux, saignant et doux. Capable d'imploser. La souffrance d'amour, reliée à celle de la chair. De tout mon être. Je suis devenue une banale fille amoureuse. Rompue, flouée. Juste capable de sangloter contre le mur trop lisse de cette chambre, derrière laquelle trépigne sans relâche une ville enflée de moiteur, d'orages et de mes larmes...

Ma crise va durer des heures.

Je pense au suicide.

Je ne supporte pas de ne pas être aimée quand j'ai vraiment donné de moi. Surtout ma confiance. Ma vie, ma vie, c'est quoi ? Ma vie en forme de vent... Mon corps joli, menu et long, pas plus lourd que celui d'un petit animal, pèse soudain un poids de plomb. Le chagrin. La solitude. Celle de la toute petite enfance, jamais cicatrisée. Seul l'amour pouvait m'en sortir. Peut-être me river à un lieu, un être. Voilà que cet être m'a lâchée avec la force traîtresse d'un coup de couteau.

Je tâtonne vers mon sac. Le tube de Valium acheté à l'aéroport quand les longues heures de vol sont trop pénibles. Vingt cachets bleus dans la main. Petit ciel, petit ciel tout rond, celui de Romilly... Le Valium de mes quatorze ans quand je perdais déjà les pédales par manque de compréhension. Quand j'avais envie de crier « maman » ou de m'accrocher éperdument au cou de quelqu'un. Quand je lisais Baudelaire, Apollinaire...

J'avale un cachet, puis un autre. Amertume. Dans le frigo encastré, il y a de l'alcool. Minuscules flacons multicolores. Allons-y. Un flash de whisky. Un de vodka. Un bout de ciel bleu nauséeux. Tout à coup, les cachets se bloquent dans ma gorge. L'alcool les a dilués dans une bouillie dégueulasse et amère. Je me traîne au lavabo. Je vomis. Je bois à grands traits l'eau trop tiède. Je vomis encore. Je sombre dans un sommeil tout noir.

Je me réveille au milieu de la nuit. L'angoisse est à son comble.

Si je veux survivre, il me faut à tout prix quitter cette chambre. Parler à quelqu'un. Retrouver le monde, même fourbe et faux, et ses lumières.

Je titube jusqu'au quartier de Patpong. Ilots de boîtes de toutes espèces. Je pousse une portière. Musique tonitruante. Coups de marteau dans le crâne. Je commande une tequila. Je me remets à boire encore et encore. Au milieu de la lumière, des humains, il est plus facile de tuer cette bête qui me dévore. J'ai acheté à un type, dans la rue, de « l'herbe ». Je me roule joint sur joint. Le désespoir — oui, le désespoir — fait trêve. J'intègre une autre espèce de somnolence. Pauvre pansement sur cette tempête qui me ravage. Tempête plus violente que la mousson déchaînée sur Kohsamui.

Le souvenir de ma traversée du Khyber Pass va me sauver. Souvenir de la joie en forme de vautour. J'en appelle tant que je peux à cet âcre et radieux souvenir. Cette intensité est plus forte que l'illusion qu'ont été le corps de Dom, l'amour de Dom. Non, non, je ne veux pas à cause de ce type désormais sans épaisseur mordre à ce point la poussière...

Je rentre à l'hôtel. Sommeil de plomb, mais sans l'obsession de n'en plus vouloir sortir. Au contraire. Demain, quelque chose brillera. Le soleil d'ici, bien sûr, et des chemins de sable, de plantes, de coraux et de fleurs. Et le corps d'un homme ; un être encore inconnu, qui dira : « Toi, toi, rien que toi... »

Le matin.

Quelle sale tête, Béa ! non, ce n'est pas possible, qui voudrait de toi ? A Romilly, les types du lycée disaient : « Cette fille, c'est la plus belle d'ici. » Non mais, ils rêvaient ou quoi ? Dessous des yeux gonflés. Cheveux ternes. Désordre des vêtements. Peau moite. Odeur de vomi dans le lavabo. Honte sur cette épave ! vite, l'eau, l'eau à grandes ablutions. L'eau sur toute cette peau, cette fille qui, hier, tremblait et criait de peine... Il y a, au sol, le carton de Valium. Je le froisse, le jette dans la cuvette. Chasse d'eau. Plus de traces de mon effondrement. Par téléphone, je commande un thé citron.

En attendant, j'ai déplié une carte de la Thaïlande. Mon doigt erre, franchit des kilomètres et se porte du côté nord : la Birmanie.

Birmanie

Sept jours seulement consentis. Je n'ai que le statut de touriste. Un relent de mal de tête finit par se dissiper. Les traces de mon chagrin s'estompent légèrement. Mes cheveux sont lavés Brillants, plus clairs sous cette lumière. Voletant sur mes épaules. Ma blessure se déplace, encombrante, avec des sursauts imprévisibles. Elle a dévoré une partie de mon énergie. C'est peut-être là le pire grief que j'ai contre Dom. Tout me semble encore lourd et gris. En accord avec le regain de mousson. Un ciel où roulent d'énormes nuages en forme de caillou.

Pour atteindre Rangoon, la capitale birmane, je suis obligée de prendre l'avion. Rangoon est une ville sinistrée. Pierres ébréchées. Décrépitude générale enveloppant chaque building. Peu d'argent par ici, pour les entretenir ou les reconstruire. La plupart sont recouverts de moisissures verdâtres. Ville rongée d'humidité comme je me vis rongée de désarroi. Malgré ce délabrement général, l'accueil est chaleureux. La Birmanie, en ces années 1980, commence timidement à ouvrir ses frontières. Tant d'étrangers dans leur ville, c'est une soudaine prise d'air pour cette population étouffée. Ils endurent en silence le joug du militaire (socialiste), Ne Win.

Mon hôtel est bizarre. Vaste ruine coloniale. Grand salon à

moulures. Mais tout y manque. Les glaces sont ternies, piquées. Les parquets, jadis superbes, totalement vermoulus. On y voit courir des rats. Des cafards sortent du trou de la baignoire, aux pieds de fonte sculptée. Les robinets — anciennement dorés — font jaillir capricieusement un flot jaunâtre, glacé ou brûlant. Mon lit est immense, baroque. Un « ciel » en velours passé retient, tant bien que mal, une moustiquaire en tulle crevé et jauni.

Ma dépression est loin d'être guérie ; en dépit de ma volonté de m'en sortir. Lourde, à pas lents, j'erre de restaurant en restaurant. Sans appétit. Modestes échoppes où la nourriture est plus que sommaire. Menu quotidien : du riz frit sur lequel surnagent des lamelles de viande. Plutôt du nerf que de la chair. Le petit déjeuner est passable. Monté chaque matin, solennellement, sur un plateau hallucinant. Plus vaste et haut que le petit « boy », vêtu d'un *longi* et d'une veste blanche. Pudiquement, il dépose ce plateau sur lequel infuse un thé âcre. Sur une assiette de la Compagnie des Indes, quelques petits pains farineux, un cube de beurre rance.

Il pleut sans relâche.

J'ai emprunté à l'hôtel un parapluie noir, aussi vaste qu'un parasol. En dépit de cet abri, je suis trempée en quelques secondes. La mousson fait rage. Eau tiède, obsédante. J'avance quand même. Entre deux trombes fume à nouveau la lourde chaleur. Un soleil luisant qui n'enlève jamais l'humidité. Vapeur surtout. Y compris sur la peau.

On a vite fait le tour de Rangoon. Ville administrative, sans intérêt si ce n'est sa pagode d'or ; aussi intemporelle que la chambre où je dors.

Il me reste quatre jours avant la fin de mon visa.

Rangoon, Mandalay, Pagan... Train, bateau... Pagan est un site incomparable. Quatre mille ruines de pagodes, de stupas. Reflets de siècles d'une puissance révolue. Ma peine me suit toujours, sorte de chien enragé, difficile à détruire. La visite de Pagan, en carriole à cheval, l'assoupit légèrement. Le présent reprend un peu de saveur. D'un temple à l'autre, d'une croyance à une autre, je m'imprègne de cette force reliée au sacré. Les femmes, sarong et blouse à manches courtes, portent sur chaque pommette une sorte de masque en boue jaune. Protection de la peau ? Signe matrimonial ? Beaucoup de vieux s'approchent de moi. Ils me parlent en bon anglais de leurs souvenirs. Un temps plus heureux que maintenant... Une prospérité abolie. Beaucoup d'Indiens parmi eux. De religion bouddhiste. Nostalgie d'un bonheur enfui...

Tout se paie, tout se paie. J'en suis, moi aussi, à la prospérité intérieure abolie.

Septième jour de mon visa.

Il me faut partir. Impression bénéfique d'avoir survolé une contrée extraordinaire. Je retourne à Bangkok deux jours. Puis, pendant près de six semaines, je vais parcourir la Thaïlande de plus en plus vers le sud, vers la Malaisie.

J'ai perdu le sens du réel. Tout a pris, depuis ma nuit de vodka et de Valium, l'allure d'un songe opaque. Parfois, de brefs traits lumineux. Mais beaucoup de zones d'ombre... je vais, je vais, je vais. Sorte de vertige des profondeurs. La terre est devenue une ligne droite. On dirait que jamais je ne reviendrai au point de départ.

Eddy le Chinois

Je suis en Malaisie. A George Town, Penang. Il fait beau. Mousson et gros nuages sont restés côté Thaïlande. Un grand vide intérieur fait place à la douleur. Me voilà repliée à l'extrême. Redevenue la petite fille de Romilly. Muette quand on lui criait dessus. Vertige, vertige dans ces rues de George Town que je parcours en tous sens. Impression de traverser ma vie sans la moindre passerelle. Sans aucun secours. Entourée d'inconnus. Aux visages identiques ; interchangeables. La bienfaisante solitude de mes voyages est devenue la solitude tout court.

Je ne cesse de retourner visiter le temple des serpents. Serpents de toutes les tailles, toutes les couleurs. Mortels et venimeux camouflés sur les branches sans feuilles d'ornement. Ils se confondent avec les branches.

Je regarde, au bord de l'angoisse, le serpent immobile et bleu. Le plus dangereux du monde. Patient, tout en replis et torsades. Lançant de temps à autre un vif éclair sous la paupière invisible... Patient comme un mâle qui guette une fille, la fascine et la perd... Dans ce pays, on respecte jusqu'au mystère ces serpents de mort et de beauté. Sortes de divinités qui rappellent le piège de vivre et la nécessité de mourir...

En dehors du temple aux serpents, je ne sais que faire pour restructurer mon goût de la découverte. Où est la joie de vivre? J'en suis à ne plus désirer appeler Paris, Rachid et mes amis. De plus, j'ai égaré la clef de l'appartement. Probablement dans mon trouble extrême, après ma cuite à la vodka... J'allais si mal... D'ailleurs, retournerai-je à Paris? J'ai perdu jusqu'à la racine de ma seule patrie : l'amitié. Étrangère, étrangère à moi-même, je n'ai même pas envie de chercher refuge dans le Valium, les herbes ou l'alcool. Seul le grand serpent de mort hypnotise mon regard. Assoupit cette dangereuse pente qui mène vers une sorte de coma...

Je suis devenue un être vide, vidé. Une tête bourrée de coton. Les jambes aussi lourdes que du plomb. Quelle chaîne invisible y est scellée? Mon corps, si léger d'habitude, est une masse à peine plus maniable que ces entrelacs de serpents.

Comment tuer le temps alors que je n'ai pas la force de me tuer tout court? J'entre dans des cinémas. Je m'assois au fond de ces salles aux fauteuils en bois. Les sols sont jonchés d'épluchures et de crachats. C'est fou ce qu'ils peuvent cracher, les Chinois! Ils mangent et crachent sans relâche. Les enfants pissent si l'envie leur en prend. Ça pue, ça grince, ça crie, dès que l'action se corse.

Genre de films qui traversèrent cette pente hallucinogène de ma vie : *Kung-Fu sous les Ming, Femmes acrobates, Manieuses de sabres et de bâtons, Combats pour l'empereur, Étripades pour l'honneur, Troisième épouse empoisonne seconde épouse, Vengeance de première épouse.*

Je ris devant certaines scènes. D'hallucinants acteurs égorgent, empalent, fixent l'héroïne, princesse surchargée de perles, raide dans ses soieries, d'un regard de faucon... Je me nourris de pop-corn. Mes dents rongent, telles celles d'un écureuil. Petit bruit désagréable pendant les scènes fortes. J'occupe le fauteuil du dernier rang. Toute la salle, au bruit de mes dents, crac, crac, se retourne, proteste.

Je crache à mon tour sur le sol.

J'erre, j'erre. Circularité étrange de ma dépression. J'achète des livres en anglais. Dans des boutiques minuscules. Livres en piles poussiéreuses. Provenance invraisemblable. Sous des toiles d'araignée, je découvre Hemingway, Steinbeck, Graham Greene, Thomas Mann, des polars américains des années 50.

Je n'écris à personne.

Peut-être suis-je devenue amnésique?

Le soir, je vais un peu mieux. J'ai toujours aimé la nuit. Je rejoins alors l'esplanade de George Town. Promenade qui longe la mer, éclaboussée de lumières... Petits restaurants — rien qu'un toit et quelques tables —, des bancs, des boutiques minuscules et ambulantes. Je mange un « sotong », une épaisse soupe. Je regarde défiler la nuit. J'écoute le bruit des vagues. Je songe aux mots d'Hemingway. A son suicide. Il ne se sentait plus assez viril, avait-il dit. Prétexte, prétexte pour payer l'addition...

Penang est devenue la routine de ma vie. Cinémas, boutiques de livres, temple aux serpents, rues encombrées. Esplanade, le soir. Le plus dangereux est en train de s'insinuer en moi. Je n'ai même plus de désespoir. Même plus le souvenir réel de Dom. Rien. Un vide sans douleur. J'ai atteint l'anéantissement. L'enfer, c'est peut-être cela. L'absence de soi-même.

C'est dans cet état d'esprit qu'un soir de novembre (1979) je m'assois, comme de coutume, sur un banc de l'esplanade.

J'ai acheté à un vendeur ambulant un carton de lait de soja nanti d'une paille. Une brise assez fraîche soulage la chaleur du jour. Je regarde déambuler la foule. Des familles entières. Toutes sortes de jeunes. Les lumières de la côte, en face — Butterworth —, clignotent. Je sirote mon lait de soja sans me rendre compte qu'un homme s'est assis près de moi. Il me parle en anglais.

— Puis-je m'asseoir près de vous?

Sa voix me fait tressaillir. De timbre européen, basse, veloutée, chaude. Je me tourne vers lui, étonnée de découvrir, en dépit de cette voix, un Chinois. Son regard est la seconde chose qui me frappe. Couleur café brûlé, en accord avec la voix, flamme chaude et douce. Pupille largement irisée. Une extrême franchise caractérise ce regard qui m'enveloppe en entier. Sans pesanteur. Sans indélicatesse. Sincérité de ces yeux, les Asiatiques ne regardent jamais ainsi une femme. Assez grand pour un Chinois, il semble bien dans sa peau. Une peau qui, à la différence du blanc jaunâtre des hommes d'ici, est d'un brun chaud, harmonisé à la prunelle. La chevelure, soignée, brillante, est taillée très court, à l'occidentale. Il est vêtu d'un jean et d'une chemise en soie écrue. Rolex au poignet gauche, négligemment glissé sur le dos du banc... Je n'écoute pas vraiment les mots qui sortent de sa bouche. Ma langue est ce gros caillou qui paralyse ma voix. Où sont passés mes propres mots? Pourtant, quelque chose se délie doucement depuis que ce garçon est là. Ce poids, qui depuis des jours détruit lentement mon être, s'allège un peu. Je finis par retrouver la voix. D'un ton hésitant, je trébuche mot après mot, hors de ces semaines de mutisme. J'arrive même à sourire.

— Vous avez l'air triste, fait la voix basse et agréable. Ne restez pas seule sur ce banc. Venez vous promener avec moi...

Troublée par la voix, je fais quelques pas à ses côtés.

Au musée des serpents, le plus beau des reptiles n'a qu'à hisser sa tête d'écailles prestigieuse et la torpeur euphorique saisit le cœur des filles...

— Avez-vous dîné?

L'homme a vu ma boîte de lait de soja.

— Il faut manger, dit-il avec une soudaine et chaleureuse autorité.

C'est la voix qui me guide.

— Je vous emmène, décide la voix, au meilleur restaurant d'ici goûter un « Mee curry ». C'est un plat énergétique. Une soupe épaisse de nouilles, d'épices de curry, de lait de coco... Cela va vous retaper, j'en suis sûr.

Le restaurant est dans la vieille ville, non loin du marché, du côté de Penang Road.

Nous marchons un bon quart d'heure.

Sous la lumière du restaurant, assise face à cet inconnu.

Je le vois vraiment. Sans jeu de masques ou d'ombres. Il est beau. Dom était un jeune homme assez proche de mon âge. Celui-là est un homme fait.

— Je m'appelle Eddy Tan Kim Soo, dit-il. Je suis né ici. J'habite chez mes parents, de l'autre côté de la ville. Mais je voyage constamment en Europe pour mes affaires. Je connais très bien Paris. A votre accent, j'ai tout de suite compris que vous étiez française...

Après le Mee curry, le sang afflue à mes joues, les larmes à mes yeux. C'est un mets étonnamment capiteux. Presque violent. Le thé est sucré, orange, de même force.

— Vous voyez, dit Eddy, content de me voir sourire, il fallait commencer par le Mee curry... Maintenant, je vous emmène visiter le Pasar Malam, c'est le marché de nuit... Un peu l'équivalent de vos « puces », mais éclairé par des lampes à pétrole... Vous allez voir, c'est très amusant... On y trouve toutes sortes de bricoles...

Il paie l'addition. Il décide de tout comme si nous étions amis depuis toujours. Il a pris en main la situation. Il a répondu à mon besoin intime d'être protégée, réchauffée, aimée. Il a sans doute tout deviné.

Le serpent d'or et de velours entraîne ainsi sa victime loin des uns et des autres, jusqu'à la volupté du tombeau...

Au Pasar Malam, Eddy a l'habileté de ne pas prendre ma main ni ébaucher le moindre flirt. Il a senti que le moindre geste trop évident, trop prompt, suffirait à tout briser.

Nous entrons dans ce bric-à-brac asiatique, fantastique sous la lueur des lampes. Chaque objet, parfaitement hétéroclite, est posé à terre. Vieilles bicyclettes, outils anciens, faïences ébréchées, petits meubles, chemises à trois dollars, choses inidentifiables...

Il est près d'une heure du matin quand Eddy me raccompagne à la porte de mon hôtel. Nous avons passé plus de quatre heures ensemble. L'envie de le revoir me semble aussi normale que sa proposition.

— J'ai une moto. Je viens vous chercher demain matin. Nous ferons le tour de l'île.

Tout est redevenu extrêmement agréable. La nuit tempérée et douce. Le clignotement des lumières.

Et son lent et sûr baiser d'homme qui sait exactement ce qu'il veut.

Ne serait-ce que m'amener à savourer aussi longtemps que lui ce premier baiser.

Il disparaît dans la nuit.

J'ai déjà envie de le revoir. Je remonte dans ma chambre à pas lents. Légère, cependant. Une joie très tendre qui irradie déjà sur mes lèvres. Je souris. Le portier aussi.

Je ne mets pas longtemps à m'endormir.

La vie vient de perdre sa dure carapace.

Au musée des serpents, le dieu de mort s'est endormi. Patient. Il sait qu'il est attendu. Il n'a même plus à veiller.

Le lendemain, à neuf heures, Eddy est entré à la réception de l'hôtel. Il me trouve devant un jus d'ananas frais. Je l'attendais. Même tenue que celle de la veille. Aucun décalage entre l'homme de la nuit et celui qui marche vers moi. Sa peau garde ce même éclat qui allait, sans que je le sache encore, m'envoûter jusqu'au délire.

Moto massive, bleu-noir. Marque japonaise. Filant loin et vite.

Accrochée à son dos, je ferme les yeux. Muscles fins, déliés. Fausse fragilité. Puissance sourde et sûre. Un dos révèle beaucoup plus de secrets qu'un visage. Nous roulons longtemps. Ivresse de la vitesse, du vent, de la chaleur mêlée à l'odeur de cette peau... Nous nous arrêtons de village en village. Pendant ma dépression, ils me semblaient irréels et flottants. Grâce à Eddy, tout reprend sa place. Sa vigueur. Sa couleur. Le ciel est à nouveau bleu. La mer, cet espace d'argent et de saphir. Les fleurs innombrables. Bougainvilliers, hibiscus, flamboyants, frangipaniers dont l'odeur est doucement mortelle. Enivrante telle celle des pavots mystérieux. Des couleurs et des parfums aussi forts que les herbes qui se fument entraînent l'esprit à l'orée des espaces d'apesanteur...

Ainsi passera lentement et doucement ce premier jour avec Eddy Tan Kim Soo. Une journée distillée avec la force d'un suave et irréversible venin.

Le soir. Rendez-vous pour dîner.

J'ai enfilé un ensemble en soie Yves Saint-Laurent du temps

d'Al Nidam. Pantalon et tunique, faussement chinois. Manches longues, remontées au-dessus des coudes.

— Vous avez des coudes aussi charmants que des petites oranges, a dit Eddy.

Ma peau est légèrement hâlée. Un peu d'or bruni court çà et là dans ma chevelure, remontée d'une grosse barrette. Clips d'oreilles assortis. Provenance : rue Saint-Honoré. Eddy m'attend à la réception. Je vois à son regard que je lui plais encore davantage. Peut-être n'est-il pas indifférent à ces marques de luxe sur ma personne ? Un Chinois aisé repère aussitôt le signe de l'argent. Un Chinois, riche ou non, méprise la pauvreté, les sacs à dos, les jeans troués, les jupes en tissu aux couleurs passées, les cheveux trop longs ou trop rares, les bras et les cuisses piqués de part en part.

Eddy Tan Kim Soo a la peau saine et lumineuse d'un type qui n'a jamais touché aux poudres mortelles.

Eddy Tan Kim Soo a un sourire éclatant, des dents de porcelaine. Un regard sombre et chaud. Il a des affaires en Europe, a-t-il dit. Les Chinois sont, pour la plupart, des marchands. Quoi de plus naturel qu'un négociant riche aime les femmes et les gâte ?

Eddy m'embrasse au coin des lèvres. M'éloigne de lui. Me tient avec force. Me contemple longuement. Regard qui lève en moi un frisson confus.

— Vous êtes très belle, dit-il. Petite fleur de frangipanier...

Il m'emmène dîner dans un autre endroit. Découvrir, grâce à lui, des plats encore inconnus prend un sens exquis.

— Vous allez goûter un « Mee laksa ».

C'est la spécialité d'ici. Crevettes, nouilles, morceaux de poisson, citronnelle...

— Sentez-vous les vingt-quatre épices qui composent ce plat ? murmure Eddy.

Vingt-quatre. Je ferme les yeux. Vingt-quatre feux de piments divers, de poudres subtiles et fortes où domine la douceur de la citronnelle.

Eddy ne me lâche plus du regard.

— Allons danser, dit-il.

Il m'emmène dans une petite boîte.

— Je ne sais pas danser, dis-je. J'entends souvent en moi

toutes sortes de musiques. Mais mon corps ne suit jamais ces notes, ces sons, ces rythmes.

— Je t'apprendrai, dit-il en me tutoyant soudain. Je t'apprendrai à exprimer ton corps. Tête et esprit ne sont qu'un. Ne doivent être qu'un. Bien qu'en anglais le *you* soit à la fois le « vous » et le « tu », je sais qu'il a dit « tu »... « Je dis tu à tout ce que j'aime », a écrit Prévert dans « Barbara ». Je revois les types de la petite maison. Je répétais alors, emportée par les herbes : « Je dis tu à tout ce que j'aime... » A Romilly, je disais « tu » à tout ce que je détestais... « Tu » à la laideur, la mesquinerie, la brume des rues et des êtres...

Assise contre Eddy le Chinois, mon bien-être s'accentue. Il a commandé de la tequila. Le bord du verre est givré. Salé. Le liquide glace d'abord, chauffe ensuite le corps, la tête... Je pose ma tête contre l'épaule d'Eddy. Le serpent de mort s'éveille doucement, au fond de son aquarium. Il ouvre des yeux d'or, indéchiffrables. Se déroule en une spirale proche de l'étreinte... La tequila est une flambée étourdissante. Jusqu'au cerveau. Dans chaque veine du corps. Dans le sang, le ventre...

— On s'en va, dit Eddy.

En moto, derrière lui, jusqu'à l'hôtel. Un vertige me cloue contre son dos. Je roule ma joue contre son épaule. Garé devant le panneau lumineux de l'entrée. Il m'aide doucement à descendre.

— Au revoir, dis-je d'une petite voix oscillante. Au revoir, Eddy.

Il ne répond pas mais me prend soudainement contre lui. Le serpent de feu et de velours enroule sa spirale de muscles en soie sur la proie aimée et qui aime...

Jamais de ma vie je n'avais éprouvé un tel choc électrique sous le baiser d'un homme. Je suis obligée de reculer. Je crie presque, d'une voix étouffée. Eddy me reprend contre lui. Tenace, le baiser reprend son joug. Déroule un pouvoir de feu qui électrise mon corps. Un choc si sauvage qu'il traverse ma peau, mon sang. Arrive en un coup de poing voluptueux jusqu'au fond du ventre... Je m'affole ; je gémis et m'accroche à ces lèvres, ce corps. Jamais je n'avais affronté la houle féroce du désir. Dom m'avait donné un érotisme doux et tenace. Un plaisir tendre. Un leurre de nuage et d'ondes suaves... Eddy me transforme en bête sauvage qui tout à coup ne se reconnaît pas. S'entend gémir et crier.

— Viens, viens.

Il peut m'arracher à la seconde mes vêtements. Me prendre là, sur le sol, devant le hall allumé. Comme une bête.

Je veux baiser. Baiser. Baiser. Baiser. Avec cet inconnu qui me consume tel un brasier. Un insensé brasier qui fait de moi, dans cette rue éclaboussée de lumières, une demi-folle. Un roseau courbé. Plié dans ses bras.

Soudés ensemble, nous arrivons à ma chambre. N'allumons rien, ne prenons le temps ni de nous dévêtir ni de parler. Rien. Rien. Que la sauvagerie carnivore d'un délire qui nous assaille tel l'ouragan sur les îles. Nous crions, gémissons ensemble. Nous ne sommes qu'une seule peau. Soulevés par une tempête qui nous anéantit et nous emporte ensemble.

Encore, encore et encore. L'étreinte achevée en entraîne une autre. Et ainsi de suite jusqu'à l'aube.

Le serpent d'or et de feu était en fait le dieu Désir.

Le dieu Désir est entré dans ma vie. Il se nomme Eddy Tan Kim Soo, négociant en Europe, a-t-il dit. Le dieu Désir m'a élue. Que m'importe qui il est et où il va. Je lui appartiens.

La valise

La passion. Point absolu. Dormir près de lui, c'est me fondre en lui. Un seul et même corps. Tournoyer ensemble, sans jamais se dégager l'un de l'autre. Même endormis, nous nous quêtons encore. Dans son sommeil, il enserre mes bras, colle mon dos, mes hanches contre son ventre. Il ne bouge pas ; ne dit rien. Un élan sans fin unit nos chairs, fait de lui et de moi un seul et même être nommé Passion. Mi-mâle, mi-femelle. Hybride et indissocié.

Nos nuits se déroulent enchantées, furieuses de volupté active, paroxystiques sur le grand lit de l'hôtel. Sans relâche, ce feu, cet appétit de nos peaux. De nos bouches ; de nos sexes. Rien n'assouvit notre désir si ce n'est le recommencement... Nous dînons à n'importe quelle heure. Plus rien n'existe. N'a existé.

Penang recelait l'homme de ma vie. L'homme de ma peau. Je ne regrette plus rien. M'être traînée tant de jours, la bouche en plomb. Le cœur mourant, la peau vide... Enfin, il y a quelqu'un dans ma petite cage en cristal qui, je le pensais, me protégerait des autres. Eddy a fait voler en éclats la cage. Le maître de chacun de mes sens. Ma volonté est reliée à la sienne. Je ne veux que lui, nu, contre moi. En moi. En fureur et exultation de moi.

— C'est moi qui suis à toi, dit-il parfois.

Nous parlons peu. L'amour remplace tout. Nos corps tiennent lieu d'alexandrins, de poèmes interminables où rutile le mot « chair »... Où a-t-il puisé cette force, cette maîtrise de lui et d'un corps de femme ? Cette capacité à tenir ainsi mon corps en haleine, éperdu, capable de franchir des monts et des vallées inconnus où jaillissent des cascades qui m'abreuvent, m'exultent et m'enivrent ?

Eddy me fait parler de mon enfance. Je lui raconte Romilly. L'abandon maternel, l'incompréhension sclérosante de Grand-mère. Élevée par des femmes qui ne se comprenaient guère. Se supportaient encore moins... Mon père enfui... Sans visage... La détresse de ma vie qui m'avait emmenée de route en route. A la quête du soleil, rien que le soleil. Les chemins d'émeraude, les mers infinies. Tout ce qui n'était pas une petite ville bouclée sur elle-même, étouffant les âmes des filles qui rêvent, osent rêver... Je lui raconte ma dépression. Ma résurrection dans ses bras. L'impossibilité, désormais, de me passer de lui.

— Et si nous nous mariions ? dit-il en riant.

Je reste sans voix. Nous marier ?

— Oui. En Europe. Je m'y rends bientôt pour affaires. Inutile que je te présente à ma famille. Ils verraient d'un très mauvais œil mon alliance avec une Blanche.

Nous marier. Il a lâché le plus grand des mots, celui que j'ai toujours détesté. Je ne me rends pas bien compte, malgré une telle proposition, qu'il est avare de renseignements à son sujet. Le rationnel, le réel sont égarés. Je ne suis que peau mêlée à la sienne. Avec lui, tout devient simple : nous ne nous quitterons plus. Je lui demande, cependant, s'il a une femme dans sa vie. Sa voix me parvient, toujours de brasier et de velours.

— J'ai encore quelques filles, de-ci, de-là... Mais, depuis notre première nuit, c'est fini... Quant à mes affaires, elles ont lieu avec mes associés, à Amsterdam. Il y a un China Town, là-bas, où nous gérons quelques boîtes... Nous nous marierons là-bas, dit-il.

Plus de matins, plus de nuits, plus d'aubes. George Town est devenue la ville où tournoie le feu du plaisir sous nos reins.

— Connais-tu Amsterdam ? dit-il, après l'amour, tandis que je me douche.

— Oui, je connais un peu Amsterdam.

Tournoie alors le vague souvenir de Vincent, mes retrouvailles avec Rachid.

Eddy s'est approché sans que je l'entende. Je ruisselle sous l'eau, cheveux plaqués en arrière. Il me saisit contre lui. Soulève mes cuisses autour de sa taille. Me prend ainsi, sous la douche en trombe. Si fort que j'en tremble. Je gémis, à demi noyée. A demi pâmée. L'eau, partout. Les corps vibrants.

Il me fait des cadeaux. « Tu es la fille à qui il faut offrir le “ best ” », dit-il. *You are the best...* La mieux. La plus belle. Celle que l'on veut gâter jusqu'à la fin des temps. » Il m'offre des bijoux en or. Des foulards en soie. Il paie tous nos restaurants, les boîtes, les consommations. Je n'ai qu'à me laisser porter dans le ballet étincelant du plaisir et du bonheur. Un plaisir presque sombre tellement il me fulgure.

J'apprends qu'il doit de toute urgence retourner à Amsterdam.

— Contrôle de mes boîtes, dit-il brièvement. On m'attend.

Cette nouvelle me serre la gorge. Comment envisager une minute de rester seule à Penang ? Penang, sans lui, c'est vivre notre histoire au rythme d'une marche funèbre. Je me sens encore si fragile. Il ne me restera que le temple des serpents et sa vague odeur de putréfaction.

— Emmène-moi ! dis-je.

— Rentre d'abord à Paris, ordonne-t-il. Retrouve Rachid, tes amis. Je t'appellerai alors chez toi pour te dire où me rejoindre à Amsterdam. J'en aurai alors terminé avec tout un tas de papiers et autres histoires ennuyeuses. Je serai à nouveau rien qu'à toi...

Son baiser se fait tenace. Il se penche, me cloue très fort. M'envoûte et m'assaille d'un ébranlement voluptueux, sans fin.

— Je t'aime, crions-nous ensemble.

Je téléphone donc à Rachid pour le mettre au courant de mon arrivée. La sonnerie sonne longtemps à vide. J'essaie plusieurs fois. Cela m'indiffère presque, tellement la passion d'Eddy me tient. J'ai dans mon carnet l'adresse de Gretel, à Zurich. Je sais que Rachid y va souvent. Elle pourra me renseigner. D'autant que j'ai égaré la clef de l'appartement. Il va falloir que Gretel me dépanne. J'appelle Zurich. Je tombe sur elle.

— C'est moi, Gretel. Béatrice. Où est Rachid ?

— Actuellement à Beyrouth. Il passera ici dans une semaine.

— Gretel, j'ai perdu les clefs de la maison... Me voilà à la porte !

— Pourquoi ne viens-tu pas directement à Zurich ? suggère-t-elle. Ce serait plus simple pour toi. Tu repartirais avec Rachid.

Bien entendu, il ne me vient jamais à l'idée d'envisager Romilly comme havre d'attente.

— Entendu, Gretel, et encore merci. Je m'occupe de mon billet pour Zurich. Je te rappellerai pour te dire mon heure et le numéro de vol ainsi que le jour de mon arrivée. Fin janvier, je pense...

Eddy insiste pour acheter lui-même mon billet Penang-Zurich. Il me traite en idole, en princesse. Je n'ai pas même à me déranger. Il m'apporte mon billet le lendemain. En parfait gentleman. J'ignore dans quelle agence il l'a acquis. J'avoue qu'à cette époque exaltée cela ne m'était pas même venu à l'idée de m'en enquérir. Je suis aimée, adorée, exaltée, prise en charge... Un rêve éveillé qui dure, qui dure, qui dure... Même si le funeste billet en marque déjà la fin.

Je dois partir par le vol Penang-Singapour-Zurich, le 27 janvier 1980. Départ de l'aéroport de Penang, à Bayan-Lepas. L'embarquement est pour 15 h 45.

J'ai téléphoné à Gretel toutes ces indications.

Nous avons encore cinq jours et cinq nuits avant nos adieux.

Si je pouvais, j'arrêterais les aiguilles du temps, mais il me faut préparer mes bagages. Mes sacs craquent sous les cadeaux d'Eddy. Eddy, qui surveille mes emballages, hoche la tête.

— Tu as trop de choses. Je vais t'acheter une valise. Tu n'auras qu'à tout mettre dedans. Ce sera bien plus commode. Une valise confortable. Élégante. Tout ce que je te donne doit être aussi beau que tout ce que tu me donnes... *You deserve the best...* (« tu mérites le meilleur »).

Le lendemain, il revient à l'hôtel, avec une Samsonite vert d'eau. Je déteste le vert. J'aurais préféré une noire. De plus, je n'ai jamais aimé les valises. Mais je ne veux pas blesser Eddy qui a l'air si heureux de me gâter ! Il me regarde fourrer là-dedans (il a pris la taille la plus grande) vêtements, sacs... Pêle-mêle. J'y ajoute mes paquets cadeaux. J'en ai prévu pour Grand-mère. Eddy a l'air distrait tandis que je bourre la valise, qui, désormais, renferme tous mes biens.

— Elle est très commode, dit-il. Montée sur roulettes. Avec poignée. Tu n'auras même pas à la porter. Tiens, voilà les clefs...

Matin du départ. Dernière nuit de feu et de faim réciproque. Inassouvis, l'envie, l'amour. Je ferme définitivement la valise. Je glisse les deux petites clefs au fond de mon sac fourre-tout où se trouvent mon billet et mes papiers. Il est près de onze heures. Il faut libérer la chambre pour midi.

Eddy me dit alors :

— Je suis obligé de partir. Mais je te promets de te rejoindre à l'aéroport. Je regrette tellement de ne pas pouvoir voyager avec toi aujourd'hui... Mais je serai à Zurich le 29... Chez Gretel... De toute façon, je t'appellerai chez elle demain matin...

Il m'embrasse. La valise, posée sur ses roulettes, a l'air d'un gros chien inoffensif.

— Laisse le porteur s'en charger, dit-il. Je m'occupe de tout.

Il m'embrasse encore.

Il est midi.

Mes bagages restent à la réception tandis que j'attends, tout à coup désemparée. Sans Eddy, le cœur me manque, mon sang se ralentit. Je me traîne, sac en bandoulière, du côté de la piscine. Je bois un « papaya shake ». Allons, il est temps de commander un taxi. Soudain, une surprise : Eddy est près de moi.

— Je ne vais pas pouvoir t'accompagner jusqu'à l'aéroport. Mais je tenais à t'embrasser encore et encore.

Il s'occupe du taxi appelé de la réception. Nous sommes trois à sortir de l'hôtel où j'ai vécu mes nuits de feu et de foudre. Lui et moi, enlacés. Le porteur traîne la Samsonite vert d'eau...

Il engouffre la valise dans le coffre. Je n'ai d'yeux que pour Eddy.

Il s'est penché vers le chauffeur. D'une voix brève, il lui indique ma destination.

Il m'embrasse encore par la vitre baissée. Me souffle à l'oreille :

— A très bientôt. Chez Gretel.

Je ne reverrai plus jamais le Chinois Eddy Tan Kim Soo. Ni le musée des serpents où le dieu d'écailles se rendort. Repu. Délivré d'avoir tué, anéanti, ce qu'il avait désiré le plus.

L'arrestation

Dans le taxi, je revis nos moments merveilleux. Arrivée dans ce pays en totale dépression, j'en repars ivre de bonheur. J'aime, j'aime et je suis aimée. Mon corps est devenu cette soie et ce feu. Chaque cellule y recèle une petite âme. Vibrations reliées les unes aux autres, le tout à cet homme... Je vais si bien que revoir Grand-mère me fait presque plaisir. Lui dire : « Tu sais, je vais épouser un Chinois. Il se nomme Eddy Tan Kim Soo. Il m'aime. » Défilent, sur cette route vers l'aéroport, les images décousues de ce film miraculeux. Le visage d'Eddy me hante tandis que j'enregistre mes bagages. Le steward me tend ma carte d'embarquement. Lunettes sur le nez, appuyée au comptoir, je fouille dans mon sac fourre-tout. Rassembler mon passeport en même temps que ma carte. La valise est encore là.

Visible, à l'orée de la bouche sombre qui doit la happer, sécurité oblige.

On me tape sur l'épaule.

Deux Asiatiques en civil. L'un d'eux me dit, dans un anglais très courtois :

— Excusez-nous, mademoiselle. Pouvez-vous nous suivre au contrôle des rayons X ?

Vérification obligatoire dans ces pays. J'en ai l'habitude. Je les suis donc, sans l'ombre d'une inquiétude. Ils me demandent de poser moi-même la valise sur le tapis roulant. Lentement, elle file d'un cours inexorable vers le rideau opaque à lamelles épaisses de caoutchouc noir. Elle file au-delà de cette frontière sombre, où l'attendent les rayons X. Elle avance, presque vivante. Je la vois s'engloutir au-delà du rideau électronique.

— Très bien, me dit-on. Pouvez-vous nous suivre à nos bureaux ?

Énervement. Nous sommes en train d'embarquer. Pourvu que ce contrôle administratif ne me fasse pas rater mon vol ! Une fille seule risque toujours la même aventure banale. Les douaniers la retiennent, la draguent un peu, l'embêtent beaucoup. Adorent lui faire ouvrir ses bagages. En sortir ses slips et soutiens-gorge...

Ils m'ont emmenée dans une sorte de dépôt. Là se trouvent cinq autres types dont trois en uniforme. L'un d'eux, debout, semble être leur chef. Il s'adresse à moi :

— Veuillez vous asseoir. Quel est votre vol ?

— Singapour-Zurich. J'aimerais ne pas le rater...

— Pourquoi êtes-vous en Asie ?

— Je fais du tourisme correspondant à mon temps de vacances.

— Que faites-vous dans la vie ?

— J'ai travaillé chez un Saoudien comme secrétaire. Également dans l'hôtellerie.

Plus qu'un quart d'heure avant le décollage. Je cache mon irritation. Jamais il ne faut montrer son agacement, brusquer un administratif. Un quart d'heure, chez nous, peut se transformer avec eux en plusieurs heures...

— Qu'avez-vous dans cette valise ?

— Des vêtements, mes sacs, des cadeaux pour mes amis, ma famille.

— Vous n'avez rien d'autre à déclarer ?

— Non. Vous n'avez qu'à vérifier.

— C'est pour cela que vous êtes ici.

Deux hommes ont amené la valise. Elle me paraît soudain énorme, luisante et d'un vert insoutenable. Elle semble tenir toute la place. Devenir le bizarre point de mire de tous. On me demande les clefs. Ils ouvrent. Pendant ce temps, on fouille mon sac en bandoulière.

Tout est chamboulé. Ils ouvrent avec brutalité chaque paquet cadeau. En froissent et déchirent les emballages. Chaque vêtement est palpé, retourné en tous sens. Doublure comprise. Les chaussures également ne sont pas épargnées. Le chef répète encore :

— Vous n'avez rien à déclarer ? Pas de drogue ?

J'éclate de rire.

— De la drogue ?

— On va éventrer votre valise, dit le chef d'un ton soudain très froid.

Je crois exploser. Ils n'ont donc pas fini de m'emmerder ? Nous sommes à cinq minutes du décollage. S'ils font cela, où mettre mes affaires ?

— Vous êtes l'autorité, dis-je. Vous avez donc plein pouvoir de faire ce que vous voulez de mes bagages. Mais, je vous préviens, je veux que vous me fournissiez ensuite une valise identique à celle-là. Qu'au moins je puisse à nouveau rassembler mes affaires... Oublier ce préjudice... c'est inouï d'agir ainsi !

Ça y est. L'avion a décollé. Mes vêtements, mes cadeaux en vrac font un tas, confus et bouleversé. Je peux bien protester, personne ne m'écoute. Ils ont posé la valise sur une grande table. Ils se mettent à deux pour la forcer. A coups de tournevis. Ils s'attaquent au fond.

J'en tremble de rage impuissante. Ces sales types sont capables de me donner des sacs poubelles pour ramasser ensuite mes affaires ! Ce sera malin de voyager ainsi ! Ils s'acharnent encore plus fort. Ils sont de dos. Je ne vois rien. Sauf la fébrilité hargneuse de leur effort. Tout à coup, ils reculent d'un seul bond digne de la coordination d'un ballet bien réglé.

— Et ça ? disent-ils, cinglants et triomphants. Qu'est-ce que c'est ?

Ils s'écartent, me désignent le fond crevé de la valise. A travers les coups de cisaille, j'aperçois des sacs en plastique transparents contenant une sorte de granulés marron clair. Je tâtonne vers mes lunettes. Je m'approche, stupéfaite.

Premier choc. Qu'est-ce que c'est ?

Tous me fixent en silence. Je ne suis qu'une sourde exclamation :

— Qu'est-ce que cela ? Qui a fait ça ? Pourquoi ? Comment, qui ? Mais qui ?

Petite voix secrète. Étouffement soudain, côté cœur. Non, ce n'est pas Eddy. Surtout pas lui. Tout sauf lui.

Un par un, les douaniers sortent les paquets en plastique. Il y en a ! il y en a ! Tous remplis de cet étrange granule.

— C'est de l'héroïne, dit le chef.

Chaque sachet a, à peu près, la taille de deux paquets de cigarettes juxtaposés. Ils éventrent maintenant le couvercle avec frénésie. En jaillit une moisson encore plus impressionnante. Ils posent l'ensemble de leur découverte sur une grosse balance. Je vois l'aiguille s'affoler, puis se stabiliser sur un chiffre énorme.

— Cinq kilos ! cinq kilos d'héroïne...

Atterrée, muette, les questions se bousculent dans mon crâne. Seule obsession. Ce n'est pas Eddy. Ce n'est pas Eddy Tan Kim Soo, le Chinois de ma vie. De ma peau. De ma confiance retrouvée. Eddy qui doit m'épouser à Amsterdam... Eddy dont le corps exultait à la même seconde que le mien et gémissait d'une seule et même langueur triomphante !

Le chef téléphone. Tout se passe alors en langue malaise. Je ne comprends rien à mon sort. Assise sur une vilaine chaise en bois, dans cet entrepôt. Au bord d'une syncope. Le cœur tout blanc. Qui bat dans la gorge. Les mains glacées. Les yeux pleins de larmes. Ce n'est pas Eddy. Ce n'est pas mon amour.

J'attends près d'une heure ainsi, au milieu d'un va-et-vient très agité. Ils ont remis mes affaires en vrac dans des sacs en plastique. Ils semblent m'ignorer, me gommer de la scène. C'est un cauchemar dont je suis la muette et impuissante actrice. L'étrangère, toujours l'étrangère...

Enfin, deux d'entre eux m'encadrent. Ils me font traverser

une foule de couloirs. Jusqu'à une voiture. Ils m'ont juste laissé mon fourre-tout en cuir, ma trousse de toilette. Un change complet de sous-vêtements. Une chemise propre... Ils m'ont coincée entre eux, au fond de la voiture. Devant, le chauffeur. A ses côtés, le chef de la douane. J'ignore tout de mon sort à venir. Quelle est cette voiture, où va-t-elle ? Je suis dans un état second. Une angoisse reliée à un sentiment d'irréel. La stupeur au sens fort. Je ne sais pas si ce voyage a été long ou court. On s'arrête enfin devant un bâtiment. Encore une enfilade de couloirs étroits. Aux plafonds très hauts. La couleur générale est verdâtre. Le cauchemar est verdâtre. Ou marron clair comme ces sachets ignobles et les chaussons de Grand-mère. Je me retrouve dans un bureau vide. On me demande de m'asseoir. Tout va désormais (et pendant des années) fonctionner pour moi par des ordres. Polis ou brutaux : des ordres. On ne m'a ni menottée ni menacée. Je suis seule. La porte n'est pas même bouclée. Le bureau a des meubles métalliques comme on en voit dans tant d'administrations médiocres. Un homme entre. Petit, basané, à lunettes. En civil. Très aimable, il me serre la main. Il s'assoit, ordonne doucement en anglais :

— Je vais enregistrer votre déposition. Nom, date de naissance, adresse, emploi, raison de votre séjour, etc.

Il sort un tas de feuillets. Se met à écrire. Je réponds tel un automate.

— Béatrice Saubin. Née le 7 septembre à Romilly-sur-Seine, France...

Il me reste plus de mille dollars dans mon portefeuille. Quelle est leur provenance ? Je donne mon numéro de compte en banque, en France. Société Générale, Paris, telle adresse. J'y ai puisé là, régulièrement, les sommes nécessaires aux besoins de mon séjour. Ils n'ont qu'à vérifier. Je donne aussi l'adresse d'Al Nidam. Qu'il vérifie ainsi la vérité de mon emploi. Il prend note également du nom et de l'adresse de Rachid et Gretel, à Zurich.

— Comment êtes-vous en possession de cette valise ?

Sentiment de la trahison. Je refuse de répondre à la trahison par la trahison. Tant pis si je me perds. D'ailleurs où contacter Eddy ? Je ne sais même pas où habitent ses parents ! Cet événement me frappe. Eddy, en fait, je me souviens, notait soigneusement toutes mes adresses : Rachid, Zurich. Jamais il ne m'a laissé une seule des siennes.

Je n'insistais pas. Je n'y pensais pas. Je ne vivais que de sa peau, sa chaleur, ses mots. Effondrée, je réalise que j'ignore tout de cet inconnu qui a été l'intimité même... Ainsi agissent les dieux de mort et d'amour. Comme le vent, la mousson, la mer... Évanescents ; introuvables au-delà des heures exaltantes de la passion... Ont-ils seulement existé hors l'imagination effrénée des filles en mal d'amour ? Je baisse la tête. Au bord des larmes. Je balbutie.

— J'ai acheté cette valise à George Town, dans une échoppe dont je serai bien incapable de retrouver l'adresse...

J'espère encore. Eddy ne m'a pas fait ça ! Je n'ai pas rêvé ses baisers, ce plaisir et ses promesses ! Lui seul doit m'aider ! Lui seul le fera !

L'homme aux lunettes note soigneusement ce que j'ai dit. Il me fait signer le tout. Dans mon trouble, je griffonne, sans rien relire. Je signe sous la date : 27 janvier 1980.

Il sort avec les feuillets.

A nouveau seule. L'irréalité la plus absolue. Même la trahison appartient à une sorte de rêve mal agencé. Je me raccroche aux souvenirs les plus fougueux de notre histoire. Quand une femme sent à quel point le corps de l'autre lui répond. La présence charnelle d'Eddy a été la drogue suprême. Il va venir ! il va venir ! comme dans ce plaisir qui me tordait sur le lit...

De temps à autre, un homme passe la tête par la porte et me demande si j'ai faim ou soif. Je ne me souviens ni des visages ni des mots exacts. Je ne suis devenue qu'Attente.

Le type à la déposition revient.

— On va vous emmener au dépôt pour cette nuit. Demain matin, à la première heure, vous serez présentée au petit tribunal rattaché au district de cette partie de l'île... Ensuite, votre dossier sera acheminé à la Cour de George Town.

— Je vous en prie ! Il faut absolument contacter mon ambassade !

— Ne vous inquiétez pas. Tout sera fait dans les règles. En temps et heure.

C'est la nuit. Une femme s'est jointe à notre petit groupe. Cette fois-ci, c'est une voiture de police. On me fait monter au fond. Entre la femme flic et les deux autres. Tous se parlent en riant dans leur langue. On roule très vite jusqu'au milieu de la ville. La ville de ma passion. Nous sommes arrivés. Anéantie, je titube sur le trottoir brûlant. Pourtant, je grelotte. Les mâchoires douloureuses à force d'être serrées.

Le bâtiment est petit, a un seul étage. Au fond d'une cour à fleurs et palmiers. Au rez-de-chaussée, quelques policiers mangent des nouilles dans du papier brun. Ils boivent un gobelet de thé au lait.

On me prend mes dernières affaires. La femme m'emmène jusqu'à une cellule. La lumière du couloir l'éclaire. C'est une grande pièce très sombre. Toute en ciment usé, râpeux. Avec un socle en ciment. Dans un coin, un tas de couvertures. Au fond de la pièce, l'odeur est infecte.

— Les waters et la douche sont là, dit la femme flic.

Clic, clac, elle me boucle à clef.

Horrible, ce bruit, petit basson d'accompagnement de tant d'années à venir. Mais je ne le sais pas encore. Épuisée nerveusement, je m'effondre sur le dolmen appelé « lit ». Je m'appuie contre le mur. Je sanglote. Je hoquette. Eddy ! Eddy ! peut-être à portée de main, derrière ce mur !

J'ai soudain si froid que je m'avance vers les couvertures. Leur puanteur est telle que je les balance contre le mur. Rongées, raidies, elles rejettent un flot de vermines... Envie de prendre au moins une douche dans cet endroit immonde. Je m'approche du réduit du fond. Sans porte. Interrupteur d'où jaillit une faible et blanche lumière. De la merde éclaboussée jusque sur les murs. Un faible jet d'eau est accroché au-dessus de ce trou ignoble, à la turque, où grouillent des mouches. C'est la douche. Répulsion. Je ferme les yeux. L'eau. L'eau quand même... Le jet est faible, jaunâtre. Impression de me doucher dans une cabine de fange. Je n'ai pas de serviette pour me sécher (ils les confisquent car certains prévenus s'en servent pour se pendre aux barreaux). Je n'ai qu'un large mouchoir donné par la gardienne. Glacée, le corps humide, recroquevillée, je somnole, presque folle, sur cette pierre qui ressemble à une tombe.

Enfin, à six heures, bruit de serrure.

Je porte toujours le même ensemble. J'ai mis la chemise propre qu'on m'avait autorisée à emporter. On me redonne mon sac en bandoulière. Je me précipite sur mon eau de toilette. Je m'en inonde. En vide tout le flacon. Comment effacer jusqu'au souvenir d'une telle puanteur ? On me donne un café au lait. Infect, épais, hypersucré.

Le temps est superbe.

Et si cette nuit n'avait été qu'un cauchemar ?

De l'autre côté de la vitre, rien n'est pareil. La ville a pris les teintes mystérieuses de ce mauvais rêve... Je parcours à nouveau le trajet vers l'aéroport. Bifurcation dans un village. Arrêt devant le petit tribunal local. Une cour fleurie, un bâtiment quelconque. Banal. On me fait entrer dans une antichambre publique avec beaucoup d'allées et venues. Encore l'attente. On me regarde comme une bête curieuse. Jusque sous le nez. Moquerie cruelle de tous ces gens que je n'ai jamais vus. Ils ont l'air au courant de mon malheur bien plus que moi, du leur... Je les sens ravis qu'une Occidentale soit tombée dans un piège et en pâtisse. Vengeance de leurs années sous la botte anglaise ?

Enfin, on me fait entrer dans ce qui semble être une salle d'audience. Portraits de sultans aux murs. Une chaise, des bancs en bois. L'ensemble est modeste.

Apparaît un homme en noir et perruque blanche. Comment peut-il supporter cette laine avec cette chaleur ? C'est le juge. On me dit de me lever. D'incliner la tête. De baisser les yeux. J'obéis à tout. Si on m'ordonne de m'allonger par terre, je le ferai. Tout est absurde ; surréaliste. Proche de l'abîme... Le juge s'assoit. Tout le monde en fait autant. Une sorte de greffier se met à lire je ne sais quoi. C'est en anglais, mais, avec mon trouble et leur accent, je ne comprends plus rien.

Tout va très vite.

Que va-t-on faire de moi maintenant ? Tout est possible. Tout est fou. Je suis devenue un objet. Sans pensées propres.

On me dit de me lever.

Le juge s'adresse enfin à moi :

— Vous allez être détenue à la prison de Penang. En préventive pendant une semaine.

L'audience est levée.

Tous disparaissent.

Je n'ai rien compris.

Une semaine ! C'est impossible ! A qui m'adresser, où protester, me défendre ? Silence général. La femme-policier me ramène vers la voiture où attendent les trois hommes.

Nous filons alors vers cette porte immense contre laquelle, par hasard, j'avais une fois buté : la prison de Penang.

Penjara Penang

L'impression d'horreur et d'irréalité est devenue constante. Pas une seconde de répit. L'attente, aussi, allait devenir mon lot. Genèse même du monde asiatique et oriental. Attendre leur est aussi naturel que respirer. Ici, rien n'arrive dans les secondes qui suivent. Peut-être, avant l'aéroport, m'avaient-ils suivie depuis des jours et des jours... Au tribunal, j'avais attendu à mon tour un signe d'Eddy. Même celui d'un des policiers. Si Eddy avait réussi à en soudoyer un ? Un policier me rassurant d'un imperceptible signe. Tout allait s'arranger. Tout n'était qu'un quiproquo. Eddy s'occuperait de tout. Comme lorsqu'il m'avait totalement prise en charge à George Town... Il me tirerait de là.

Or, rien de cela n'était arrivé.

Alors, je vécus la première symbolique de l'humiliation.

La prison, où qu'elle soit, c'est l'humiliation nuit et jour.

Dans l'immense porte de Penjara Penang est incrustée un portillon minuscule. Il oblige le condamné à se baisser pour franchir cette frontière de la honte. Se courber, atteindre le niveau de la poussière. Savoir qu'il la mordra plus d'une fois. Qu'il est devenu un animal. Un caillou du sol. Qu'il a perdu toute trace de son identité d'avant. Se courber pour vivre la première punition morale. Expression : courber l'échine. Pâtir, endurer, ployer, plier. Être le roseau penché, penchant. Annulé, inexistant...

Courbée, réduite en femme au dos cassé, je franchis cette porte.

Me voici dans une partie voûtée où courent des bancs. Une

grille devant moi. Sorte de herse dans laquelle s'incruste encore une porte. Clic, clac. Bruit de chaîne, de fer. On ouvre cette herse. Je suis tout à coup dans la partie extérieure. Un petit bout de cour sous le soleil. Puis à nouveau une série de pièces communiquant les unes avec les autres. Penjara est une prison d'hommes. Le côté réservé aux femmes n'en est qu'une enclave. D'où ce parcours compliqué.

A l'entrée de ces bureaux, un long comptoir en bois sombre. On m'ordonne de m'asseoir sur le banc en face.

L'officier d'accueil est en train de déjeuner.

Il faut attendre son retour. S'il est indisposé ou à table jusqu'à la nuit, eh bien, j'attendrai la nuit. Sur ce banc. Sans un mot.

Il finit par arriver. Il est jeune, avec des lunettes. En képi. Il rigole avec ses confrères. Est-ce de moi ? Ou leur façon de se comporter ? Je ne comprends rien. Il finit par me demander mon nom, adresse, âge, etc. Photos, empreintes et autres renseignements, c'est pour le lendemain matin. Autre attente. Je n'en mesure plus la durée. Des quarts d'heure, des minutes, des secondes, peut-être des mois... Ni montre ni repère. Sauf la réalité du lieu. Bouclée ; en prison.

Deux gardiennes surgissent. Même uniforme que celui des hommes. Pantalons, tunique à manches courtes, couleur kaki. Képi à galons. Elles ne parlent pas anglais. Par signes, elles me font marcher devant elles. Encore une cour. Entourée de bâtiments recouverts de peinture beige. Toutes les fenêtres ont des barreaux. Nous sommes dans la partie hommes. Des grappes de types s'accrochent soudain aux barreaux. Ils sifflent, trépignent, vocifèrent, hurlent de vagues obscénités...

Le mur, ici, est vert pâle et très haut.

Dans ce mur, encore une brèche cadenassée. Est-ce le pays d'Alice au pays des horreurs ? Je suis passée de l'autre côté du miroir. Le miroir brisé... Sur cette porte, un étonnant petit marteau en cuivre. La gardienne frappe trois fois. Un guichet s'entrouvre. Une paire d'yeux noirs. Est-ce un couvent maudit, où la tourière finit par ouvrir ? Je monte trois marches et me trouve dans une sorte de préau.

Là, le choc.

Une cinquantaine de filles, muettes, immobiles, assises en

tailleur sur le ciment brûlant. Pensée horrible. La prison, dans ce pays, c'est cela. Rester plantée comme un bulbe d'oignon, toute la journée, sur le sol, sous le soleil et sans rien dire... Peut-être pendant des années. Se courber, puis se clouer ainsi au sol. En fait, je suis entrée à l'un des moments du jour où l'on compte les prisonnières. Cela s'appelle le « muster ». Et se répète quatre fois par jour. Il est peut-être deux heures. Bruits de talons qui claquent. Voix d'hommes et de femmes. Toutes les filles se lèvent d'un seul coup. Brouhaha soudain et immense. Fin de leur silence. Elles vont, viennent. Par groupes, par grappes, avec des cris, des exclamations. En langues diverses.

Les deux gardiennes sont revenues vers moi accompagnées d'une prisonnière parlant anglais. Elle va me servir d'interprète. C'est une Malaise ravissante, presque une adolescente, en robe fleurie. Elle aussi est en préventive. Elle m'explique que je dois me déshabiller. On va me fouiller. C'est aussi l'heure du bain. Je n'ai aucun vêtement de rechange. Elle traduit, m'entraîne vers ce que l'on nomme « bilik mandi ».

Porte à barreaux, rideau en toile marron. L'humiliation continue. Je dois me mettre nue devant une femme en uniforme. Elle m'ordonne de me retourner. Tâte tous mes vêtements. La pièce est en ciment rugueux. Un bac est au milieu. Un robinet coule sans relâche. Le bac est très haut, vaste, propre. D'une vilaine couleur chocolat. Mais l'eau est claire. Aucune puanteur.

Tous mes vêtements sont examinés. Je grelotte non de froid, mais de complexes, de pudeur, de tristesse. On me désigne le bac. Sur le rebord, une série de cuvettes en plastique coloré. On me fait comprendre qu'on s'asperge d'eau avec ces récipients, debout, devant le bac...

Aussitôt partie la gardienne, défilé jacassant de toutes les filles. Elles m'entourent, me fouillent d'un regard voyeur, curieux. Elles contemplent avec un culot monstre chaque forme de mon corps. Elles commentent mes cuisses, mon ventre, mes hanches, la forme de mes seins. Excepté mon interprète, elles sont d'une laideur effrayante. Énormes, vulgaires, édentées. Quelques-unes, aux traces bleues sur les veines, ont l'air de squelettes ambulants. L'une d'elles, nabote, flotte dans un pyjama blanc que je devine être la tenue d'ici. D'ailleurs, mon interprète m'apporte effectivement un pyjama de même coupe. Elle m'explique que je vais partager sa cellule.

J'en suis au quatrième aspect de l'humiliation. A moi d'enfiler cette tenue ridicule, ficelée à la taille, coupée n'importe comment. Pantalons trop courts, tunique trop large. Les prisonnières se sont précipitées sur mon interprète — Zuraïda — et la bombardent de questions à mon sujet. Effarée, je me replie vers la cellule grande ouverte.

La cellule : trois mètres sur deux. Toujours du ciment ; mais propre, lavée souvent. Combien de femmes l'ont foulé, ce ciment ? Pendant combien d'années, en quel état d'épouvante ou d'effondrement ? Pas de lit. Un dur rebord comme celui de ma première nuit au dépôt. Dans un coin, un seau hygiénique en caoutchouc noir, recouvert d'un morceau de carton.

Zuraïda me dit :

— Tu es la fille de l'aéroport. On t'attendait.

Comment a-t-elle su mon histoire ? Il n'y a pas vingt-quatre heures que je suis ici ! Fol espoir : Eddy va me tirer de là ! C'est évident. Si ces perruches connaissent cette affaire, comment lui peut-il ignorer mon sort ?

Les murs sont badigeonnés de plâtre blanc. Petite fenêtre, très en hauteur. Une tasse en plastique et une cuillère constituent toute ma fortune. Zuraïda m'a prêté un savon, un tube de Colgate, une brosse à dents. Tout cela dans une boîte en plastique, en attendant qu'on me rende mon argent.

Autour de moi, la volière continue à jacasser à qui mieux mieux, me serrant de près. A m'étouffer.

— Es-tu mariée ?

— C'est vrai que tu as passé cinq kilos ?

— Quel âge as-tu ?

— D'où viens-tu ?

— As-tu des enfants ? Combien ?

Je me recule jusqu'au mur. Je m'y appuie. Comment leur échapper ? La curiosité déforme encore leurs bouches à chicots. Boursoufle leurs visages que j'ai du mal à distinguer les uns des autres.

Heureusement, le nouveau « muster » va m'arracher quelques minutes à ce supplice.

A mon tour de m'asseoir en bulbe sur le sol.

Parquée par terre. Sans mémoire. Cette nouvelle étape de l'initiation terrible m'enlève un bout d'identité propre. Où est ma dignité ? Zuraïda me fait un clin d'œil. Patience, ce n'est que le début...

Il n'est que quatre heures. Premier dîner.

A la queue leu leu, on se retrouve sous le préau. Pile de plateaux verts. Une grande corbeille de pain. Cela me rappelle le pensionnat de Troyes qui pourtant n'était pas organisé ainsi. Pensionnat, couvent, hôpital psychiatrique, prison. Tout se mêle. En file indienne, il faut attendre son misérable repas. Le plateau est fermé. On reçoit aussi un minuscule paquet de sucre, un morceau de pain et une tasse de thé versée à la louche dans la tasse en plastique.

Les gardiennes surveillent le bon équilibre du partage.

Ni table ni couvert.

A nouveau par terre.

Manger au sol. Comme les chiens.

J'ouvre le couvercle. La grande case contient deux poissons baignant dans une friture d'oignons brûlés. Deux autres petites cases contiennent des sortes de courgettes dégorgeant d'eau, coupées en grossiers morceaux. La sauce est une espèce de liquide à base de lentilles... Un petit morceau de fromage, genre Vache qui rit, est un privilège consenti à l'Occident ! Une orange : dessert.

Zuraïda s'émerveille :

— Tu as de la chance, Soâbine. C'est le menu européen. Le meilleur.

Je ne peux rien avaler. Je lui donne mon plateau. Ravie, elle avale tout. Mais, gentille, elle a cependant insisté :

— Mange... Sinon, tu vas tomber malade... Garde tes forces... Tu vas en avoir besoin.

Après le repas, on nous boucle en cellule.

Zuraïda chantonne. Se prépare pour la nuit. Elle se met en short. Elle redresse ses doux cheveux noirs en chignon. Elle a dix-neuf ans. Son petit copain chinois est aussi en préventive ; la police a trouvé de l'héroïne dans la maison qu'ils louaient.

— Cela fait un an que nous attendons de passer au tribunal, dit-elle avec un grand sourire.

Je sursaute.

— Un an de préventive, tu as un avocat ?

— Bien sûr ! fait la jolie voix.

Je sue vaguement de peur.

— On m'a dit que ma préventive devait durer huit jours...

Zuraïda part d'un éclat de rire.

— Si tu t'en sors avant trois ans, tu auras de la chance, dit-elle. Il y en a qui sont ici depuis déjà cinq ans... Quant aux trois petites communistes, cela fait huit ans qu'elles attendent leur procès...

— Les communistes ? Qu'est-ce qu'elles ont fait ?

— Elles sont communistes, c'est tout. C'est une offense très grave ici. On les a piquées avec des grenades. Elles risquent la mort.

— Quoi, en Malaisie on tue les femmes ?

— Bien sûr. Tout comme les hommes. Par pendaison.

Et d'un petit bâillement gracieux, elle se tourne, paisible, contre le mur.

Matricule 181-80. TMR

Deuxième nuit blanche. Grand désordre dans mes pensées. Non, je ne resterai pas ici trois ans ou plus. Eddy va me sortir de là.

Grand-mère, cette nuit, se met à prendre toute la place. Pourvu qu'on ne lui dise rien ! Pas encore, oh, pas encore ! Le temps que tout s'arrange ! Pauvre Grand-mère ! Comment supporterait-elle un choc pareil ? Une honte pareille ? Sa gamine en prison ! Grand-mère, fragile des jambes, du cœur. La nouvelle pourrait la tuer. Une crise cardiaque, et j'en serais responsable ! Pourvu que ces imbéciles ne lui envoient pas un dossier officiel trop tôt !

Je pleure. Je ruisselle. Grand-mère ! Une vraie tendresse, soudain, éclate en moi. J'en oublie volontiers la part de responsabilité qu'elle a eue involontairement dans mon déséquilibre. Tout ce qui, au fond, m'a précipitée dans ce piège. Je lui pardonne tout, cette nuit. Je l'aime, cette nuit. Je n'ai qu'une hantise, reliée à un sentiment filial dont j'ignorais la force. La protéger de cette fatale information. La prison, pour elle, serait le fer rouge de sa honte. Elle n'oserait plus sortir dans Romilly. Plus même dans sa rue. Ame simple, femme simple, diminuée dans sa santé, ses forces. Fière de sa dure petite vie honnête, comment endurerait-elle un coup si fort ?

J'appris, des années plus tard, que, au courant de ma sinistre aventure, elle faillit devenir folle. Se cognant aux murs, criant, hurlant comme une bête. C'était à l'issue fatale du procès. Inquiétant, apitoyant ses voisins. Le médecin était venu. On avait dû lui faire une piqûre. Le cœur battait à tout rompre. Elle hoqueta pendant des heures, malgré les calmants. « Béatrice, ma gamine ! Ma toute-petite ! Béatrice ! » Des crises de sanglots sans relâche. Secouant son vieux corps éprouvé. Ébranlant son cœur tanné, qui ne comprenait rien. Si ce n'est cette étrange malédiction : Béatrice menacée de mort. Béatrice inaccessible, au fond d'une geôle, dans un pays qu'elle n'était alors pas même capable de situer sur une carte...

Pendant des mois, elle survécut ainsi, la poitrine soulevée de hoquets suffocants. Prête à donner sa vie, son pauvre sang, pour me sauver. Folle ; presque folle. Un seul cri, jour et nuit : « Béatrice ! Béatrice ! » Elle s'était même mise à fleurir un petit autel autour de ma photo. Et de ce cri — ce nom, le mien — allait sourdre en elle l'incroyable courage de tenter de me revoir. Remuer ciel et terre. Elle, la silencieuse, la femme humble et pauvre, sans relations, à peine lettrée, allait oser prendre un avion — elle qui n'avait jamais quitté son patelin au-delà de Troyes...

Par amour. Par amour. L'amour qui prend toutes les étranges formes de la confusion. Des malentendus.

Car même Eddy, le meurtrier, l'assassin, m'avait aimée.

Je ne veux pas que Grand-mère endure le choc de me savoir à la prison royale de Penang. Comment faire pour les empêcher d'envoyer leurs papiers cachetés de tampons affolants ?

Vers l'aube, j'ai compris qu'Eddy ne se manifesterait pas. Qu'il appartient à la race des tueurs, des authentiques et dangereux trafiquants. Qu'il est, à cette heure, loin de Penang. Peut-être à Singapour ? New York ? Amsterdam ? Londres ? Rien. Je ne sais rien. Sauf qu'il continue paisiblement ses immondes pièges. Peut-être, déjà, une autre fille, gracieuse et esseulée, ploie sous le joug de ses baisers et de ses calculs avant de mourir à son tour, précipitée au fond de je ne sais quel puits... Eddy-la-trahison, au corps de jouissance et d'extase.

Je grelotte ; il faut admettre, formuler l'impensable — la trahison amoureuse et pire encore —, malgré le souvenir si proche de notre passion absolue.

Eddy Tan Kim Soo m'a bernée, roulée, eue, comme on dit. Je veux bien que la police mette la main dessus. Mais, au nom même de l'amour qu'il m'a arraché et que je lui ai offert, pas un seul mot à son sujet ne sortira de ma bouche. D'ailleurs, quelle information puis-je donner ? Même de son nom, je ne suis pas sûre. Jamais je n'ai vu son passeport, déchiffré son identité, son adresse et le reste. J'ai été trahie au-delà du possible. Ma propre image s'anéantit... Je ne suis plus rien. Personne. Sinon la Douleur... Semblable à celle de Grand-mère. Qui ne manquera pas, hélas, de sangloter jusqu'à l'épuisement...

Le temps devient un supplice. Figé. Aucune comparaison n'est possible. Cinq minutes ? Non, cinq heures. A moins que ce ne soit une nuit. Ou un mois, et ce temps toujours beau malgré quelques violents orages. Ce soleil, brûlant, étouffant ; ce soleil qui fige les vieux dans leurs rides et les heures dans une bouilloire où j'explose... Il y a bien une grosse horloge quelque part, dans le mur du préau. Petite aiguille, grande aiguille, cela a perdu tout sens.

Journées identiques avec toujours cette réalité pas encore ingérée : je suis en prison.

Tassée pendant le « muster », tel un oignon, je m'épouvante lentement. Peu à peu, Zuraïda m'a appris les crimes des filles qui sont mes égales, mes compagnes. Quoi ? Cette grosse Chinoise, à mes côtés, si souriante, a balancé son gosse à la volée par la fenêtre ? Il s'est écrasé en bouillie, s'est-elle vantée. Et cette hindoue, devant moi, noiraude, maigrichonne, dix-sept ans, a ébouillanté à l'huile son mari qui en est mort... Me voilà à égalité avec ces réprouvées. Moi qui n'ai ni tué, ni volé, ni même exploité l'argent des hommes, me voilà en intimité brutale avec cette cour des miracles.

Que devient-on à cohabiter si longtemps avec ces femmes ? Combien de mois, d'années, vais-je rester là ? Je me heurte au silence. On ne me dit rien. On ne sait rien. On semble avoir oublié jusqu'à ma présence.

Les détenues passent leurs journées vautrées contre le mur. A jacasser. S'agglutiner en grappes. Elles ont l'air de se chercher mutuellement des poux dans leurs chevelures. Zuraïda m'explique qu'elles s'enlèvent les petits cheveux frisés, signe de vieillesse.

Je marche de long en large. Parfois, la brusque envie de courir, frapper, cogner, arracher la porte fait trembler mes jarrets...

Humiliation des photos et des empreintes digitales. Je ne suis pas une délinquante (merde, à la fin, qu'ai-je fait ? Cette valise, ce n'était pas la mienne ! Elle était truquée et je n'en savais rien !) — on me traite pourtant en dangereuse criminelle.

Je vis l'opération des photos et des empreintes en automate. Avec cependant un très grand effroi. On me pousse d'une pièce à l'autre. De face, de profil. Je suis devenue la chose cataloguée. Fichée. Grosse lampe en plein visage. Ensuite mes doigts. Chacun posé sans ménagement sur une pâte bleue. Puis les deux mains maintenues si durement par un gardien que je grimace. On me dit ensuite mon numéro :

— Vous êtes le 181-80. TMR. C'est désormais ici votre identité.

Même si les détenues et le personnel m'ont surnommée « la fille de l'aéroport », le numéro s'est abattu avec son poids de chaîne et de boulets.

Où est passée Béatrice de la passion, des routes et du vent ? Ivre de liberté, sur le toit du bus, lors de la traversée du Khyber Pass ?

Pourquoi ce matricule infamant ? M'ont-ils déjà jugée sans que je le sache ? J'ignore tout de la justice dans ce pays. Préventive ou condamnée, même régime.

Je dégringole encore plus bas dans mon image. A chaque fois que je tente auprès d'un officier la même question :

— Je vous en prie, contactez mon ambassade !

Le silence. Les regards se détournent.

Le réel est aboli. Pourtant, je ne cesse d'affronter une série de chocs bien reliés au sordide de ma réalité. Soumise aux ordres, au « muster », à la curiosité sans relâche des filles. La destruction de la personnalité est commencée. Que l'on reste huit jours ou huit ans ici, le travail de la prison a déjà fait son office de termitière. Une machine destructrice que rien n'arrête. En moins de trois semaines, depuis mon numéro d'identité, je fais partie de cette machine. Qui me ravale au rang des animaux sous ordres.

— Assieds-toi.

— Lève-toi.

— Ôte tes vêtements.

— Tais-toi.

— Parle.

— Entre ici.

— Sors d'ici.

— Tourne-toi.

— Réponds.

— Ne réponds pas.

— Baisse les yeux.

— Mets les mains derrière ton dos.

Il y a aussi mes compagnes. Ce tas de mouches agglutinées autour de moi. Où que j'aille ; jamais seule. Jamais. Même aux toilettes. Rien ne ferme à clef. Il y en a toujours une qui ouvre la porte. Même derrière les poubelles où je me réfugie il faut qu'une ombre passe, se baisse, me retrouve. Je me bouche les oreilles, ferme les yeux. Elles sont là. Avec leurs piauleries, leurs soudains éclats, leur crêpage de chignons, leurs insultes, leurs cris nocturnes. Ou, plus absurdes encore, leurs chants. Des mélodies larmoyantes. Des airs de jazz tonitruants. Des voix fausses, glapissantes. Jamais le précieux silence. Peut-être le cachot serait-il préférable à ce souk infernal ?

Troisième semaine. Un matin, une gardienne crie très fort mon numéro. J'ai du mal à réagir. Elle a cité les chiffres en malais. Une fille me fait comprendre qu'il s'agit de moi. 181-80 TMR.

La police est là. Sursaut d'espoir. Enfin les choses vont s'arranger ! La police, réalité logique, au bout de ces semaines de cauchemar flottant. Zuraïda m'avait expliqué comment la police se comportait avec beaucoup de prévenues. Dès leur arrestation. Rien à voir avec la mienne. On m'avait interrogée, courtoisement, à peine deux heures. Et encore, il s'agissait davantage de remplir des renseignements administratifs que d'un interrogatoire. Ces femmes, chacune dans leur genre, ont été interrogées jour et nuit. Privées de sommeil, battues, parfois jusqu'à la torture... Les policiers. Je ne pense pas une seconde qu'ils sont là pour me molester, mais qu'ils ont enfin découvert les preuves de mon innocence. Arrêté les véritables coupables : Eddy et son réseau...

Ils sont deux au bureau d'accueil. Ils me serrent la main. Ils répondent à la question qui hante maintenant ma vie :

— *Now you know who did it, don't you ? I can go now ?* (Vous savez qui a fait le coup ? Je peux partir maintenant ?)

Ils rient. Le rire, en ce pays, recèle un danger de plus. Le rire, c'est la politesse du refus.

— *Not so fast ! Not so fast ! Take it easy. We are still investigating but don't worry. Everything's gonna be alright. Don't worry. Don't worry.* (Pas si vite ! Pas si vite ! Soyez tranquille, nous n'avons pas fini l'enquête. Tout va s'arranger. Ne vous inquiétez pas. Ne vous inquiétez pas.) D'ailleurs, achèvent-ils, nous sommes venus vous rendre votre argent. Nous avons vérifié la régularité de sa provenance avec votre banque à Paris. C'est bien votre argent. Il vous sera utile ici.

Ils remettent l'enveloppe contenant les mille et quelques dollars qui me restaient à l'officier du bureau. Il l'enregistre sur un cahier de comptes. Il inscrit la date — 15 février 1980 —, me fait poser mon empreinte digitale sous ma signature.

Certes, je suis déçue. Un peu d'espoir persiste encore. *Don't worry*, ont-ils insisté. S'ils m'ont rendu mon argent, c'est que ma libération est proche. On ne rend pas son argent à un coupable.

Soulagement sur le plan pratique. Enfin je vais pouvoir acheter un savon, du dentifrice. Quelques menus objets indispensables au quotidien. Ne plus dépendre de Zuraïda. La rembourser.

C'est ce jour-là que mon sang est revenu. Soulagement. Eddy et moi étions si fous de nos corps que la moindre précaution avait été exclue de notre passion. Je me donnais entièrement. D'une fougue identique à la sienne. Fusion totale. Trahison totale. La passion avait aboli toute prudence... Les règles à la prison royale de Penang : encore une humiliation. Les Tampax ? Inconnus. Les serviettes classiques ? Interdites. Tant de filles ici ont si peu le sens de l'hygiène qu'elles ne manqueraient pas de jeter le coton dans les trois trous qui nous servent de toilettes. Canalisations bouchées... Avec 35 degrés jour et nuit, cela poserait des problèmes insolubles de plomberie, sans parler d'une recrudescence de cafards et de rats.

Les plus désargentées — dont j'ai été pendant tous ces jours — héritent, pour leurs menstrues, de deux feuilles de papier épais. Genre emballage commercial. Elles les frottent longuement, entre leurs paumes, à grands gestes vigoureux afin d'adoucir ce moyen archaïque. Elles se garnissent ainsi, après avoir découpé en bandes cette singulière couche. Souvent, le sang glisse sur les cuisses. Souille les pyjamas. Elles s'en fichent. Un jour, je regardais, navrée, une fille énorme, édentée, obscène de hideur, les jambes souillées du sang mal retenu. Elle comprit le sens de mon regard. Elle me toisa et me nargua en mauvais anglais :

— Qu'est-ce que ça peut foutre ? Qui nous voit ? Où sont les hommes ? Qui es-tu pour mépriser ? Une Blanche aussi perd du sang... A ton tour de te rouler du papier entre les cuisses ! A mon tour de rire !

Bouleversée, je déglutis péniblement. Pourquoi ne pas prendre soin de nous ? Quand il n'y a plus le secours de l'homme, des bras de l'homme, des baisers et même leurs trahisons, au contraire, tout notre orgueil de femme doit se déployer. La dignité du corps ; le nôtre. Propre, net. Le sang dissimulé. La dignité est aussi une arme pour ne pas craquer vingt fois par jour. En prison, la dignité passe par l'hygiène immédiate.

Plus que jamais, je fais attention, avec mes pauvres moyens, à mes cheveux, ma peau arrosée au bac. Aux vêtements impeccables. Jamais, jamais ce sang débordant... nous réduisant en bétail femelle dont ricanent les gardiennes... Les gardiennes, pas foncièrement méchantes, mais qui, parfois, explosent d'être bouclées avec nous. Et quel danger quand les médiocres abusent de leurs petits pouvoirs sur les créatures humaines infériorisées qui leur sont confiées !

Grâce à l'argent rendu par la police, j'ai pu affronter ce premier cycle avec de grands rouleaux de papier hygiénique. Protection aberrante mais à peu près convenable. Bien sûr, ce n'est pas l'idéal. Mais une souffrance en moins. La volonté constante de ne pas déchoir davantage dans une image déjà brisée.

Une journée à Penjara Wanita Penang

5 h 30.

Bruits d'eau. Bâillements rugis. La prison commence à remuer. Immense poulpe encore engourdi. Quelques ablutions avant la prière des musulmanes incarcérées. Chuchotements... Rire. Cri strident.

6 h 30.

Les matonnes de nuit allument à la volée toutes les lumières. Comme à l'hôpital. Jet blanc ; néon. Désagréable vrille dans le crâne. La tête de Zuraïda, pourtant jolie, paraît blafarde. Moi aussi. Ce néon cerne les yeux. Décolore la peau.

7 heures.

Ouverture des cellules. Clic, clac, verrous, serrures géantes. Clefs dorées. Métal massif. L'équipe du matin relève celle de la nuit.

Rassemblement sous le préau pour le premier « muster ». Position bulbe obligatoire. Machinale, maintenant. J'ai l'air d'un lotus accroupi. A ce moment, un groupe d'officiers traverse notre cour. J'entends leurs réflexions à mon sujet :

— C'est elle, la Blanche, la fille de l'aéroport ?

J'offre à tous ici, malgré moi, un sujet d'exotisme qui les distrait. Moi pas.

A sept heures, l'humidité est déjà lourde. La journée commence à peine. Mes cheveux sont collés sur ma nuque. Châtain clair, un peu ternis depuis tous ces chocs. Taillés au carré, frange légère au-dessus de mes yeux sans maquillage. Mes yeux qui interrogent, quêtent les réponses, ont cru à l'amour. Ont aimé la beauté à n'en plus pouvoir...

Tandis que les filles préfèrent d'abord prendre le petit déjeuner — file à la queue leu leu vers un lourd porridge indigeste et huileux —, je me précipite avec mon « gayong » (récipient contenant savon, dentifrice), serviette et vêtements de rechange sur le bras, vers la salle de bains. Le grand bac coule sans arrêt. Rare bonheur de la journée. L'eau. Purification. Moi qui ne sais pas prier, peut-être, à ces moments-là, ai-je murmuré : « Merci, mon Dieu, d'avoir créé l'eau. » Je me souviens alors de mes bains dans les rivières glacées au Pakistan... Je me souviens d'avoir été heureuse. J'ai à peine vingt ans. Oui, le bonheur reviendra...

7 h 30.

Nue, je m'asperge. Des pieds à la tête. Je me purifie, me vivifie. Zuraïda m'a rejointe. Elle me savonne la nuque. Réciproquement, je rince ses épais cheveux noirs... Sous l'eau, telles des plantes. Nous rions, épanouies. En vie pour quelques minutes...

8 heures.

Corvée. Nettoyage des caniveaux. A genoux. Brosse en fer, savon noir, seau rempli. Debout, la gardienne me fixe, narquoise. Elle se réjouit de voir la Blanche à quatre pattes.

— *Gosok kuat sikit !* (Frotte plus fort ! Mieux que ça !)

La rage au ventre. La boucler quand même. Cette femme est particulièrement méchante, vicieuse. Oublions-la. Facile à dire ! Dans cette position, sous cette chaleur épaisse, la haine d'Eddy me reprend. Les images de l'hôtel... La douceur de notre lit... La violence de nos caresses... Tout a fini, courbée dans un caniveau infect, sous la botte d'une abrutie qui répète : « Frotte plus fort ! »

Je me revois dans la salle à manger-coucher de Grand-mère. La table à la toile cirée. Les épluchures de la soupe du soir. La vie, corvée de caniveau...

9 heures.

Rien. Plus rien à faire. Le pire commence... N'étant pas officiellement condamnée, je n'ai pas le droit de travailler aux ateliers. Je rejoins les autres préventives déjà affalées sur le sol. Le long des murs. Dos voûtés, jambes de laine. Agglutinées en une sorte de molle fleur tropicale. Ensemble difforme, moite. Odeur de sueur, de sang.

Je marche. Je marche. Zuraïda a rejoint ses copines chinoises. La vieille Ah Lan (rondelette, la cinquantaine grisonnante, illettrée mais d'une mémoire prodigieuse). Ah Lan est la reine du troc. Elle connaît par cœur le nombre exact de cigarettes que chaque détenue doit à une autre contre un savon ou autre chose... Elle est le boulier de Penang. Elle sait faire rendre gorge aux endettées. Bientôt, elle aura fini sa peine. Je ne sais quels trafics l'ont menée ici...

J'erre. La moiteur s'épaissit. Une fulgurance traverse mon esprit. Il va falloir que je m'en sorte. Apprendre de toute urgence leur langue. Le malais d'abord, le chinois ensuite. Ne pas doubler les murs de la prison par ceux du langage inconnu. Me passer de Zuraïda. Comprendre ce qui se passe. Ce qui se dit. J'ai une idée, je vais aller voir le censeur, Mok. Qu'il m'achète une méthode ! J'ai de l'argent maintenant. Ainsi passeront vite et utilement ces sales quarts d'heure...

11 h 30.

A nouveau, « muster ». Position fleur. Position bête. Position racine ; ou caillou. Cela dépend de l'humeur. La chaleur est à la limite du supportable.

12 heures.

Plateau-repas. Toujours le même. Je n'y touche presque pas.

Troc avec Zuraïda qui en fait son beurre avec la vieille Ah Lan... Je bois beaucoup d'eau. Un peu de thé. Je flotte dans mes vêtements. Les filles s'empiffrent avec une même obstination presque joyeuse. Par terre. Sans couverts. Toutes mangent avec leurs doigts.

13 h 30.

Chaleur épouvantable. Le ciment semble cuire. Les murs éclatent, bleu et vert. Les barreaux zèbrent de noir l'ensemble...

14 h 30.

La trêve. La paix. L'eau glacée sous la canicule. Ici, chaque minuscule bonheur — une cigarette, une tasse de Nescafé, le bain — revêt une importance extraordinaire. La salle de bains ressemble d'ailleurs à une sorte de hammam. Entraide physique des unes aux autres. Quelques rires. Une innocence retrouvée. Des femmes d'ailleurs et de toujours. Nues, ensemble. Se lavant. Complices pour quelques instants... Des sœurs, aux mêmes misères physiques. Vouées à un sort identique.

15 heures.

A nouveau l'attente. Déambulation des minutes et des secondes. Semelles gluantes sous mes talons. Même le ciment sue. Pas de place pour la tristesse. Se bousculent en moi les sentiments les plus violents. La rage, la haine, l'agressivité. L'envie de maudire. De blasphémer. Seule culpabilité qui entraîne ma désolation. Grand-mère; pauvre Grand-mère. Pourvu qu'elle ne sache rien...

15 h 30.

Nouveau « muster ». Ont-ils à ce point peur d'égarer ce troupeau d'oies qui bâille sur le sol?

16 heures.

Dîner. Le préau prend alors l'allure d'un hôpital psychiatrique. Les filles déjà effondrées, sans illusions, bâfrant. Zuraïda ne répète plus : « Mange, Soâbine. » Son troc va bon train...

16 h 30.

Bouclées. A ce moment commencent quinze heures de taule véritable... Zuraïda n'arrête pas de cloper. C'est autorisé. A part un peu de hasch, je n'avais jamais fumé. Je vais m'y mettre.

17 heures.

Je suis en larmes. L'incompréhension de ma situation. Les intuitions de plus en plus évidentes de la trahison. Ces heures absurdes, à faire et écouter des choses absurdes...

— Fume, dit Zuraïda. Cela te calmera.

J'accepte. Réfugiée en fœtus sur ma couchette de ciment. Le jour est encore — et pour des heures — éclatant. La punition commence.

18 heures, je fume, 19 heures, je pleure, 20 heures, je fume, 21 heures, je pleure, et ainsi de suite jusqu'au matin. Excepté la phase bénie avant l'aube où je sombre dans une contrée rose et cotonneuse. Le sommeil, ce cadeau — cette survie.

J'apprends le malais

Apprendre leur langue. Ne pas se soumettre. Faire front. Je ne m'en sortirai jamais si je n'entre pas dans leur langage. Mok est le censeur de la prison. Il a pour tâche de régler les problèmes des prisonniers. Censurer leur courrier. Décider si les baisers écrits sur les lettres ont la convenance nécessaire. Mok noircit au feutre les passages trop crus, les petits dessins érotiques, les complaintes sur la bouffe, la violence des gardiens.

Mok a vingt-six ans. Il est chinois. Mok a des dents de lapin. Un très beau corps. Salaud d'Eddy, ton corps; ta peau, sa douceur et son satin. Ton regard de velours tandis que tu savais que j'allais être précipitée en enfer...

Mok parle anglais.

J'ai tellement insisté qu'on finit par me laisser entrer dans son bureau. Je m'exprime sans ambages, avec violence :

— Vous allez m'acheter un livre pour apprendre le malais... Une méthode anglais/malais. Cela doit bien exister dans votre...

patelin, non ? Prenez l'argent nécessaire sur mon compte. Aujourd'hui, pas demain ni dans six mois !

Mok me regarde, impassible derrière ses lunettes d'acier. Il ne répond rien.

Pourquoi Mok n'a-t-il rien dit ? Indifférence, impuissance ? Bêtise ? Perversion ? Que cachent les regards indéchiffrables de ces Chinois ? (Salaud d'Eddy.)

Le lendemain, à dix heures, on m'appelle. Dans leur bouche, mon nom résonne ainsi : Soâbine.

— Soâbine ! Office ! (Bureau !)

Me revoilà devant Mok. Inchangé, si ce n'est qu'il pousse vers moi un livre.

— C'est tout ce que j'ai pu trouver aussi rapidement ! murmure-t-il.

Ravie, je lui souris. Je serais à deux doigts de m'excuser de mon arrogance de la veille.

J'ouvre avec avidité le vieux manuel épais qui sent vaguement le moisi. Mok l'a probablement acheté dans ces boutiques où je me fournissais en livres. Année 1950. Niveau cours élémentaire. C'est un livre de classe. En fait destiné à apprendre l'anglais aux petits Malais. Je vais m'en servir à rebours. Il y a des images. Des dessins : des centaines de singes ! La méthode est divisée en deux colonnes. Anglais / malais.

Here is a monkey / Di sini ada monyet. (Ici, il y a un singe.)

Ça continue, de branche en branche, de singe en singe, de phrase en phrase. Méthode parfaitement appropriée à ma situation.

Monyet ini makan pisang. (Le singe est en train de manger une banane.)

Beaucoup de filles ici mangent des bananes à longueur de journée. Cet étrange livre de la jungle comporte des perles qui me font rire malgré moi : *Monyet geram ! jaga baik-baik monyet sudah naik gila !* (Le singe est fâché. Le singe est très, très fâché. Attention, le singe est en train de devenir fou !)

Tout va bien. Ce livre est la méthode idéale. Pour l'instant, me voici singe grinçant des dents pour ne pas devenir folle...

— *Thank you very much, Mok !* D'ailleurs, comment dit-on cela en chinois ? Je veux aussi apprendre le chinois...

Salaud d'Eddy, tu ne m'as appris que l'amour et ses flamboyances qui n'ont consumé que moi. Quel dessein avais-tu quand tu m'étreignais le plus ? Es-tu un singe devenu fou ou un froid criminel, sadique, immonde ?

— Il n'y a pas une seule langue chinoise, m'explique Mok, mais toutes sortes de dialectes. Moi, par exemple, je suis de Canton. Mais à Penang, nous parlons le hokkien...

Va pour le hokkien. Mais j'entendrai un jour vos secrets...

Mon papier, destiné aux règles, me sert de parchemin. Je m'y mets aussitôt. Là où je peux m'isoler. Dans un coin de couloir. Derrière la salle de douche. La promiscuité est détestable. Jamais je ne peux être seule. La cellule ouverte les attire pis que des mouches. Que fais-tu ? Quel est ce livre ? Qu'as-tu dit à Mok ? Elles piaillent, elles piaulent, elles ricanent, s'emparent du livre qui passe de main en main.

Jaga baik baik ! monyet dah naik gila ! Dia gigit juga ! (Faites très attention, le singe est au bord de la folie ! Il mord aussi !)

Je leur sors d'une traite cette phrase dont j'ai retenu la phonétique sur le texte. Elles se tordent de rire. Se passent l'information, qui fait le tour de la prison.

— La fille de l'aéroport apprend le malais !

C'est la nouvelle de la journée. Les gardiennes se précipitent, intriguées. Elles examinent le livre. Le palpent en tous sens. Une sorte de bienveillance allume leur regard d'un élan humain vers moi. Elles s'exclament, pour une fois avec un sourire, pouce en l'air, en guise d'admiration :

— *Cakap melayu good ! good !* (Parler malais ? C'est bien ! Très bien !)

J'ai gagné une petite lettre de noblesse dans leur esprit.

Je ne fais désormais que cela. J'apprends, j'apprends. Je m'adresse à mes compagnes dans leur langue. Leurs réponses enrichissent mon vocabulaire usuel. Au bout de deux mois, je suis en mesure de me passer de Zuraïda.

Mok sourit. Il a l'air content.

Choix d'un avocat

Quelques jours après que la police m'eut rendu mon argent, j'ai eu la visite du consul honoraire de France à Penang. Une Pakistanaise, quarante-cinq ans peut-être, vêtue d'un sari bleu, chatoyant. On nous met en présence au parloir des avocats. Celui sans grillage. Où les visages se voient vraiment, les mains peuvent se toucher... Le consul honoraire maîtrise parfaitement le français.

— La police m'a contactée. J'ai alors averti au plus vite le Quai d'Orsay, à Paris. Avez-vous de la famille que nous puissions prévenir ?

Grand-mère ! Grand-mère ! Oh, non, pas maintenant ! Puisque tout va s'arranger, n'est-ce pas ? Pourquoi clouer Grand-mère d'un coup fatal au cœur ou au cerveau avec une telle nouvelle ?

La dame en sari bleu insiste :

— Qui puis-je contacter en France ?

— Personne encore, je vous en prie. Je suis convaincue de ma libération toute proche... La police m'a affirmé qu'ils continuaient à enquêter... Je n'ai rien fait... Je ne veux pas inquiéter inutilement ma... famille...

Elle m'offre un thé au lait. Hoche son joli front et se tait.

Deux mois ont encore filé, filé... Lenteur d'une quenouille embrouillée. Zuraïda est étonnée de mes progrès en malais. Son trafic avec Ah Lan et ma bouffe m'amuse. Je fume de plus en plus. Je manie correctement des phrases entières. Je dors peu. L'insomnie est devenue mon lot. Le ciment râpe mon dos. Les deux couvertures me servent d'oreiller. Impossible d'isoler le sol. La chaleur est trop forte. Même la pierre sue... Sans parler des moustiques qui attaquent, foncent sur la chair moite, piquent et réveillent aux rares moments où je m'assoupis... J'enfouis mon visage entre mes bras contre leur horde. Il y a aussi les cris, les chants absurdes et lancinants.

Pendant ces heures nocturnes, la pensée de Grand-mère me dévore. Très loin, maintenant, de la forme que lui donnait mon cauchemar sous L.S.D. Au contraire, le remords me ronge. J'ai quitté toute rancœur à l'encontre de Grand-mère. Une pauvre vieille femme qui n'a rien compris à sa petite-fille, qui ne pouvait pas la comprendre. Que la nouvelle va tuer... Pourtant, il va bien falloir que je me décide à l'avertir.

Nous atteignons la fin du mois de mars.

Implacable préventive. Aussi longue qu'une véritable purge.

Zuraïda m'avait pourtant prévenue :

— Il y en a qui attendent cinq ans... dix ans... sans avoir rien commis...

Allons, il va falloir écrire à Romilly.

C'est la lettre la plus difficile qu'il m'ait jamais été donné de faire. Je ne me souviens plus des mots si péniblement griffonnés. Je me souviens uniquement du bleu du papier et du Bic. Qu'il a fallu presque la nuit pour aligner les mots tandis que ronflait Zuraïda. Une lettre qui n'avait pas plus de vingt lignes. Un véritable arrache-cœur, arrache-ventre. Le souci des précautions. Éviter les mots fatidiques : « valise piégée », menottes, drogue, sanctions imprévisibles... « Mémé, je suis en prison, à Penang, en Malaisie, suite à une erreur qui est en train de s'arranger... » J'ai la bouche desséchée. Pas un gramme de salive. Prison. Béatrice est en prison. La honte. Voilà ce que retiendra mémé. De Romilly.

Mok a fait traduire ma lettre au consulat par la dame pakistanaise.

Avril. La lettre arrive dans la boîte de Grand-mère.

... Elle s'est mise à trembler. Elle a crié, seule, devant la toile cirée, son bol de café, le journal *L'Est-Éclair*.

— Mon Dieu ! Mon Dieu ! Ce n'est pas possible ! Que vont-ils faire de ma gamine ?

1er, joli mois de mai...

Même suffocation. Jamais de saisons, ici. Même va-et-vient. Même humidité. Le temps figé. Mon état de choc n'est pas encore dissipé. Pourquoi me traite-t-on toujours en coupable ? J'observe de plus en plus mes compagnes. Tout ici est pervers. J'évite les plus laides, les plus difformes... Je me rapproche (même si c'est un piège) des plus lisses, des plus chaleureuses. Gentilles en apparence. Là aussi, le danger existe. Hypocrisie, délation, venin derrière chaque sourire. L'Asie dans ce qu'il y a de plus dangereux. Eddy, même espèce... Piège à connes. Eddy, attrape-nigaude. Je suis mal, très mal. Que faire ? L'amitié, ici, est impossible. Même Zuraïda me trahit sans cesse, trafique avec mes affaires. Tube de Colgate contre des cigarettes. Tout à l'avenant... Pour survivre, en prison, un seul choix : devenir la reine des salopes. A ce titre, les autres vous respectent. La reine des trafiquantes, la plus grande criminelle, etc. Jamais l'agnelle égarée ici par erreur ! Sinon, vous perdez totalement la face. On se moque, on ricane, on vous piétine davantage.

Un avocat. Par pitié, un avocat.

Enfin, un matin, vers la mi-mai, Lim, un officier chinois, me fait appeler.

— 181-80. TMR !

Je réagis désormais à mon numéro. Peu à peu, la prison fait son office. Fissure la mémoire, les réactions. J'ai assimilé l'incroyable : 181-80. TMR = Béatrice Saubin.

Lim, expansif, souriant, à l'aise, laisse à tous l'impression qu'il est votre meilleur ami. Je découvrirai par la suite que le subtil Lim est mêlé à un tas d'affaires, de trafics inter-prisons. Passer aux prisonniers quelques désirs contre des sommes folles ou une nuit avec leurs femmes lorsqu'il les trouve à son gré...

Au comptoir du bureau d'accueil, il me parle en anglais.

— Vous me faites de la peine. Vous avez perdu du poids. Vous allez bientôt passer au tribunal. Le temps est venu de choisir un avocat.

Il allume une cigarette à bout doré. Il m'en offre une. Il prend son temps :

— Nous avons à Penang deux très grands défenseurs. Mr. Karpal Singh et Mr. Kumar. Karpal Singh présente un problème. Il fait partie de l'opposition du gouvernement actuel de notre pays. Plus encore, il est l'un des leaders de cette opposition. Le juge, dans certains cas, bien sûr, néglige les interventions de Karpal Singh... Croyez-moi, vous avez intérêt à fixer votre choix sur Kumar. Il ne fait pas de politique. C'est un Indien, brillant dans son genre...

Qui dit vrai ? Qui croire ? Depuis des semaines, je n'ai découvert que la trahison. Où est l'intérêt de Lim ? En tout cas, il m'a fait entendre que, dans ce pays, la justice se plie aux exigences de la politique plus qu'à celles des lois proprement dites... Tout a basculé. La vérité devient le mensonge. Le mensonge se fait vérité. Je ne savais rien de l'Asie, rien des êtres, avant cette fracture... Je suis entrée dans un doute qui prend une forme de malaise psychiatrique. Suis-je devenue paranoïaque ?

— Réfléchissez, murmure Lim, de plus en plus suave. Mais décidez-vous quand même cette semaine. Karpal Singh ou Kumar ?

J'en parle à Zuraïda. Qui ameute tout un groupe de pétasses. Véritable chamboulement, grand coup de gong dans ce tas de cloches qui se mettent à glapir toutes à la fois :

— Karpal Singh !

— Non, Kumar !

— Oui, Kumar est extraordinaire !

— Non, avec lui c'est ta perte...

— Il te sortira de là !

— Non. Il t'enfoncera.

— C'est un fourbe.

— Il est beau.

— Il va te demander la lune, te ruiner.

Je me bouche les oreilles. Elles ont oublié ma présence, excitées à mort. Un peu d'évasion mentale grâce à la fille de l'aéroport !

4 h 30. Bouclée avec Zuraïda. Je vais passer la nuit à réfléchir. J'ai bien compris que, dans ce pays, la démocratie n'est qu'un leurre. Attention à ceux qui magouillent dans l'opposition. Lim a sans doute raison.

Ce sera donc Kumar.

Quarante-huit heures après ma décision, dûment rapportée à Lim, Kumar me rend visite.

Je suis habillée en civil. Zuraïda, contre mes plateaux, m'a prêté un jean et un tee-shirt. Chaussures ridicules : des « tongs » en plastique vert pomme, trois tailles au-dessus de la mienne...

Kumar est effectivement de race indienne. Grand, fort. La quarantaine séduisante. Petit bouc bien taillé, œil de velours, voix au timbre chaud. Anglais parfait. Costume de coupe occidentale. Il sort de son porte-documents un bloc, un stylo Parker.

Il s'occupe particulièrement, me dit-il, d'affaires criminelles et de drogue. Les plus difficiles. J'ai un haut-le-cœur : je n'ai rien fait ! Rien !

— Votre affaire m'intéresse. J'en ignore tout, excepté ce que la presse en a dit...

Mes côtes se desserrent. C'est mon avocat. Il va m'aider. M'aider, c'est m'aimer. Me comprendre. Faire admettre enfin la vérité.

Je lui raconte toute mon aventure. Y compris la seule erreur que j'ai commise. Par amour : l'omission du nom d'Eddy Tan Kim Soo lors de mon premier interrogatoire. Je lui narre l'hôtel où nous vivions jusqu'au jour où Eddy m'a offert cette Samsonite verte... Puis mon départ à l'aéroport de Bayan-Lepas, le 27 janvier 1980...

— Je vous en supplie, Maître. Faites enquêter dans tous ces lieux. Cet hôtel a forcément sur son registre la trace de notre passage. Même si la chambre était à mon nom, il y avait constamment deux petits déjeuners... Sans parler des témoins... Tous ont vu ce Chinois qui ne me quittait ni jour ni nuit... Sa grosse moto... Il y eut aussi l'hôtel sur la plage, le Palm Beach, à Batu Ferringhi. Sans parler des petits restaurants où nous dînions...

Kumar note, soigneusement, tous mes propos.

— Je vais étudier attentivement ces données. Je reviendrai bientôt.

Impression de revivre. Le rationnel, enfin, est revenu dans ma vie. Seul point noir. Aucunes nouvelles de Romilly. Une obsession : m'isoler pour penser un peu !

— Tu as vu Kumar ? Qu'avez-vous dit ? T'a-t-il acheté du thé ? Des bonbons ? Quoi ? Rien du tout ? Tu n'es qu'une conne...

Ce mot « conne, imbécile », en malais, se dit : *bodoh*. Elles le répètent toute la soirée.

Fin mai.

Kumar et moi, au parloir.

— Je suis allé à l'E.N.O. (Eastern and Oriental Hotel). J'ai parlé à beaucoup de gens. En effet, on vous a vue avec un Chinois. Mais de ce garçon, nulle trace. Ils ne savent — ou plutôt — ne veulent rien dire. A Penang, les trafiquants de drogue sont aussi redoutables et redoutés que la maffia en Sicile... Personne n'ose parler. Il est probable qu'Eddy Tan Kim Soo fait partie d'un réseau international. Les bandits chinois sont très cruels si on les dénonce... Il y a eu, récemment, plusieurs cas de familles entières assassinées parce que l'un des membres avait parlé... Il y a peu de jours, on a retrouvé un couple et leur enfant de six ans en morceaux dans le coffre de leur voiture... L'odeur épouvantable a donné l'éveil. Les candidats à cette terrible fin sont rares.

J'ai mal à la gorge. Certaines nuits, Eddy et moi n'étions qu'une même flamboyance... Ton plaisir de maudit prenait donc sa source dans ta certitude de me rompre en morceaux. Me savoir en sang.

— Vous avez été inculpée, continue Kumar, sous la loi 39B. Je dois vous expliquer notre fonctionnement juridique. Les termes de l'article 39B du code pénal font peser sur toute personne trouvée en possession de drogue une véritable présomption de culpabilité... Dans votre pays, le président conduit l'audience. En Malaisie, la procédure, de type anglais, transforme le président (que nous appelons « le juge ») en arbitre chargé de faire respecter la règle des lois. Il confie la marche de l'audience, l'interrogatoire et le contre-interrogatoire des témoins à l'avocat de la poursuite et à celui de la défense... Chacun cite les témoins qui lui plaisent. A le droit de les rencontrer quand il le désire. Les interroge et les contre-interroge à sa guise... Dans le système juridique britannique qui est le nôtre, il n'y a pas de magistrat instructeur. L'instruction se fait pendant l'audience. Les débats terminés, le juge se mue en décideur. C'est lui et lui seul qui statue d'abord de la culpabilité, puis de la peine...

Je me sens à la fois angoissée et hors de danger. J'ai transporté une valise dont j'ignorais le piège. Quelle sanction peut encourir ce genre de maladresse ?

— Ne vous tracassez pas, dit Kumar. J'ai bien l'intention de prouver, au moment du procès, qu'on vous a manipulée.

Il me regarde attentivement. A-t-il pitié de moi ? Je suis si frêle dans mes vêtements, les yeux cernés...

— Comme vous êtes jeune ! murmure-t-il. Je ferai tout pour vous sortir de cette mélasse.

Il n'ose pas détruire ma conviction qui va jusqu'à l'obtus : je n'ai rien fait. Je suis innocente puisque j'ignorais tout de ce bagage truqué !

Kumar secoue la tête comme devant un enfant obstiné, qui ne veut pas comprendre.

— Saviez-vous, dit-il, que la police vous surveillait depuis pas mal de temps, quand vous étiez à l'hôtel ?

Cette révélation renforce ma conviction. La police se doutait donc qu'Eddy était un trafiquant ! Pourquoi ne m'ont-ils pas interpellée en même temps que le taxi ? Qu'ai-je à voir dans tout cela ?

S'il y avait bien quelqu'un à arrêter, c'était ce Chinois de malheur.

Tout le monde le sait !

Kumar baisse la tête.

Nicole

Les semaines se remettent à m'engluer. Plus de Kumar. La lettre de Grand-mère est arrivée. Tissu de lamentations désespérées. Mémé n'a rien compris, je le savais d'avance. Ni à ce qui m'arrive ni à ce qui lui arrive. Ni où se trouve la Malaisie. Que faire pour moi ? Qui aller voir ? Comment m'aider ? Je l'ai désespérée.

Elle se sent devenir folle.

Moi aussi, j'ai l'impression de perdre la raison. Plus personne au parloir. C'est le début de la mousson. D'épais orages éclatent en trombes violentes et tièdes. Qui ne rafraîchissent rien. Emmènent des centaines de bestioles qui s'abattent sur le sol. Se prennent dans les lumières, les cheveux. Ce sont des petites limaces avec des ailes. Ne vivant que quelques heures. Le matin, le ciment est jonché de leurs cadavres. Il faut balayer. Corvée de limaces... Je perds pied, la mémoire, le sens de ma réalité, dix kilos. Je ne dors plus. Pas même vers l'aube.

Une fin d'après-midi, une nuée basse, rouge, telle celle qui m'avait presque anéantie quand Dom avait disparu, envahit mon cerveau. Je ne passerai plus une seule nuit ici. Je veux mourir. Dormir à jamais.

Je sais où trouver l'arme pour en finir. Zuraïda, la coquette, s'est procuré (toujours grâce au troc) un petit miroir. J'ai réussi à le voler. Où se tuer dans cet endroit, où tous les gestes sont épiés ? Derrière les poubelles. Pauvre lieu malodorant où l'on peut espérer quelques minutes de solitude.

Je brise le verre. Je commence à me tailler les poignets.

Impossible de rester isolée dans cette pétaudière. On m'a vue. A partir de là, je ne sais plus. Je suis devenue un chiffon. Il y a du sang sur la tunique blanche de mon pyjama.

Infirmerie. Côté hommes. Grande pièce, claire, à barreaux. Deux bureaux, côte à côte. Occupés par Baba Khoo, l'infirmier chinois, et son collègue malais, surnommé Pacik. Ce qui signifie « le vieil oncle », le vieillard. Pacik, tout blanchi, proche de la retraite... Presque dans les vapes, un mouchoir sale autour de mon poignet, je laisse Baba Khoo nettoyer, badigeonner, puis bander mes plaies...

— Pourquoi avez-vous fait ça ? dit-il d'une petite voix en flutiau apitoyée. Vous êtes stupide, petite fille ! *Everything is going to be all right ! You'll go home soon !* (Tout va s'améliorer. Vous allez rentrer bientôt chez vous !)

Non, je ne rentrerai pas bientôt chez moi. Baba Khoo demande alors à un des prisonniers chargés de l'aider de m'apporter un verre d'eau. Il me tend deux cachets bleu pâle que je reconnais.

— Prenez. Deux Valium matin et soir pendant cinq jours...

Valium de Romilly, Valium de l'après-Dom, Valium d'ici... Mes drogues à moi, décidément, sont bien éloignées de la monstrueuse découverte dans la Samsonite !

Chute psychique. Le Valium me fait entrer dans la torpeur. Tout désir s'en va. Même celui de souffrir, lutter, survivre. J'ai laissé tomber la méthode des singes. Y compris mes premières phrases en hokkien. Je n'écris et ne parle plus à personne. Pas même à Chia, qui caresse mes bras, par-delà la porte grillée de la cellule, dès quatre heures trente... Chia porte le petit col vert des condamnés. Elle a le droit de regagner sa cellule vers vingt heures. Chia qui m'aime... Chia qui me rappelle vaguement Eddy. Chia que je laisse m'embrasser, me caresser la nuque, la bouche, les cheveux... Chia qui regarde mon corps nu, près du bac. Muette d'admiration. Elle parle correctement anglais. Elle tente de me faire rire et quelquefois y arrive. Elle se moque de tout et de tous. Elle appartient à la famille Chia, commerçants très prospères en Asie. Après le divorce de sa mère, Chia est restée avec son père et la nouvelle épouse... Chia n'aime que les femmes. Or, en bon Chinois, son père a voulu la marier au fils d'un de ses associés. Refus de Chia qui a commencé les quatre cents coups. D'abord se droguer. Troisième épouse, avec qui elle flirtait un peu, lui filait de l'argent. Lorsqu'il n'a plus suffi, Chia s'est faite rat d'hôtel. En vraie acrobate, une fois soudoyé le portier, elle grimpait de balcon en balcon jusqu'aux dollars des clients...

La première fois que Chia m'a volé de force un baiser, j'allais très mal. Humble, elle m'avait alors demandé :

— Je t'ai embrassée de force. Tu n'as pas envie de me gifler ?

(La gifle, en Asie, est le comble de l'injure.)

— Non, dis-je. Je n'ai envie de rien.

— Moi, terriblement, d'être ton amie...

... Elle entoure mes épaules ; m'embrasse, me caresse. Je m'en fous. J'en jouis aussi. La bonne chaleur d'amour. Sans autre réalité que la tendresse. Où qu'elle soit. Chia, douce et ambrée. La bouche d'Hélène. Celle d'Eddy... Je perds pied...

Chia que je ne vois même plus à travers le voile du Valium. Je suis devenue plus fermée qu'un coquillage de la plage de Kohsamui. J'ai oublié ma langue natale. Mon identité. Péniblement me viennent dans le crâne chiffres et lettres infamants : 181-80. TMR...

Apesanteur ; orages énormes, bestioles infectes, silhouette incessante de Chia. Petits rires de Zuraïda, confuse à cause de son miroir qui aurait pu me tuer. Tout m'entraîne dans une bulle étrange, reliée à nulle part.

Un univers ayant perdu son oxygène.

Là où on meurt.

Beaucoup de jours filent encore. Baba Khoo a renouvelé le Valium au-delà des cinq jours convenus. J'ai droit à un fruit par jour. Je grignote ma tranche de pastèque, bois l'eau du robinet. Je maigris encore. Baba Khoo me trouve très jeune, assez jolie. La pitié d'un homme pour une femme se joue dans ce renouvellement du Valium... « Tout s'arrangera », répète-t-il. Grâce à mes plateaux — et les interventions de Chia — je ne manque pas de cigarettes. Je fume, je fume, le dos au mur. Je deviens épouvantable avec Chia. Elle veut me forcer à manger. Je lui balance mon plateau à la tête. Il s'écrabouille au sol. Bouillie infecte. Patiente, elle tente de me consoler. Elle se comporte en amoureux inquiet. Supporte et endure mes crises. Qu'elle me laisse seule contre mon mur! Même les effleurements des cafards qui ont surgi ne m'écartent pas de ma position de stupeur. D'attente.

J'ai droit à une heure de parloir par semaine. Comme personne ne me rend visite, j'utilise cette heure pour faire mes achats. Nous avons droit à cinq articles. Le papier hygiénique, la brosse à dents, le Colgate, le savon, les cigarettes...

Le parloir est du côté hommes. Il est mixte. Surencombré. Plus de mille prisonniers à Penang. Majorité de Chinois. Une double grille nous sépare des visiteurs. Le long banc en bois est surchargé de garçons et de filles. Je m'assois sur une des rares chaises libres. Les reclus me tournent le dos, accrochés au grillage, tels des singes. C'est à qui hurle le plus pour se faire entendre. J'aperçois, de l'autre côté, les familles. Des femmes hissent des enfants à la hauteur des bras des hommes, dont certains ne sortiront jamais plus d'ici... Cette heure est la pauvre petite brèche lumineuse de ma nuit. Je m'offre un verre de Nescafé noyé de lait condensé. Je fume, je regarde. J'apprends quelques mots en chinois.

— La fille de l'aéroport est jolie...

On a beau dire, une femme reste une femme. Un feu agréable me monte aux joues. Monstres ou innocents. Futurs pendus ou libérés. Merci de me trouver belle. Merci de rester gentlemen dans la misère...

Je reviens vers le préau, avec ce joli bouquet de compliments dans la tête. L'euphorie passe vite. Kumar, je l'ai peut-être rêvé. L'amour de Chia aussi.

Un jour particulièrement moite, on me fait appeler au parloir. Une visite? Ça m'est égal. Je n'attends plus rien ni personne. La gardienne me dit qu'il s'agit d'une religieuse française au courant de mon incarcération. Je fais la moue. Je n'en ai rien à faire. Huit mois de préventive. C'est à hurler. Qu'elle aille au diable, cette bondieusarde et toute son engeance! Je veux sortir d'ici. C'est tout.

Je la distingue mal derrière les grilles — et l'opacité du Valium. Ma langue est devenue une pierre. Ma gorge un morceau de granit d'où nul son ne peut sortir. Vague impression d'un visage rond et vif. Des yeux très bleus, très denses, qui regardent bien en face, avec gaieté. Simplicité. Vivacité. La chevelure, vigoureuse, d'un gris acier, coupée court, dégage un front vaste et noble. Pas une seule ride sur ce visage dans les cinquante ans... Taille moyenne, très ronde, mais non grasse. Robe-chemisier en coton à grosses fleurs.

— Bonjour, Béatrice. Je m'appelle Nicole. Je suis religieuse et institutrice en primaire, au couvent de Pulau Tikus... Je vis en Malaisie depuis vingt ans... J'ai entendu parler de vous... Puis-je vous aider en quoi que ce soit?

— Non, dis-je. Vous ne pouvez rien pour moi.

Ce sont les seuls cailloux qui sortent de ma bouche.

— Ça ne fait rien, Béatrice. Je vous laisse mon numéro de téléphone. Mon adresse. Écrivez-moi. Ou bien demandez à un des gardiens de m'appeler de votre part...

— Non.

Je lui tourne le dos.

Nicole ne se découragera pas.

J'ai franchi le 7 septembre. Morne, accablée... Vingt et un ans. Ni anniversaire ni fête. Rien. Le temps est décoloré. A perdu ses symboliques. J'ai oublié la visite de la religieuse. Chia m'a appris à compter les jours à la manière d'ici.

Lundi.
Mercredi } = « ikan bilis » = petits anchois séchés.
Vendredi.

Mardi.
Samedi } = « ayam » = Poulet.

Dimanche = « bubur kacang » = purée de lentilles au lait de noix de coco sucré. Prouesse additionnée de la saveur exquise des feuilles de *pandan*.

« Notre calendrier, dit Chia, est la bouffe. »

La pensée, l'intelligence, la vie sont devenues ce somptueux programme.

Communauté de femmes

Je ne suis plus « la fille de l'aéroport », « la Blanche », mais « la copine de Chia ».

Notre aventure dura jusqu'à sa libération, plusieurs semaines avant mon procès. Notre sexualité n'allait pas bien loin : des baisers, quelques caresses, surtout l'attention — l'attention de Chia... calmer mes fureurs, supporter mes crises, y compris envers elle. Elle sait ce qui me met le plus en rage. C'est le mot « plus tard » que me balancent les petits chefs à la moindre demande. Est-ce que je veux des timbres, un magazine, autre chose ? « Plus tard, plus tard. » Et le temps se fige à nouveau, me rend folle. Alors Chia intervient. Mais cela se passe parfois très mal.

— Laisse-moi, Chia. Je veux être seule. J'en ai marre. Marre de toutes ces femmes. Toi comme les autres. De plus, moi je n'ai rien fait alors que ce n'est pas ton cas ni celui de ces ordures...

D'un geste, j'embrasse tout le préau. Froissée, cinglante, Chia me soufflette à sa manière.

— Il n'y a jamais d'innocents en prison... Tu n'es pas meilleure que nous... A quoi ça sert ton cirque ? On le sait que tu as passé une tonne de drogue ! Tu risque gros, idiote... Si tu continues à nous haïr, nous mépriser, y compris les gardiennes, ta vie sera infernale... Moi partie, qui t'aimera, Soâbine ? Change de jeu si tu veux t'en sortir...

Elle peut bien parler, Chia ! dans son anglais qui roucoule sous la langue. Je pleure de rage. Jamais, jamais je ne pourrai jouer leur jeu ! Mon véritable échec : me vivre intérieurement coupable. Tous auraient alors raison. Raison de moi.

Quand je pleure, Chia redevient une amante qui m'entoure de ses bras. Embrasse mes joues ruisselantes. Murmure des mots charmants dans sa langue natale. Hélas, je suis trop malade des nerfs. Je lui balance à la tête ma boîte à savon ou mon plateau de bouffe. Chia a évité mon envoi. Une grosse Indienne reçoit le tout au visage... Glapissements inouïs. Toutes les filles s'en mêlent. On nous traite, Chia et moi, de sales gouines en toutes les langues. Cette Indienne est respectée pour sa force, sa grande gueule et la férocité de son forfait. Elle a découpé sa grand-mère en morceaux après l'avoir égorgée. Parce qu'elle lui interdisait de rejoindre son amant. Ô Grand-mère de Romilly, avec une petite-fille comme ça, tu vois ce que tu risquais ? Je suis un ange de douceur à côté d'elle ! Cette fille, énorme, a des mains comme des battoirs. Des mains tachées de sang. Son prestige est immense. Plus que Chia qu'elle domine d'une bonne demi-tête. En prison, le prestige est proportionnel au crime. Si je clame mon innocence, je reste la reine des connes. Leur jouet à sarcasmes et violence. Chia le sait.

Aussitôt reçu mon projectile, l'égorgeuse d'ancêtre fonce sur moi. Chia s'interpose. Prête à boxer. Choisit la négociation... Chia lui propose des cigarettes, un autre plateau, un savon... L'Indienne a l'air indécise. Dans sa vieille mémoire, quelque chose a joué. Je reste malgré tout « la Blanche ». Je fais partie de ces peuples qui, depuis des décennies, les ont dominés. Elle baisse son bras prêt à m'assommer. Cette réalité — « la Blanche » — m'a souvent sauvée d'une volée de coups. Me battre se compliquerait d'une punition qu'elles redoutent : le cachot.

Le cachot est une simple cellule qui se boucle sur la coupable. Punition : la solitude pendant plusieurs jours. Pain sec et eau. Ces filles ont toujours vécu dans la misère. Ce qui les horrifie, c'est la solitude. Mêmes pauvres, à l'abandon, sur le trottoir, à Penang ou dans les villages, toutes sont habituées au groupe. Aux grandes familles ; à la convivialité. La solitude (à ma différence) les épouvante. Bien plus que les coups ou la faim.

Tandis que Chia, l'Indienne et moi sommes au cœur de notre dispute, il y a soudain un brouhaha. La curiosité détourne notre hargne. Des piaillements, un bruit de volailles qui s'arrachent les yeux... Deux détenues sont en train de se crêper le chignon, de l'autre côté de la cour. Contrairement à notre groupe, ces deux-là sont des femmes âgées. Nous les avons surnommées « aunties ». Penny et Ah Hee vont gaillardement sur quatre-vingts ans. Elles sont ici pour fabrication illicite de *samsu* (sorte d'absinthe qui rend fou et tue si elle est mal dosée). Les aïeules ont très mal dosé leur samsu. Petites, menues, fripées, elles sont en train de s'arracher leur maigre chignon tout blanc. Nous nous approchons. Chia me traduit leurs injures :

— Vieille peau, hurle Penny. Ton samsu, c'était de la merde... Tu n'as jamais su le faire... d'ailleurs, tu ne sais rien faire du tout... Tu es même stérile...

— C'est le tien de samsu qui est de la merde, chevrote Ah Hee, essayant de lui donner un coup de poing sur le nez... Ta fille est une putain et ta mère aussi...

Elles sont si vieilles que tous leurs gestes sont au ralenti comme dans certains films comiques. Leur position de boxe, leurs maigres jambes, leurs insultes nous arrachent malgré nous le fou rire...

Même les gardiennes se marrent. Car, en plus, elles se sont traitées de gouines.

Pendant cinq années, Penny et Ah Hee s'insulteront quotidiennement.

— Ton samsu, c'est de la merde !

Grave humiliation. Elles avaient consacré leur vie entière à en fabriquer. La prison a remis en question leur capacité. Elles n'ont jamais compris quand, comment et pourquoi leur foutu samsu, fait pour la santé et la longévité, pouvait tuer tant de monde... Rater le samsu, c'est rater sa chance d'éternité. Elles se le lancent à la tête. D'une menue bouche édentée.

Treize mois ici.

Je fais partie maintenant de la routine de la prison royale de Penang. Chaque matin, une fois l'hymne national malais chanté, il faut nettoyer les caniveaux et les toilettes. Sortir les poubelles, côté hommes.

— *Tengoh ! tengoh ! orang putih angkat tong sampah !* s'exclament-ils. (Regardez ! la Blanche qui sort les poubelles !)

Quelquefois, je nettoie le caniveau de leur côté. A quatre pattes, sarong roulé sur les hanches, cuisses découvertes. A mon tour d'allumer ! Une fois, l'un d'eux s'est si ouvertement masturbé que j'ai filé bien vite côté bonnes femmes...

Chia est jalouse.

Quand je fais mon cirque à mecs, comme elle dit, elle ne m'embrasse pas. Fait la gueule jusqu'au soir.

Je souris.

Un rat court le long des poubelles.

Nicole est revenue. Notre relation a fini par progresser. D'une patience infinie, elle n'a rien brusqué. Mon traumatisme est trop profond. Par pudeur, je ne lui parle jamais de Chia. Des tendresses entre filles. J'ai bien tort. Nicole comprend tout. Sa gentillesse extraordinaire ne suffit pas à lever le grand choc nerveux du 27 janvier 1980 où toute ma vie a basculé. Elle m'a fait remettre des livres. Je lui en avais demandé sur l'Asie, la Malaisie... Après tout, bon an mal an, m'y voilà bel et bien bouclée. Où suis-je exactement ? Quels sont ces gens ? Leur histoire ? Leur géographie précise ? Leur politique, leur économie, leurs lois ?

Quelles sont mes chances ?

Parler leur langue avait été l'urgence. Combler les autres lacunes est aussi une priorité. Nicole m'a apporté, en plus de certains ouvrages, des romans de Pierre Boulle sur la Malaisie au moment de son indépendance, en 1957. Période pendant laquelle les communistes chinois essayaient de déstabiliser le pays qui venait de se libérer du joug britannique. Ces livres sont en français. Ils aident mon cerveau à s'oxygéner à nouveau.

Un jour, Nicole n'arriva pas seule. Il y avait avec elle un homme massif, pipe à la bouche, vêtu d'un pantalon clair, d'une chemise en batik, à fleurs.

— Voilà le père Jean, dit-elle. Nous nous supportons depuis trente ans !

Ils rient. Je capte entre ces deux religieux une complicité souriante, totale. Sorte de couple à travers leur sacerdoce.

Jean est prêtre. Il a la charge de la communauté catholique d'ici. Trois races cohabitent tant bien que mal en Malaisie. Les Malais, musulmans. Les Chinois, bouddhistes avec parmi eux quelques îlots protestants (baptistes). Les Indiens, animistes ou catholiques.

Le rôle du père Jean est d'autant plus difficile que sa religion se heurte à l'obstacle politique. On n'aime guère, ici, ceux qui prêchent en faveur du pauvre... Le pouvoir préfère, et de loin, savoir les masses étouffées. Sans pensées propres. Ni la force du message évangélique... Le gouvernement n'hésitera pas, quelques années plus tard, à interner dans un camp (à Taiping) plusieurs prêtres locaux.

Avec beaucoup de simplicité, Jean me parle de ses paroissiens. Leur détresse ; les enfants qui arrivent, le matin, le ventre vide. Il me fait comprendre que la peine en ce monde n'est jamais unique ni absolue. Il y a des gens bien plus éprouvés que moi. Des enfants affamés, battus, disloqués... Je ne suis pas encore consciente de la démarche spirituelle que Nicole et Jean effectuent sur moi. Ce travail d'ouverture permanent qui finira par me sauver. Me hisser vers la foi, l'envie de vivre à nouveau. A cette époque, j'étais murée dans la rage, la révolte, l'impuissance. Dieu ? Je l'avais confondu avec la lumière du ciel. Les bras et la bouche de l'homme (Eddy). La beauté du monde. Puis tout s'était effondré.

— Il ne sert à rien, dit Nicole, de tenter de traduire les desseins du Seigneur. Tout a un sens, qu'on ne comprend pas sur l'instant... Plus tard, les choses s'expliquent... L'important est de ne juger ni soi-même ni les autres. Parce que nous sommes humains, donc imparfaits. Sujets à erreurs... Qui n'en commet pas ?

Nicole et Jean ne se sont jamais mis à me prêcher avec une Bible. C'est par l'exemple de leur vie centrée sur les autres qu'ils m'ont doucement amenée à accepter ma condition. Comprendre l'esprit de miséricorde. Qui me manquait totalement.

Surtout après ces mois d'incarcération.

Après la visite de Nicole et Jean, je vais récupérer mes livres au bureau de Mok. Notre relation a évolué. L'agressivité du début a fait place à un petit badinage. Une sorte de camaraderie où se glisse l'aile d'un petit désir... Bien sûr, je cache à Chia mon quart d'heure de flirt mental avec Mok ! Mok est devenu un allié.

Nicole, je ne peux la voir aussi souvent que Mok. Quand la peine est trop forte, la rage près d'exploser, il y a Mok. Je déverse alors mon trop-plein d'énergie. Il m'arrive aussi d'éclater en sanglots devant Mok. D'affabuler. De délirer. Patient, il laisse passer l'orage. Il tente de me distraire en me racontant des anecdotes sur la prison, sa vie.

Ainsi, me pèse moins cette communauté de femmes, avec ses hystéries dues à la cohabitation. L'épouvantable lenteur du temps...

Une garde-robe pour mon procès

7 septembre 1981.

J'ai vingt-deux ans. Mes cheveux ont poussé. Ils atteignent le milieu du dos. Obligation de les attacher en couettes ou queue de cheval. Élastiques, barrettes de couleur. Coiffure de petite fille. Petite fille à demi abrutie. Vingt-deux ans. J'ai traversé l'apathie, la haine, la peur, l'agressivité, la chute libre, l'écœurement. Le mimétisme. Le cynisme. Les brusques insurrections de la révolte. Eddy, caché derrière les grimaces de tous ces visages. Il y a eu Nicole, Jean, Kumar, Mok. Quelquefois le rire.

Quatre ans ou vingt-deux ans, je ne sais plus. Romilly, le Khyber Pass, l'amour avec Eddy, la cage d'ici. Je ne comprends plus le sens de ma vie.

Pas plus que la seconde visite de l'avocat Kumar.

Nous sommes au parloir libre.

Il m'offre un Nescafé. Il me parle de banalités. Il évite, dirait-on, les questions qui brûlent mes lèvres. Alors ? Y a-t-il eu enquête et conclusion sur mon innocence ? Va-t-on me garder encore longtemps ? Kumar reste vague.

— La justice suit son cours, Soâbine. Moi aussi, j'attends. Nous n'y pouvons rien. J'ai un client qui vient d'être acquitté après dix ans de préventive.

J'ai envie de bondir.

— C'est ça votre justice ? Garder des innocents dix ans derrière les barreaux, pour rien ?

— La police continue l'enquête. Je m'occupe attentivement de votre dossier. Faites-moi confiance.

Les visites de Kumar entretiennent ce sentiment de la perte du réel. Il vient souvent, mais ses paroles sont toujours aussi vagues. Je désespère... J'en arrive à douter de sa fonction. J'ai déjà franchi tant de pièges. Qui est, à la fin, ce Kumar ? Quand aura lieu ce procès fantôme dont doit dépendre ma liberté ?

Ce n'est qu'en février 1982 — quoi ? déjà vingt-trois mois ici ? — que Kumar, un après-midi, m'annonce enfin la date décidée par la cour.

— Le premier jour de votre procès aura lieu le 4 mai 1982.

Kumar a l'air particulièrement excité. Presque heureux. Ça y est ; l'audience a été fixée. Il va pouvoir déployer son vrai rôle. Et le mien ? Quel sera-t-il ?

— Que dois-je faire ? Que dois-je dire ce jour-là ? Qui me parlera ? Comment pourrai-je me disculper ?

— Je vous l'ai déjà expliqué. Vous avez deux possibilités. Vous exprimer ou rester coite. Mais ce second choix implique une présomption plus forte de culpabilité. Évitez cette attitude. Utilisez votre droit de parler à la barre.

— Dois-je porter une tenue spéciale ?

— Observez surtout la plus grande sobriété. Nos tribunaux sont très sensibles au cérémonial. Évitez la couleur jaune. C'est celle des sultans. Ni bras nus, ni décolleté, ni minijupe.

Une fois de plus, Nicole va venir à mon aide.

Des robes !

— Nicole, dis-je deux jours plus tard, ça y est, j'ai la date ! le 4 mai. Le procès aura lieu ce jour-là... Kumar a dit : « Des robes, il vous faudra des robes. » Nicole... Vous entendez ?... Il me faut des robes. On va enfin me libérer ! Vous vous rendez compte ! Ils se sont décidés ! Alors, vite ! des robes ! Je ne peux pas aller en jeans, là-bas... Kumar l'a dit...

Je ris, excitée. Heureuse. J'entrevois le bout de ma peine, sous forme d'une envolée de robes.

— Il suffit de m'acheter les tissus. Bleu marine ou beige. Soyons sobre ! Quand ils donneront le verdict — ma liberté — alors, oui, je porterai de la fantaisie... Un imprimé avec du rouge...

— Qui va pouvoir te les faire, ces robes ? dit Nicole. Sinon, je prends tes mesures, je confie le tout au tailleur chinois de mon quartier. Il est très habile.

— Je ne veux pas vous embêter davantage, Nicole. Il y a ici un atelier de couture qui s'occupe des habits des gardiennes. Je vais demander l'autorisation qu'on y couse mes robes... Je pense qu'il n'y aura pas de problèmes...

— Entendu, Béatrice. Résumons. Du bleu, des pois, du grège, un imprimé avec un fond rouge... Tu auras tout ça la semaine prochaine.

J'ai obtenu un rendez-vous avec le directeur de la prison, Tuan Botak.

« Botak » signifie « le chauve ». Grand, fort, de race malaise. Il a un physique de dictateur sud-américain. Tuan Botak n'a cessé de manifester à mon égard des trésors d'indulgence. Il a veillé à assouplir mes droits de parloir. Véhiculer le bon arrivage de mes colis. Grand-mère a renoncé à envoyer des chocolats et des friandises qui arrivaient pourris. Confiante (bien plus que Kumar), j'explique à Tuan Botak la nécessité, s'il l'autorise, à faire confectionner mes robes dans ses ateliers. Normalement, tout prisonnier convoqué dans son bureau doit rester au garde-à-vous, mains au dos, regard au sol. Or, je suis reçue presque comme une invitée. Tuan Botak me désigne un siège. Immense privilège quand on songe à la façon dont sont traités les prisonniers. Mok et Botak ont été d'une infinie patience avec moi. Au temps du Valium, de mes crises, je claquais les portes, les insultais sans retenue.

« Vous êtes des fascistes, des castrateurs, des sadiques. »

Mok et Tuan Botak semblent avoir eu une grande compassion pour ma jeunesse. Mon isolement d'étrangère. Ils ont laissé éclater ces crises pour m'aider à les exorciser plus vite. Exprimer violemment mes sentiments leur a semblé plus sain que de m'envoyer au cachot...

— *Soâbine,* plaisante Tuan Botak, *nak buat baju ? Nak keluar dengan siapa ?* (Vous voulez des robes ? Pour sortir avec qui ?)

— Avec vous, Tuan Botak.

On rit.

— Voilà, dis-je. Les dates de mon procès ont été fixées. Il

commence le 4 mai 1982. Kumar m'a conseillé de m'habiller en dame.

— Entendu, Soâbine. Et bonne chance.

Nicole est revenue avec les coupons. Elle a fait merveille. L'un des tissus est assez joli. Un crêpe léger, à pois bleus. Qu'importent ces robes! Elles sont surtout le signe que ce cauchemar va finir. Il me semble, depuis ces affres, que plus jamais je n'oserai mépriser ou humilier une créature humaine... Les achats de Nicole sont un signe supplémentaire de son dévouement. Malgré ses activités sans relâche, elle a trouvé le moyen de choisir ce qu'il y avait de mieux. Y compris de rôtir pour cela encore deux heures sous le soleil...

L'atelier de couture.

Il comporte une trentaine de prisonnières. Quelques antiques machines à pédale. Des ciseaux, des patrons, des boutons, du fil... Deux filles me mesurent. Regardent les modèles que j'ai choisis dans un magazine. Pour le 4 mai, j'ai décidé de porter le tissu bleu marine. Une robe à manches longues et cravate. Ensuite, un ensemble grège, jupe et veste. Toujours des manches.

Deux autres robes, très simples, col rond, jupe à plis...

Les couturières ont mis quarante-huit heures à tout exécuter. Miracle des petites mains chinoises, habiles à tailler, couper, coudre... découper et tuer.

Toutes les filles, bien sûr, se sont précipitées pour voir ce qu'il y avait dans mes sacs. Je n'ai plus Chia pour me défendre. Chia élargie depuis huit jours après de tendres adieux. La promesse de me revoir. Veiller sur moi... Siew Ling remplace Zuraïda enfin libérée. Son petit ami s'est bien débrouillé. A coups de pots-de-vin. Par l'intermédiaire de son avocat, ne pouvant obtenir son acquittement — les preuves étaient trop fortes contre lui et Zuraïda — il s'est arrangé pour obtenir une condamnation couvrant son temps de préventive. Plein succès. C'est ainsi que Zuraïda, sans avoir besoin, elle, de robes précises, n'était plus revenue coucher à Penjara Wanita...

Siew Ling me parle de son délit. Quinze kilos d'héroïne dans des sacs en papier, au fond du coffre de la voiture que conduisait son mari. Milieu social du couple : grossistes en fruits de mer. Ils risquent la pendaison, mais ne craignent rien. Ils ont de l'argent.

A force d'en distribuer habilement, ils finiront par prouver que leur voiture était aussi utilisée par d'autres... Ils sortiront du palais innocentés. Je commence à comprendre bien des choses. Par exemple qu'Eddy Tan Kim Soo ne se retrouvera jamais accroupi comme un crapaud au « muster » des hommes...

Le procès

4 mai 1982
Haute Cour de Penang

Je n'ai pas dormi de la nuit.

6 h 30. Enfin. La porte s'ouvre. Pendant le « muster », je ne tiens plus en place. Jamais plus on ne me clouera dans cette humiliation de bétail compté et recompté sans relâche... Sourire immense. Pour un peu, je lancerais un flot d'injures libératrices contre toutes celles qui m'humiliaient par simple sadisme simple bêtise. J'ai envie de leur balancer mon triomphe : « Eh bien, voilà ! La bonne poire vous dit goodbye ! »

Bien sûr, je me tairai. Il est temps de me préparer. Bain des pieds à la tête. J'ai réussi à faire un troc contre une crème dépilatoire. Aisselles et jambes lisses, je vole, vole, vole vers ma fête...

Robe bleu marine.

Aussitôt enfilée, elle se colle à mon corps. Y aura-t-il un ventilateur, là-bas ? Je serai probablement en nage bien avant la fin du jour. Un torchon. A tordre. Mais libre ! libre !

Mok et Tuan Botak me serrent la main. Il m'est impossible de ne pas les associer à ma joie. Une fois de plus, je m'excuse auprès d'eux de mes fracas, de mes violences. Avec un grand sourire, un parfait accord, ils me souhaitent bonne chance :

— *Selamat Jalan, Soâbine !*

8 heures.

Ciel très pur. Il ne fait pas encore trop chaud. Une voiture de police m'emmène. Parcours rapide. Je revois cette ville qui avait été un mélange d'explosions si diverses... Grand pincement au ventre quand nous longeons l'Eastern and Oriental Hotel (l'E.N.O.). Il n'a pas changé. J'ai le temps d'apercevoir le même portier. Le palais de justice est tout à côté. Murs craquelés et beiges, toit en tuiles. Nicole et Jean m'attendent à la porte. J'ai accepté les services d'une interprète. Nicole a obtenu ce rôle sur recommandation de l'ambassade.

Nous entrons dans la salle déserte. Elle me paraît immense.

Aux murs, des portraits de juges en perruque. Celui du roi. En costume traditionnel. Une tunique rehaussée de broderies, sanglée d'une large bande en fils d'or. Une foule de décorations, assorties à son costume.

Nicole et Jean, ma famille. Je ne vois qu'eux. J'ai oublié les policiers, d'ailleurs très discrets. Ils savent qu'ils n'ont rien à craindre de ces deux religieux bien connus à Penang. On me fait asseoir au prétoire. Nicole et Jean me rejoignent. Nous bavardons, détendus. Je suis extraordinairement excitée. Il me tarde que tout commence. Il est peut-être neuf heures.

Soudain, grand brouhaha.

Le public vient d'entrer par la porte principale.

A ce moment, une modification intérieure me bouleverse. Je réagis à cette foule qui me dévisage sans vergogne. Ni pitié ni haine : la curiosité dans ce qu'elle a de plus voyeur. Une telle vague qu'on doit refuser du monde.

En quelques secondes, j'ai perdu ma joie. Je m'évanouis au fond de moi-même.

— Courage, murmure Nicole.

J'avais lu bon nombre de livres rendant compte de procès divers. Je pensais vivre intensément le déroulement des choses. Être entièrement présente à mon propre procès. Or, je réalise que tous ces livres sonnent faux. C'est l'auteur qui fantasme. La réalité d'un accusé est bien différente. L'accusé est d'un seul coup vidé de sa substance la plus vraie.

Cette foule qui vous fixe.

Sensation d'être nue sous ma robe. Nue sous ma peau. Chaque nerf, chaque os, chaque muscle, rien ne leur échappe. Tous épient chacun de mes gestes et les interprètent. Un sourire ? signe d'arrogance. La tête qui se baisse ? signe de culpabilité.

« Un procès chasse le naturel, c'est la machine à décerveler du père Ubu », me dira un jour Paul Lombard.

Le père Jean a été obligé de rejoindre le public. Je reste seule avec Nicole. Telle une sage-femme généreuse auprès d'une femme en douleurs, Nicole tente de me distraire par une série d'anecdotes sur son école. Trop tard. Le phénomène d'abattement a déjà pris possession de moi. Je suis glacée. Une sueur glacée.

J'en envierais le « muster », le préau, la prison. Pour un peu, je souhaiterais disparaître jusqu'au fond des entrailles de la terre. Tout, sauf ce brutal voyeurisme auquel rien ne m'avait préparée.

Kumar m'avait parlé du juge menant cette affaire. En Malaisie, l'inculpation qui me vaut la comparution devant la Haute Cour est un délit. A ce titre, un juge unique suffit.

C'est le juge B. T. H. Lee. J'étais gâtée.

On le surnommait « le Pendeur ». Il avait, disait-on, la condamnation à mort facile. Rien ne le laissait plus indifférent que l'évocation de ses victimes se balançant au bout d'une corde... Il était persuadé du caractère sacré de sa mission. Pour lui, la drogue représentait le Mal absolu. Le juge Lee est convaincu qu'on peut éliminer ce fléau en rendant impitoyable le bras séculier. Donner la mort est le métier du juge Lee. Il s'acquitte fort convenablement et sans remords de cette tâche.

Il n'est ni meilleur ni pire qu'un magistrat occidental. Il dépend seulement d'une civilisation et d'un environnement différents. Rien ne lui semble plus important que son intime conviction dans un pays où pourtant seules comptent les preuves.

Ce 4 mai 1982, à 9 h 45, je n'en savais rien.

Petit soulagement : Kumar vient d'arriver. Le public a l'air de se régaler comme d'un spectacle. Kumar, perruqué, en robe noire, est à peine reconnaissable. Il vient me saluer, très à l'aise.

— Tout ira bien, dit-il.

Il rejoint l'avocat général. Tout ira bien, a-t-il dit. En réalité, rien ne va plus. Tout ce qu'il m'a répété jusqu'à maintenant ne correspond plus à rien. Surtout ces sensations d'absence de soi-même.

Je trouve grotesques ces têtes asiatiques perruquées. Ils

doivent crever de chaud sous cette laine bouclée. Les ventilateurs du plafond transforment l'air bouillant en air tiède.

Soudain, tout le monde se lève. Un huissier vient d'annoncer le juge B. T. H. Lee.

Il s'assied sans regarder personne. Tout le monde se rassoit. Cette impression de théâtre dangereusement ridicule continue. B. T. H. Lee, perruqué jusqu'aux yeux, porte, en plus, des petites lunettes rectangulaires, cerclées de noir, style demi-lune. Il regarde par-dessous si besoin est.

Il m'ignore.

Nicole traduit, aussi vite qu'elle le peut, l'acte d'accusation que B. T. H. Lee se met à lire d'une voix à peine audible :

Lecture de l'acte d'accusation. Le public prosecutor contre Béatrice Saubin. Charge retenue : que vous, le 27 janvier 1980, vers 2 : 14 P.M., à l'aéroport international de Bayan-Lepas, dans le district de Balik Puku, État de Penang, avez procédé au trafic d'un narcotique dangereux, qui, une fois purifié, a révélé 534 grammes d'héroïne, et ce faisant, avez commis une infraction à l'article 39 (B) (1) (a) de l'ordonnance n° 30 de 1952 traitant de narcotiques dangereux passibles de sanctions prévues par l'article 39 (B) (2) de l'ordonnance *.

Le juge Lee donne alors la parole au « public prosecutor » (l'avocat général) : Azmi, un Malais. On avait l'impression qu'à la place où il était il cherchait une perpétuelle revanche sur la vie qui l'avait fait petit, noiraud et malingre. Il ne fait pas de grands effets. Il est le contraire de Kumar. D'une voix presque frêle, il commence. Je n'ai pas besoin de Nicole. Je comprends parfaitement. Il s'adresse au juge, après une brève inclination de tête :

— My Lord, depuis que j'ai en charge l'accusation devant cet honorable tribunal, jamais je n'ai eu la tâche aussi facile. Nous saurons dans un instant si l'accusée décide de plaider non coupable. My Lord (inclination), laissez-moi vous dire que, si elle le faisait, elle ajouterait le mensonge à la malhonnêteté. En effet, non seulement l'accusée a été trouvée en possession de 534 grammes d'héroïne, mais encore elle a avoué son crime, puisque,

---

* Sont inscrits en italiques les arguments puisés aux archives.

après que l'on a éventré la valise, les sachets apparaissant, et qu'on lui a demandé de quoi il s'agissait, elle a répondu : « C'est de l'héroïne ! N'importe qui pourrait vous le dire ! »

Je suffoque d'indignation. Contre les us et coutumes, et sans la moindre inclination de tête, je me lève d'un bond. Nicole me retient par la manche et me souffle : « Assieds-toi. » Kumar se tourne vivement vers moi. Signe impératif dans le même sens. Inquiet de mon attitude. Azmi me jette un œil froid comme une lame. Pour la première fois, devant cette Haute Cour, un accusé se permet de briser le cérémonial. Je viens, sans le savoir, d'insulter le sacro-saint représentant du parquet. Mon indignation est telle que je ne mesure pas mon impertinence. Pour moi, ce type ment. Point final. Azmi continue sa meurtrière argumentation. Je croyais en son honneur et sa bonne foi. J'ignorais qu'il y a des postes où l'on ne peut être honnête. Je ne savais pas qu'en cour d'assises chacun joue son rôle. Le sien est de m'accuser, m'accabler à tout prix. Azmi n'est animé d'aucune animosité particulière. L'accusé, pour lui, n'est ni un homme, ni une femme, ni un être de chair et de sang. Il est « l'Accusé » avec un grand A. Un être désincarné. Un objet du match institutionnel et incessant qu'il va livrer à la défense. La justice pénale est ainsi faite que le sort d'un humain dépend de l'acharnement et des réflexes de deux autres : l'avocat général (Azmi) et celui de la défense (Kumar).

Assise à nouveau, je suis folle de rage. Le rituel de la loi m'a cloué le bec. Je me tourne vers Nicole. Comment ose-t-il mettre dans ma bouche des mots que je n'ai jamais formulés ?

— Vous le savez bien, Nicole. Lorsque l'on m'a demandé de quoi il s'agissait, j'avais répondu la vérité. Je ne savais rien ! Je voyais juste des petits paquets de granules marron clair ! Jamais je n'ai prétendu que c'était de l'héroïne !

Petit tilt dans ma mémoire. Depuis des mois, je vis parmi des délinquantes et des criminelles. Toutes m'ont enseigné une chose. Les vrais trafiquants ne font jamais ces sortes de confidences. « *C'est de l'héroïne. N'importe qui pourrait vous le dire !* » Les « passeurs » sont soigneusement tenus dans l'ignorance de la marchandise transportée. Le milieu (Eddy ?) possède ses lois. Elles s'appliquent à tous. Quelle mauvaise foi chez cet Azmi de malheur ! Mauvaise foi chevillée dans son corps malingre, lui qui en est à sa millième affaire de drogue. Comment peut-il à ce point ignorer l'évidence ? Le trafiquant le plus inconséquent n'aurait jamais commis l'imprudence de confier à une gamine de dix-neuf ans le secret de son trafic.

Eddy Tan Kim Soo ne m'avait confié que sa peau et son plaisir. Pas même son adresse. Je suis de plus en plus désemparée. Kumar semble distrait. Où sont mes alliés ? La séparation symbolique entre accusé et système juridique me semble plus effrayante qu'un gouffre.

— Laisse-les faire. Laisse-les dire, murmure Nicole.

Le Christ n'a-t-il pas murmuré ces mots à Pierre qui dégainait le sabre quand les soldats vinrent l'arrêter au mont des Oliviers ?

— Laisse-les faire. Laisse-les dire.

J'ai perdu la notion de l'heure. Ce procès avait démarré dans la joie. Tout ne devait être qu'une formalité. Tout devenait, soudain, kafkaïen. Kumar s'adresse à B. T. H. Lee et à Azmi. Il leur parle, à grandes envolées de manches :

— My Lord, en dépit du profond respect dû à mon respectable et honoré confrère, l'avocat Azmi, et de ses remarques, je vais sans mal, prouver le contraire de ces affirmations. Et, de ce fait, montrer l'innocence de ma cliente. Forte de sa bonne foi, elle a d'ailleurs insisté pour prendre la parole à la barre.

Coup de gong dans mon crâne. Pour la première fois, le juge Lee s'adresse à moi :

— Plaidez-vous coupable ou non coupable ?

Je me lève. Je regarde les lunettes qui dissimulent le regard du juge.

— Non coupable, Votre Honneur.

— L'audience est suspendue, décide le juge. Elle reprendra dans une demi-heure.

Brouhaha. La foule sort. Grand jet de lumière dans cette salle où les bancs collent de moiteur. Kumar s'approche de moi. Indignée, je m'exclame :

— Que se passe-t-il, Kumar ? Rien de tout ce que vous m'avez dit ne pouvait me préparer à ce choc. Pourquoi ne pas m'avoir avertie que tout commencerait par une telle agression ? Azmi ment ! Vous le savez !

— Ce n'est pas du mensonge. Mais le rôle imparti à sa fonction. A moi de le déjouer. Ne vous laissez pas décourager. Cette agression, comme vous dites, est en fait une routine. D'abord l'accusation. Ensuite, la défense.

— Pourquoi l'avez-vous laissé dire sans intervenir ?

— Je suis un auxiliaire de la justice. A ce titre, Soâbine, je dois respecter les règles d'un jeu qui peut vous sembler impitoyable et cruel. Je dois me conformer à la réglementation du code. Également aux impératifs d'une bienséance qui pèse d'autant plus lourd qu'à l'affaire d'aujourd'hui succédera celle de demain... J'y rencontrerai les mêmes rituels.

Au bord des larmes, je crie presque :

— Je n'en ai rien à faire, Kumar. Il me semble que la tolérance n'ait guère droit de cité au parloir de justice...

Kumar me calme de son mieux. Patient, il m'explique le droit de l'avocat général : « exagérer ». Mais lui, Kumar, se fera fort, tout à l'heure, lors du contre-interrogatoire des terrains de l'accusation, de confondre le magistrat...

De plus en plus rayée, gommée de ma propre histoire...

Jean est allé nous chercher des boissons. Il en offre aussi aux policiers. Légère détente. Peu à peu, je redeviens moi-même, une fois éloignés ces affreux guignols à perruques...

Soudain, une silhouette apparaît. Malgré la pénombre, je reconnais Chia. Chia, très chère, qui a réussi à venir jusqu'à moi ! Chia qui a soudoyé un policier pour me rejoindre... Chia tout de blanc vêtue, du blouson aux tennis... Chaînes en or, montre Rolex... Le look d'Eddy quand il rôdait, souple et secret, sur l'esplanade, vers sa proie. Chia porte deux grands sacs en plastique. Elle s'approche le plus près possible. Elle rit.

— Bêe (c'est ainsi qu'elle m'appelait), Bêe, je t'ai apporté ce que tu aimes !

Elle sort des boîtes en plastique. Chacune contient mon plat préféré. Des mangues thaïs, qu'elle a fait soigneusement découper. Des crevettes cuisinées au piment feu. Des champignons noirs. Il y a aussi — ô merveille, que la vie peut être belle ! des calamars aux épices.

— Et aussi de quoi boire ! s'exclame-t-elle.

Triomphante, elle sort quatre coupes et une bouteille de mousseux blanc.

— A la santé de Lee et de sa bande ! rit-elle.

Tout à coup, une grande gaieté nous lie tous les quatre. Elle a débouché la bouteille d'un geste rapide et viril. La Rolex brille à son poignet.

Il est 13 h 15.

— J'y vais maintenant. Ils vont revenir. Je serai dans la salle avec Ah Lan.

Là, je ris franchement :

— On t'a permis de l'emmener ?

— Ah Lan m'attend dehors. Tu connais sa réputation. Même avec mes dollars, je n'ai rien pu faire... Elle te fait dire de ne pas t'en faire. Un jour, elle et moi, on ira te voir en France...

— Maintenant il faut partir, lui dit un policier.

Un peu grise de ce faux champagne... Euphorie de la confiance retrouvée. A des années-lumière du langage de cette odieuse cour qui, à nouveau, est au complet.

Ma robe colle à mon corps.

Je donnerais tout pour une douche. Mon eau de toilette désormais disparue. Le silence. La précieuse solitude...

Tous les acteurs sont en place. Je remarque, au fond de la salle, un rideau rouge. Comme on en voit dans certains théâtres. Dès l'invasion de la foule, à nouveau, cette impression d'absence. Qui est l'actrice principale ? Moi ? Qui suis-je dans leur tête et dans leur bouche ? Kumar et Azmi arrivent bras dessus, bras dessous. Riant, plaisantant. Visiblement bons amis. Ayant partagé déjeuner et plaisanteries. Une fois chacun en son territoire de bois ciré, l'impassibilité les reprend.

A chacun de jouer.

L'après-midi est interminable. Mortel d'ennui. Pauvre Nicole ! elle sue, s'évente, sa robe à fleurs collée sur elle.

Défilé des douaniers.

J'ai un peu de mal à les reconnaître. J'entends enfin leur identité :

Mat Ali Bin Abdul Mazak et Taffadin Bin Mohammed Nor.

J'apprends avec stupeur que, depuis plusieurs jours, ils me menaient une véritable filature à l'E.N.O. Vingt-quatre heures sur vingt-quatre ! Colère ! Comment se fait-il, alors, qu'ils n'aient pas arrêté Eddy Tan Kim Soo qui ne me quittait ni jour ni nuit? La foule frétille.

Qui leur a donné l'ordre de me suivre? Ne fallait-il pas plutôt suivre Eddy? Pourquoi pas un seul mot sur lui?

Jamais les douaniers n'évoqueront cet aspect des choses. Le juge aussi se gardera bien de fouiller cette zone d'ombre.

Je n'ai pas encore peur.

Quant à Eddy Tan Kim Soo, il est bien loin, à l'heure qu'il est. Il fait partie vraisemblablement de ces réseaux internationaux, intouchables, dont même la police a peur... Je n'ai été que l'agnelle imbécile d'une sinistre affaire de trafic. La drogue : l'intouchable. Sauf pour le juge Lee, décidé à réfuter l'existence d'Eddy Tan Kim Soo. Coup de poing dans ma tête. Le début de cette filature correspond à peu près à ma rencontre avec ce Chinois. Donc, ILS SAVAIENT QUI ÉTAIT EDDY TAN KIM SOO.

Contre-interrogatoire mené par Kumar :

— L'accusée a-t-elle pleuré avant ou après l'éventration de la valise?

L'un dit oui. L'autre, non. Kumar interroge les trois autres. J'ai presque envie de rire. Comment, alors que nous étions ensemble dans cet entrepôt — y compris celui qui paraissait le chef et dont je viens d'apprendre le nom : le superintendant Mathews — comment peuvent-ils ainsi se contredire? Kumar s'échauffe. Il tient le fil positif de son discours.

— L'accusée a-t-elle été à ce moment informée que tout ce qu'elle pourrait déclarer pourrait être retenu contre elle?

Hésitation.

Je vois les douaniers de profil. Décidément, aucun regard ne croisera le mien.

Plus rien n'arrête Kumar. La salle exulte. Peut-être tout est-il en train de se jouer? Il a déjà su créer le doute au sujet des accusations d'Azmi. Le juge Lee donne l'impression d'être endormi. Excepté qu'il prend, de temps à autre, des notes.

Kumar recommence.

— Quelle réaction a eue l'accusée à l'apparition des petits paquets?

— Aucune, dit l'un.

L'autre bredouille. Confusion. Kumar est en train de leur faire perdre la face. Il gagne ainsi des points. Azmi risque, maintenant, de passer pour un menteur. Kumar n'a pas eu grand mal à démonter les douaniers. Ils ne sont pas très intelligents. Kumar les a amenés à la contradiction. La déstabilisation les a rendus incrédibles. Mis au jour les mensonges.

L'un dit :

— Elle a pleuré.

L'autre :

— Non. Elle était en état de choc.

Le troisième :

— Elle a murmuré : « C'est de l'héroïne. »

Le quatrième :

— Elle était effondrée.

Kumar prend alors son temps pour interroger le plus intelligent des cinq. Le superintendant Mathews.

— Nous venons d'interroger chacune des personnes qui se trouvaient dans la même pièce que l'accusée. Or, pas un de ces témoignages ne se ressemble. Quelle est votre version à vous ? Peut-être va-t-on entendre une cinquième ?

Rires dans la salle.

Le superintendant est mal à l'aise. Ses subordonnés n'ont pas su faire face au piège de Kumar. Ils ont perdu pied. Ils n'ont pas su coordonner leurs renseignements.

— Est-il exact, monsieur Mathews, que vous avez interrogé l'accusée pendant un quart d'heure ?

— Non. Je lui ai juste posé quelques questions.

— Pourtant Mat Ali et Taffadin, vos subordonnés, ont prétendu que cela avait duré un quart d'heure.

— Ce n'est pas vrai, soutient Mathews.

Il est sur la sellette. Kumar lui assène :

— Ils ont donc menti, monsieur Mathews ?

— Je suis sûr d'avoir dit la vérité.

La salle est tout ouïe. Je ne sens plus rien. Attentive à cette toile d'araignée que sont leurs mots.

— Vous voyez, Nicole, vous voyez, ils ont menti !

Kumar tente alors de démontrer une erreur de la part du superintendant : l'intimidation.

— Monsieur Mathews, vous avez demandé à l'accusée si elle avait de la drogue dans sa valise. Elle a répondu « non ».

Vous lui avez alors dit que, si elle mentait, elle serait passible de la peine de mort.

Le superintendant reste sans voix. Il arrive à bredouiller :

— Quoi ? J'aurais dit ça, moi ?

— Vos douaniers, Mat Ali et Sin Hock Lye, ont été affirmatifs sur ce point. Ils se trouvaient, à ce moment-là, dans la même pièce...

— Je n'ai jamais dit ça !

Kumar fait une pause. Il a un grand sourire. Il reprend de l'assurance. Il a réussi à mettre en valeur la mauvaise foi des témoins. Kumar a bien vu le va-et-vient du fonctionnaire des douanes en civil, rapportant, très vite, ce que chaque douanier venait de déposer à la barre. Kumar demande alors au juge Lee d'interdire à quiconque de sortir de la salle pendant le contre-interrogatoire. Le juge acquiesce.

Kumar joue à fond sa carte.

— L'accusée comprenait-elle l'anglais ? Le lui avez-vous demandé ?

— Je pense que oui, dit le superintendant. Elle semblait comprendre l'anglais. Mais je ne lui ai pas demandé si elle le comprenait.

— Merci, monsieur Mathews.

Kumar se rassied. Satisfait. Les cartes maîtresses sont brouillées. Où est la vérité ? Kumar a injecté le doute.

Le doute est l'alibi supérieur de la justice. Bénéfice du doute...

Mais le doute est aussi à double tranchant. Il n'est pas forcément en faveur de l'accusé. Il est le DOUTE...

Moi aussi, je suis devenue, dans ma robe froissée, le Doute.

— L'audience est levée jusqu'à demain 9 h 30, conclut le juge Lee.

Retour à la prison. 17 h 30.

Une seule obsession : prendre une douche. La solitude, hélas, est impossible. Les filles m'ont gardé mon plateau. Je n'ai pas faim. Sauf une soif dévorante. On m'entoure, on me bombarde de questions :

— Laissez-la ! crie une gardienne. Il faut d'abord la fouiller ! (C'est la règle. Au cas où j'aurais ramené un objet de l'extérieur.)

Près du bac, nue. Même là, les mouches m'entourent. Envie de leur envoyer plusieurs gallons d'eau à la figure. Qu'elles s'en aillent ! Harcèlement. Ce procès est l'événement du jour. Un grand spectacle dont je suis, malgré moi, la star. Tant bien que mal, j'arrive à me retirer dans ma cellule. J'essaie de faire le bilan sur ce qui s'est passé. Je suis épuisée. Que comprendre au manège de Kumar, à celui d'Azmi ? Contrairement à la nuit précédente, l'effroi est dans ma tête. Demain, tout va recommencer. Quel piège m'attend ? Chacun joue son jeu, suivant des règles bien précises dont j'ignore les profonds rouages. Égarés ma gaieté et mon espoir. M'étant rendu compte de ce que je nomme désormais « le phénomène de l'étrangère », je me jure de redevenir moi-même.

Demi-sommeil. Fresque de rêves inquiétants. Sous la perruque poudrée du juge Lee apparaît, absurde, le visage d'Al Nidam. Un des douaniers a une physionomie jamais rencontrée dans ma vie.

Qui est qui ?

De songes en néant, je rejoins l'aube rose...

Seconde journée (5 mai 1982)

Même tribunal.

10 heures.

Je porte l'ensemble grège avec un chemisier blanc. Ma mauvaise nuit m'a creusé les yeux. Dès l'entrée dans la salle d'audience, « le phénomène de l'étrangère » s'empare de moi d'un seul coup. La présence de Nicole, sa chaleur, son optimisme ne me sortent pas de cette pénible impression. Mêmes acteurs.

Kumar, Azmi, l'impassible Lee. Probablement, même foule. Je les supporte si mal que je ne les regarde pas. Le père Jean a repris sa place au milieu d'eux.

— Courage, ma petite fille, a-t-il dit. Ne perds pas espoir. Nous sommes là.

Avant que tout commence, Nicole m'a fait boire un thé au lait. La moiteur, l'émotion, les odeurs humaines, pas toujours agréables, me donnent mal au cœur.

Le juge Lee commence le premier. Il rappelle à la barre des témoins le superintendant Thomas Mathews.

— A quel moment précis avez-vous délivré l'avertissement à l'accusée... et lui avez-vous dit : « Il est de mon devoir de vous préciser... », etc. ?

Mathews a l'air beaucoup plus calme que la veille. Il a dû passer une nuit à peser chacune de ses réponses. Plus question de s'embrouiller ou de se recouper.

— Immédiatement après avoir découvert les sachets de substance brunâtre dans la valise. Je suis formel là-dessus. Ensuite, je lui ai demandé : « Qu'est-ce que c'est que ça ? » Elle m'a répondu : « N'importe qui peut voir que c'est de l'héroïne ! »

Découragement. Cynisme en pointe aiguë. Dans ce temple de la justice, le mensonge a bon droit. Surtout s'il perd l'autre... Je me sépare de ce qui se dit. Je regarde alors bien en face la foule. Avec mépris. Des marionnettes. Obscènes d'être là. N'ont-ils donc rien à faire dans la vie pour passer tant d'heures à se repaître de cette pénible bouffonnerie ?

Kumar s'est levé d'un seul coup. Presque avec violence.

— Plaise à la cour, my Lord, je désire poser une question au témoin.

— Pas d'objection pour moi, dit le procureur Azmi.

— Posez votre question, dit le juge Lee.

Kumar attaque.

— Monsieur Mathews, vous avez à coup sûr tenté d'effrayer l'accusée en lui faisant croire que, si elle niait qu'il s'agissait de drogue, elle risquerait tout simplement la peine de mort.

Deux chocs. A me jeter par terre. La façon dont Kumar présente les choses est un glissement vers tous les dangers. Pourquoi contre-attaque-t-il sur ce point si peu clair ? C'est comme s'il admettait la contradiction de la veille. J'ai aussi entendu « peine de mort ».

Le bon sens de Nicole vient à mon secours.

— N'entre pas dans ces étranges arguments. Il ne sert à rien de déchiffrer tous ces jeux. Même moi, je n'y comprends pas grand-chose. Nous ne sommes, ni toi ni moi, des juristes. Attendons.

Le superintendant a l'air moins faraud. Qui sait, peut-être Kumar a-t-il bien joué ? Sa flèche a porté. L'autre répond,d'une voix incertaine :

— Je n'ai influencé personne. De quelque manière que ce soit. A aucun moment.

Kumar insiste.

— En êtes-vous sûr, monsieur Mathews ?

J'explose auprès de Nicole. Tant mieux si on m'entend ! Les têtes se tournent vers moi. Surtout celles des journalistes.

— Évidemment qu'il n'a influencé personne puisque je n'ai jamais dit ça !

Kumar demande alors quinze minutes de suspension d'audience.

Il est près de onze heures.

Chemise et veste collées à ma peau.

Kumar vient me voir pendant cette pause. Je ne lui laisse pas le temps de parler. Je déverse d'un trait mon indignation.

— Kumar, est-ce que vous êtes en train de me sauver ou de me perdre ?

— Ils ont dit une phrase — « c'est de l'héroïne » — qui vous rend coupable dans tous les esprits. Même si vous ne saisissez pas le sens de mon discours, c'est cette idée-là que, depuis hier, je tente d'arracher à toute force. C'est une partie serrée, croyez-moi...

— Partie serrée, Kumar ? Sur une affirmation mensongère qui me rend coupable ?

Je m'assois, vidée. Désintéressée.

Suis-je en train de renoncer, consciente du fossé qui nous sépare ? Qu'y a-t-il de possible entre Kumar et moi ? J'ai devant moi un homme bien différent de celui qui venait me voir au parloir.

Un étranger.

Le procès transforme tous les comparses en étrangers.

J'aurai au moins appris cela.

Je m'isole alors dans ma petite cage en cristal. Je n'y introduis que Nicole.

— Nicole, racontez-moi des histoires drôles... Celles de

votre école... Emportez-moi à des kilomètres de tous ces mauvais adultes... Racontez-moi la simplicité de vos enfants.

— Ils sont moins simples que tu ne le crois, Béatrice. D'abord, ils mentent beaucoup. Bien plus qu'ici. J'ai un gosse hindou, par exemple, qui a vendu son livre de classe pour se payer un petit déjeuner. Tu ne peux imaginer les histoires abracadabrantes qu'il m'a racontées pour justifier l'absence de son livre... Son frère, soi-disant, avait renversé du lait dessus. « Même taché, emmène ton livre! lui ai-je dit. — Non, a-t-il répondu. Il était trop sale. Je l'ai jeté à la poubelle... »

Le juge Lee interrompt notre entracte. A nouveau, nous nous levons, saluons, nous asseyons.

— La parole est à la défense, dit le juge.

Kumar a conservé son énergie.

— My Lord, ma conclusion est que la déclaration faite par l'accusée au superintendant Mathews n'est pas recevable. Je rappelle à la cour que ma cliente aurait dit : « C'est de l'héroïne, tout le monde peut voir ça. » Ce qui peut être présenté comme des aveux purs et simples. Mais personne n'a prouvé que cette prétendue confession n'a pas été obtenue sous la menace en terrorisant l'accusée ou en lui promettant je ne sais quoi. Si M. le procureur entend utiliser cette déclaration de l'accusée, qu'il apporte à la cour toutes les garanties possibles qu'elle a été absolument volontaire. Car la jurisprudence montre que la moindre incitation rend ce genre d'aveu nul et non avenu.

Kumar choisit ce moment pour citer une série de cas notoires qui m'étaient parfaitement inconnus. En particulier l'affaire Ping Lin, en 1975, et celle de Tan Too Kia, en 1980, contre le ministère public.

— Même si M. Mathews prétend ne pas avoir effrayé l'accusée, j'affirme, moi, que ma cliente était épouvantée. Du simple fait qu'elle était en état d'arrestation. M. Mathews lui aurait dit : « Il est de mon devoir de vous prévenir, etc. », Comment, à ce moment-là, aurait-elle pu embarquer à bord de son vol prévu pour retourner dans un hôtel de Penang? M. Mathews l'en aurait empêché. Il est clair que l'accusée était bel et bien en état d'arrestation. De ce fait même, ma cliente était une personne effrayée. Ses aveux ne peuvent être tenus pour volontaires, mais arrachés à l'effet d'une grande peur. Je prétends donc que la cour ne doit pas retenir que l'accusée ait jamais reconnu que les sachets de plastique trouvés dans un double fond de sa valise contenaient de la drogue.

Le sous-entendu est clair. Je ne savais pas qu'il y avait des sachets, encore moins ce qu'il y avait dedans, pour la bonne raison que je les voyais pour la première fois. Ce n'est donc pas moi qui les ai dissimulés dans la valise. D'ailleurs les douaniers n'avaient-ils pas déclaré le mal qu'ils avaient eu à éventrer la Samsonite ? C'était là, avaient-ils dit, un parfait travail de professionnel.

Kumar a parlé près d'une demi-heure. La foule me fixe. Nul ne sait ce que pense le juge Lee.

Kumar ne lâche plus la parole :

— Aucun des officiers des douanes, lors de la fouille et de l'arrestation de l'accusée, n'a pris par écrit une quelconque déclaration de sa part. C'est un grave préjudice causé à Béatrice Saubin. Comment savoir alors ce qui s'est passé réellement, ce qui a été dit par les uns et par les autres ? J'affirme solennellement que c'est une chose très grave et regrettable.

Kumar se rassied.

Il en a fini avec son estocade.

Je reprends confiance. Tout devient clair. Le mensonge est prouvé. On va me libérer ! Ce n'est pas encore à mon tour de parler.

B. T. H. Lee, tête baissée, prend des notes.

Kumar plaide, plaide. Pendant près de trois heures maintenant. Il ruisselle sous cette insupportable coiffure roi-soleil. Il s'est donné du mal, beaucoup de mal...

— Quelle heure est-il ? dis-je à Nicole.

— 12 h 45.

B. T. H. Lee paraît très circonspect. Il y a eu faute dans la procédure. L'arrestation, tout, tout aurait dû être consigné par écrit. Le juge Lee déteste les fautes professionnelles. Surtout devant des étrangers. La Malaisie tient beaucoup à l'indéfectibilité de sa justice. Kumar a frappé juste. Lee, arbitre de la régularité de la procédure, est en face de défaillances qu'il n'avait pas prévues. Que Kumar a soulevées, les unes après les autres.

Le juge lève l'audience.

Le déjeuner des juristes. Tous ensemble. Plus d'amis ou

d'ennemis. Mais de simples confrères capables de gaillarde entente. Sans perruques.

Nicole est allée me chercher notre déjeuner. Chia, à nouveau, avec son faux champagne. Son vrai sourire. Elle parle de tout sauf du procès. Elle tente d'écarter de moi toute préoccupation. Chia, amie fidèle, qui restera jusqu'au verdict.

J'avale juste quelques *rambutans,* sorte de litchis. J'ai si soif! Nicole me passe des jus de fruits.

14 h 30.

J'ai repris un peu du poil de la bête. La plaidoirie de Kumar m'a ramenée dans la réalité des choses. Je n'avais rien dit, rien signé. Jamais trafiqué cette valise.

Au tour d'Azmi. Il est très prudent. Parle si doucement que, de ma place, j'ai du mal à comprendre. Nicole aussi. Je ne saurai jamais ce que l'avocat général a déversé comme venin. Kumar me dira plus tard qu'il avait cherché à montrer qu'il n'était pas dupe de ses manœuvres. Azmi, tout comme B. T. H. Lee, n'a qu'un souci : ce procès ne doit en aucun cas donner prise à l'image d'une justice défaillante.

Azmi est d'accord pour que l'on raye des débats la phrase litigieuse : « C'est de l'héroïne, n'importe qui peut voir ça ! »

Au tour du juge Lee :

— La cour remercie la défense et l'accusation. Il va de soi qu'elle les suit dans leurs conclusions. En conséquence, la petite phrase de l'accusée : « C'est de l'héroïne, n'importe qui peut voir ça ! » est supprimée du procès-verbal. Ainsi que tout ce qui dans les témoignages déjà entendus ou à venir pourrait y faire allusion.

Le cauchemar va-t-il se terminer ? Hélas, vers seize heures, entrent deux autres douaniers témoins. Jamaluddin Bin Desa et Yeap Chong Keng.

Je ne les avais jamais vus.

— A quelle distance étiez-vous de l'E.N.O. ? demande Kumar.

— Quarante ou cinquante mètres.

— Faux. Deux cent cinquante mètres, au moins.

— Pas selon mes estimations, dit Jamaluddin. Mais je reconnais volontiers qu'en raison de la courbe que fait la route à cet endroit il m'était difficile de voir ce qui se passait dans le hall de l'hôtel.

— Moi, dit Yeap Chong Keng, ma position me permettait de voir les gens entrer et sortir de l'hôtel. Mais de là à les identifier d'une manière absolue...

Jean a l'air plus préoccupé que Nicole. La foule semble divisée. Coupable. Non coupable. Les langues vont bon train. Quant aux journalistes, ils se réjouissent d'avance. Tous les ingrédients d'un bon papier y sont déjà... Je vais moins mal que le matin. Kumar a su déjouer les mensonges. La confiance extraordinaire de Nicole s'est communiquée à moi. Ce qui doit arriver arrivera. Inutile d'anticiper les drames. Ne jamais gâcher les précieux moments de vie... Quand le drame est là, on le vit. Comme une étape, non une fin.

Fin de la seconde journée. Mon joli ensemble est devenu un chiffon humide et sans forme.

Voiture cellulaire. Le soleil est bas, large et rouge. Au musée des serpents, tout dort.

On traverse la partie la plus animée de la ville. Parfums divers par la vitre à demi baissée du chauffeur. Mélange de fritures, de frangipaniers, puanteur du *durian,* fruit à écorce épineuse...

Le préau. Les filles et leur ruée de questions. Même les gardiennes s'en mêlent.

— *Maca mana hari ini ?* (Comment ça s'est passé ?)

L'eau. Purification. Délice de la fraîcheur. Oui, oui, les choses vont aller mieux... Tandis que toutes m'entourent, je leur réponds, dans leur langue :

— *Susah nak beritahu. Nanti ! nanti !* (C'est difficile de raconter maintenant... Plus tard... Plus tard...)

Bien fait pour elles ! Que de fois m'a-t-on répondu « nanti ! nanti ! » (plus tard !) devant mes impatiences...

Sur mon dolmen en ciment, je songe à Grand-mère. Elle a été mise au courant de ces dates fatidiques. Incapable de dormir, souffrant, s'essoufflant. Obsédée par sa petite... Que vont-ils faire de sa Béatrice ? Certainement, Grand-mère passe la plupart de ses nuits, éveillée, dans sa cuisine. Devant la table à toile cirée. A écouter la radio. A-t-elle vu sa fille, ma mère ? Tout le bouleversement est sur elle. J'en suis sûre... Et mon invisible géniteur ? Lui a-t-on dit que sa fille biologique est quelque part au bord d'un abîme ? Pourvu que ce procès et ses issues ne tuent pas mémé...

C'est ma seule prière durant cette seconde nuit.

Il me reste deux robes.

Je regarde attentivement celle au col rond. Le tissu est trop léger. Je mettrai donc, pour cc troisième jour, un pantalon grège, un chemisier et la veste de mon ensemble qui, dûment trempée, est sèche depuis longtemps...

La canicule est si forte que je m'endors d'un seul coup.

Troisième journée (6 mai 1982)

9 h 30.

Mêmes acteurs. Je remarque l'assistant de Kumar. Un très jeune Indien, M. Sethambaran.

Ma santé a un peu flanché. Stress inévitable. Le juge Lee face à moi. Kumar et Sethambaran de dos. Azmi de profil. Toujours, le phénomène de l'étrangère. Nous sommes au creux du procès.

La matinée s'ouvre par le contre-interrogatoire (par Kumar) de Mohamed Dhajudeen, le fonctionnaire qui avait consigné mes premières déclarations, suite à ses questions. Dhajudeen, je me souviens, avait été courtois avec moi. Rien à dire sur son témoignage. Il ne ment pas. Je reconnais tous ces menus faits qui semblent ici d'une infinie importance. Dhajudeen confirme en premier lieu cette évidence : un compartiment secret est, par définition, invisible. Donc, l'accusée n'a pu réaliser qu'il s'agissait d'un bagage truqué... Il enchaîne :

— Je n'ai pas cherché à relever les empreintes sur les sachets de drogue, car je n'étais pas sûr que des empreintes marquent sur du plastique.

Kumar continue :

— Avez-vous gratté sous les ongles de l'accusée ? Avez-vous envoyé à un laboratoire les vêtements qu'elle portait ce jour-là ?

— A des fins d'analyse ? Pour vérifier s'ils comportaient des traces de drogue ?

— Précisément, monsieur Dhajudeen.

— Non. Je n'ai rien fait de semblable.

Arrivent ensuite les chimistes qui ont analysé le contenu des sachets. Ils ont trouvé que les cinq kilos initiaux renfermaient 534 grammes d'héroïne pure. Soit une fortune !

Ainsi s'achève le défilé des témoins de l'accusation.

Matinée mortelle. Nicole interprète, cependant, sans relâche tout ce qui se passe.

Le juge Lee invite la défense à appeler ses témoins.

Devant son silence, le juge s'étonne.

— Votre Honneur, dit Kumar, la défense n'a pas l'intention de citer les témoins prévus.

Kumar a réfléchi. Les témoins seraient un risque. Aux yeux du juge Lee, ils pourraient, dans leur émotion ou leur attirance vis-à-vis de l'accusée, faire passer cette dernière pour une fille douteuse et facile... Kumar avait soigneusement pris note, avant le procès, de la liste des témoins de moralité. Je lui avais donné la liste de mes amis — Rashid, les autres...

Le juge Lee persifle un peu :

— Des témoins dernière minute, alors ?

— Non, My Lord. Personne. S'il plaît à la cour, ma seule requête sera un quart d'heure de suspension d'audience.

— Accordé, fait le juge, l'air étonné pour une fois.

Azmi aussi est stupéfait.

Quant à moi, réfugiée dans ma cage en cristal.

Kumar a bien pesé les risques d'interprétation d'un comportement féminin trop libre pour la mentalité de ce pays musulman. Donc, surtout pas dc témoins.

Voici la contre-attaque de Kumar après le quart d'heure imparti :

— L'accusation estime avoir établi que la culpabilité de ma cliente était évidente à première vue. Parce que l'accusation se fonde sur un texte, celui de l'ordonnance de 1952 sur les narcotiques dangereux, qui stipule que toute personne trouvée en possession de drogue est réputée en être propriétaire. Alors, dit l'accusation, si la défense ne réfute pas cette évidence que Béatrice Saubin avait de la drogue dans ses bagages, eh bien ! la cause est entendue... Mais par quoi apprend-on que ma cliente avait de la drogue dans ses bagages ? Par quoi l'apprend-on juridiquement parlant ? Par un autre texte, celui de la déposition officielle recueillie par M. Mohamed Dhajudeen. Il faut le lire jusqu'au bout, ce texte ! Car il comporte ce dialogue essentiel — je cite : Question : « En examinant votre valise, on y a découvert un double fond renfermant de la drogue qui semble être de l'héroïne. Qu'avez-vous à dire à ce sujet ? » Réponse de l'accusée : « Je ne savais pas qu'il y avait ça dans ma valise. Je suis révoltée qu'il ait pu y avoir une chose pareille dans mes affaires. » Alors, Votre Honneur, je demande à la cour sur quel texte elle va fonder sa conviction ? Sur le texte de l'ordonnance de 1952 ou sur le texte du procès-verbal enregistré par M. Dhajudeen, lequel est parfaitement recevable aux yeux de la loi. L'accusation ne manque d'ailleurs pas d'y faire référence quand ça l'arrange.

« Le problème est d'une extrême gravité. Nous sommes en présence de deux textes aussi valables l'un que l'autre d'un point de vue juridique, mais ils sont complètement contradictoires. L'un prétend que l'accusée sait forcément qu'elle transportait de la drogue, l'autre proteste qu'elle n'en sait rien. Devant ce dilemme, la cour va-t-elle tirer à pile ou face ?

Tout s'anime d'un coup. Moi aussi. Kumar a une tête bouleversée. Il incline son front vers le sol, devant le juge, en signe de total fatalisme.

— Heureusement, enchaîne-t-il, je me sens tout à fait rassuré par la façon dont se sont prononcés les juges, confrontés avant nous à des situations comparables. Ils ont décidé que le doute devait dans tous les cas profiter à l'accusé. J'ajoute que, depuis des temps immémoriaux, l'accusation s'est souvent contentée d'un procès-verbal pour convaincre un suspect de crime ou de délit. Alors, au nom de quoi, la cour ne pourrait-elle pas, elle aussi, s'appuyer sur un procès-verbal, cette fois pour acquitter la personne accusée ? Doit-il y avoir un traitement différent pour l'oie et pour le jars ?

« C'est pourquoi, Votre Honneur, je prie la cour de tenir le plus grand compte des protestations d'innocence de ma cliente telles qu'elles figurent au procès-verbal recueilli par M. Dhajudeen.

« Non seulement je n'appelle aucun témoin à décharge, mais je déclare, en outre, que la cour n'a même pas à interroger l'accusée. Et je dis que celle-ci doit être immédiatement disculpée de la charge retenue contre elle.

« Je remercie Votre Honneur.

La confiance galope en moi. Le juge n'a pas bougé un cil. La foule est subjuguée par la tirade de Kumar.

— La parole est à l'accusation ! dit le juge.

D'un ton monocorde, sans la moindre passion, Azmi insite sur « la présence effective des 534 grammes d'héroïne dans la valise ».

— Le seul problème est : oui ou non, l'accusée, savait-elle qu'elle transportait 534 grammes ? Elle est sortie de l'hôtel avec cette valise. Elle est montée dans le taxi avec elle. Elle l'a traînée dans le hall de l'aéroport. Elle était sur le point de l'enregistrer en son nom quand on l'a interpellée. Quand on a ouvert cette valise, on a trouvé des objets personnels, des vêtements appartenant à l'accusée. Mais aussi de la drogue. Une quantité impressionnante de drogue...

« Tout cela est dans le procès-verbal invoqué par la défense. Je ne vois pas en quoi mon confrère estime que ce procès-verbal décharge sa cliente... En conséquence, je maintiens que l'accusation a bien établi la culpabilité de l'accusée et je soumets à l'appréciation de la cour que l'accusée soit interrogée afin de réfuter les évidences portées contre elle.

Attaques. Contre-attaques. Chocs des races différentes, dont moi, la Blanche, suis l'enjeu plein de failles et de mystère.

Le mystère de la valise, offerte un jour, par celui jamais cité : Eddy Tan Kim Soo.

A la fin de ce troisième après-midi, j'apprends que les débats sont différés jusqu'au 21 mai, le procureur ayant à faire à la ville de Johore...

Du 7 au 20 mai, phase blanc et rouge. Attente et son petit poignard d'angoisse...

Attente plus pénible que jamais.

Ce procès m'avait coupée de la routine carcérale. A nouveau, elle pèse de tout son poids. Bouclée, le temps redevient figé comme au début de ma préventive. Treize jours... Interminables... La nuit longue à venir. Le matin long à venir... J'avais été si sûre d'approcher de ma liberté !

Ma liberté, j'en suis encore loin !

Heureusement, certains après-midi, sous tout prétexte, je vais voir Mok. Il m'offre un jus de fruits dans son bureau. Me prête des livres. Le matin, pour couper à la monotonie insupportable, je vais au dispensaire. Je prétexte des maux d'estomac... Baba Khoo essaie de me remonter le moral.

Mok et moi parlons des effets de la prison. Mok m'avoue que lui aussi est perturbé par le système carcéral. Les ordres imbéciles des petits chefs... Mok aussi est en prison. En attente.

— Une fois libérée, Soâbine, m'écriras-tu ?

— Promis ! A moins que cela ne perturbe tes petites copines ?

— Je ne le leur dirai pas !

Tuan Botak n'hésite pas à me dire quelques mots, à l'occasion. Khoo aussi reste très gentil. Discrètement, tous m'offrent un peu d'espoir... Une voix chaleureuse. L'immense cadeau de ne pas me traiter en numéro. Le point chaud d'une humanité qu'ils sont obligés de dissimuler.

Enfin, nous arrivons à l'aube du 21 mai. Une journée de moiteur et de feu. J'ai remis ma robe à pois.

Quatrième journée (21 mai 1982)

Je suis partie vers la Haute Cour avec un optimisme revenu. Nicole et Jean sont dans la salle. Peu à peu entrent la foule, Kumar et son assistant. Pas d'Azmi.

— Tiens, dis-je à Nicole, Azmi est en retard ?

Elle n'a pas le temps de répondre. Le juge Lee est là. Toujours sans m'accorder le moindre regard, il annonce :

— Le procureur Azmi a dû subir une intervention chirurgicale. Ses médecins lui ont prescrit un repos d'une semaine, au moins. J'en ai été averti par téléphone. J'ai tout de suite fait savoir à Me Kumar que nous serions obligés d'ajourner l'audience.

— Aucune objection, confirme Kumar. J'adresse à mon

honorable confrère mes vœux de prompt et complet rétablissement.

— Les débats reprendront le 16 juin, tranche le juge.

Quoi, encore trois semaines d'attente? Ma déception se transforme en dangereuse apathie. On ne me laisse même pas un quart d'heure avec Nicole. On me dit : « Dépêchez-vous; la voiture cellulaire attend. »

J'ai envie de pleurer, éclater...

Mok, silencieux, navré, m'a remis une lettre de Grand-mère. Elle porte le tampon de la censure (au consulat français).

Papier quadrillé. Écriture au Bic bleu. Grand-mère s'applique. Elle a glissé entre les feuilles un brin de muguet. Jauni, desséché, le brin de la chance...

Romilly, 21 mai 1982

Chère Béatrice,

J'espère que tu vas bien dans l'endroit où on te garde. Est-ce qu'on te donne suffisamment à manger? As-tu froid la nuit? Dis-moi ce dont tu as besoin. Dis-le-moi bien franchement. Je te l'enverrai. Je suis désemparée. Je ne sais quoi faire dans de telles circonstances. Faut-il que j'en parle à un avocat d'ici? Quelqu'un te défend-il, là-bas? Combien ça coûte? Dis-le-moi. J'essaierai d'avoir de l'argent. Je ne sais rien, rien, tu comprends? Est-ce que ce serait une bonne idée d'en parler au journal de Romilly, tu sais, L'Est-Éclair *? Je suis désespérée, mon petit. Mais pourquoi, pourquoi es-tu allée dans ces pays de malheur? Tu n'étais donc pas bien à Romilly, avec moi? Tu vois où ça t'a menée tes rêves de chinois et machinchouettes... Maintenant te voilà bouclée avec eux. Dis-moi, où en est le procès? Ils m'ont fait savoir que ça devait avoir lieu maintenant. J'ai acheté ce brin de muguet pour toi au marché. Je pense à toi sans cesse. Je ferai tout, tout pour toi. Mais quoi? J'espère que les filles avec toi ne sont pas comme celles dont on lit, des fois, l'histoire dans* France Dimanche...

Je t'embrasse très fort. J'ai mis ta photo, tu sais, la plus belle, sur le buffet. A côté, j'y ai mis aussi un brin de muguet. Qu'il te porte la chance! Je t'embrasse très, très fort.

Mémé.

Je frémis. *L'Est-Éclair*? Bon sang! Pourvu que, dans sa bonne volonté, mémé ne fasse pas tout rater!

C'est à claquer des dents s'il ne faisait pas cette chaleur étouffante...

Cinquième journée (16 juin 1982)

Robe bleu marine à petit col rond.

9 h 30.

En principe, c'est le grand jour : celui du verdict. Que me réservent-ils encore? Une autre dérobade? M'envoyer aux calendes grecques?

Je n'aime pas le visage de la foule. A la fois excité et grave.

Ils attendent leur pâture. L'auront-ils? Certaines infractions cas ont pour verdict le supplice de la canne. Drogue, vol, meurtre. Canne et incarcération, parfois à vie... La canne est une baguette de rotin souple et cruelle qui déchire la peau.

On attache à un poteau le condamné dans une discrète cour de la prison. Mains en l'air, coussinets pour protéger les reins. Raffinement asiatique, ô mémé! les coups peuvent varier de trois à quatorze. A trois, on a juste le temps de hurler. Trois grandes zébrures saignantes sur les fesses nues. Les condamnés gardent juste leur chemise. A quatorze, c'est la syncope. Puis un séjour au dispensaire. Une semaine allongé sur le ventre. Badigeons et antibiotiques.

Seuls les hommes sont soumis à ce supplice. Par contre, d'autres peines — y compris la pendaison — n'épargnent pas les femmes... Je reste calme. Cette terrible perspective est loin de m'effleurer. Jusqu'à ce jour (16 juin 1982), Kumar me l'avait confirmé : la condamnation à mort n'est appliquée qu'au-dessus d'un trafic de 2000 grammes d'héroïne pure...

Je m'attends à un acquittement.

Kumar, pourtant, a l'air sombre.

— Ça va être difficile, Soâbine.

Pourquoi? Pour moi, tout est réglé. Je n'ai rien fait. Il faut me libérer! C'est mon droit; mon dû.

Le juge Lee fait entendre sa voix monocorde :

— L'audience est reprise. La cour appelle l'accusée à présenter sa défense. Madame l'interprète, veuillez lui expliquer comment les choses vont se passer. Ensuite, vous apprendrez à la cour sous quelle forme l'accusée veut déposer.

— Sous serment, Votre Honneur, dit Nicole. L'accusée Béatrice Saubin tient à déposer sous serment. Elle va jurer de dire la vérité. Toute la vérité. Rien que la vérité.

Toujours l'Étrangère !

Je ne reconnais pas ma voix. J'ai un trac fou. Tous ces regards fixés sur moi. La salle parfaitement silencieuse. La vraie Béatrice ne peut jamais s'exprimer dans cette salle d'audience... Pourtant, ce matin encore, je me jurais : « Je leur dirai... ils comprendront... » Nicole est déjà à la barre. Je la rejoins. Pourvu que je ne m'étale pas par terre ! Maladresse de tous mes gestes. Mes complexes physiques ont resurgi.

Vu de près, le juge Lee est encore plus inquiétant. Kumar m'avait dit : « Méfiez-vous. Le fait d'avoir été bernée par votre amant ne sera pas, aux yeux de ce juge intégriste, une circonstance atténuante... Il traite les prostituées presque aussi mal que les trafiquantes. A ses yeux, toute femme ayant eu un amant mérite quelque part la mort... On peut être chinois et posséder une mentalité d'inquisiteur... »

Gorge sèche. Mains glacées. Kumar m'a aussi conseillé, quand il s'agirait de parler d'Eddy, d'insister tout particulièrement sur le fait qu'il avait souhaité m'épouser. Où est passée ma mémoire ? Eddy et toute ma vie d'avant ? Que va dire l'Étrangère ? Qui est cette Béatrice dont je reconnais à peine la voix ? Je ne me souviens plus exactement des mots qui sortirent de ma bouche. Sauf le regard de Lee qui me vrillait sous ses lunettes foncées... Peut-être, en effet, ai-je prononcé ces paroles :

— Je suis venue à Penang en 1979... J'ai voulu visiter ce pays en tant que touriste...

Ma voix est de plus en plus blanche. Le juge me fixe jusque derrière la peau de mon front glacé.

— Je suis d'abord descendue dans un hôtel chinois, dans Chulia Street. A George Town. Ensuite, je suis allée sur la plage de Batu Ferringhi. Là, je logeais au Palm Beach. Enfin, je me suis installée à l'Eastern and Oriental (l'E.N.O.). J'ai passé la plupart de ces jours à visiter en tous sens la ville et l'île.

Hélas, j'ai eu beau jurer de dire « rien que la vérité », celle-là — l'esplanade et Eddy — me perdrait. Par survie, je suis les conseils de Kumar. La passion, le coup de foudre, surtout chez une femme, sont pour le juge Lee et son engeance un crime. Un péché mortel.

Je m'entends continuer :

— C'est dans un petit hôtel de la ville que j'ai rencontré Eddy Tan Kim Soo.

Kumar m'interrompt :

— Aviez-vous alors cette Samsonite verte ?

— Non, deux sacs en toile et cuir, et mon sac à moi, style fourre-tout. Ils avaient voyagé autant que moi. Ils étaient fatigués. Eddy m'a gentiment offert une valise de bonne qualité.

Azmi alors me harcèle :

— C'est lui qui a fait cette suggestion ?

— Oui. J'étais d'accord.

— Vous n'avez rien remarqué d'anormal en rangeant vos affaires dans la valise ?

— Absolument rien. Je n'ai pas manipulé cette valise. Elle était posée à l'endroit où Eddy l'avait mise. Sur le porte-bagages.

— Quand, pour la première fois, avez-vous vu les sachets en plastique ?

— A l'aéroport, quand on a fouillé ma valise. On m'a demandé si cette drogue m'appartenait. J'ai dit que je ne savais pas ce que c'était.

— Miss Saubin, ne vous a-t-on pas suggéré que ce pouvait être de l'héroïne ?

— Si, les officiers pensaient que c'était de l'héroïne à cause de l'odeur. J'étais horrifiée. Je me sentais mal, mes nerfs ont lâché... et je me suis effondrée.

— Avez-vous demandé l'assistance de l'ambassade de France ?

— Évidemment oui, c'est même la première chose que j'ai demandée. On m'a dit que je devais d'abord faire une déposition et qu'après seulement on avertirait l'ambassade de France et ma famille. J'étais bouleversée, complètement retournée.

— Pourquoi ?

— Parce qu'on avait trouvé toute cette drogue dans mes affaires.

— Vous l'y aviez mise ?

— Non, quelqu'un s'est servi de moi.

Sentiment que ce procureur détourne la vérité pour me tuer. Pourquoi essayer de rendre si extraordinaire cette terrible banalité humaine : abuser de l'autre ? Oui, on s'est servi de moi, moi qui avais confiance et aimais... et je ne peux exprimer une vérité aussi totale...

— Dans votre déposition, vous avez fait mention d'un Chinois. Pourquoi avez-vous dit « un Chinois » et non Eddy Tan Kim Soo ?

— Je n'arrivais pas à croire que l'homme qui prétendait m'aimer ait pu se servir de moi pour... pour...

Peut-être, en fait, ai-je tout compris. Tout admis. J'ai été poignardée dans le dos. Mais jamais je ne répondrai à la trahison par la trahison...

— Je comprends, m'interrompt Kumar.

— Nous avions projeté de nous marier à Paris, Eddy et moi...

— En ce cas, pourquoi ne s'envolait-il pas avec vous ?

— Ses papiers n'étaient pas prêts.

— Où devait-il vous rejoindre ?

— A Zurich. Chez une amie à moi.

— Qu'est-ce que les parents d'Eddy pensaient de ce mariage ?

— Ils n'étaient pas au courant. Nous voulions d'abord nous marier et les mettre ensuite devant le fait accompli. D'après Eddy, c'étaient des gens très conservateurs...

Conservateurs : c'est vous, les conservateurs. Les coupeurs de cheveux en quatre. Les puritains. Ceux qui détestent l'amour. Veulent ma perte.

Azmi me vrille de questions.

— Vous avez donc échangé vos sacs contre cette valise-là ?

Azmi désigne un des deux cartons posés sur une table. L'un d'eux contient la valise. Je ne distingue rien. Y a-t-il seulement un contenu précis dans ces caisses ? Où sont passés mes vêtements au moment où Azmi désigne le carton ?

— Combien a coûté cette valise? A-t-elle été achetée en dollars malaisiens ou américains?

— Je ne sais pas. Eddy me l'a offerte.

— Très bien, dit Azmi. Il y a donc des mensonges dans votre déposition.

Mensonges? Et les vôtres? Depuis le début, votre comédie n'est qu'une suite de contre-vérités. Justement, Kumar a passé une journée à démontrer les mensonges des douaniers! Aucun n'avait la même version des faits! Pour vous, jamais de mensonges, mais, dès que ma mémoire flanche, le mot revient comme un refrain.

Kumar a l'air mal à l'aise. Inquiet. Il glisse quelques mots à Sethambaran. Azmi s'acharne, déchiffrant un passage du procès-verbal recueilli par Mohamed Dhajudeen :

— Vous avez déclaré, je lis : « Le Chinois a acheté la valise à un coin de la rue. Je l'ai prise et transportée à mon hôtel. »

Je suis atterrée. Je ne reconnais rien. Ma voix s'étouffe. J'articule avec une peine inouïe :

— Je n'ai jamais dit ça. J'ai déclaré que le Chinois avait tout le temps porté ma valise, y compris dans le coffre du taxi. Moi, je ne l'ai jamais soulevée... Un employé l'a roulée de ma chambre au hall...

— Vous souvenez-vous de l'adresse d'Eddy Tan Kim Soo?

— Il m'a seulement dit qu'il vivait chez ses parents, dans le quartier Ayer Hitam.

Azmi a un mauvais sourire :

— Vous alliez épouser un homme dont vous ne connaissiez même pas l'adresse exacte?

— Il venait me voir tous les jours. Il m'avait répété que ses parents ne désiraient pas le savoir lié à une Occidentale. Cette adresse ne me semblait pas indispensable à notre amour.

Comment faire comprendre à ce musulman d'Asie qu'une fille jeune, libre, européenne, en ces années 80 où nous autres femmes avions revendiqué des droits (surtout en amour), n'enquête pas en premier sur l'adresse et la famille de son amant? Combien de couples, à cette époque baba cool, vivaient ensemble, de façon naturelle et sans questions?

Azmi, d'un petit bond de reptile, se retrouve sous mon nez.

Je déteste son haleine et sa figure chafouine. Il me souffle alors une sorte d'insulte inattendue :

— Ce personnage d'Eddy Tan Kim Soo, ne l'auriez-vous pas inventé de toutes pièces ?

Tout est tellement surréaliste qu'en effet je peux douter de ma raison. Pourtant, j'affirme, je hurle.

— *Il existe. Eddy Tan Kim Soo existe !*

L'intérêt pour l'avocat général est que ce Chinois n'existe pas, ne peut, ne doit pas exister. Puisque, malgré l'enquête, la filature, LA POLICE NE L'A JAMAIS ARRÊTÉ. C'est une évidence à laquelle ils savent ne jamais devoir toucher.

14 h 30.

Crucifiée, je m'assois près de Nicole. Nicole qui, je le sens concentre plus fortement son énergie. Je n'ai ni bu ni mangé. On a dû refuser du monde. Pousser l'excès de foule dehors. Fermer les portes. On étouffe ; les ventilateurs brassent l'air et ses miasmes malodorants. Pourtant, cet après-midi-là, Kumar va déployer la suite de sa plaidoirie. Il ruisselle sous sa perruque.

— M. le procureur Azmi croit que le Chinois Eddy Tan Kim Soo n'a jamais existé. Mais n'oublions pas que l'accusée ne connaît que son nom christianisé. Elle ignore son nom chinois au grand complet. Votre Honneur, j'avoue, pour mon compte, ne pas connaître votre nom chinois au grand complet. Or, il est indéniable que vous existez !

Kumar développe cet argument pour demander à la cour, une fois de plus, de m'acquitter.

B. T. H. Lee, glacial, suspend l'audience jusqu'au lendemain.

Robe bleue, jolie, jolie robe... Rincée à grande eau. Sèche aussitôt. Cigarettes. Oubli des autres. Demain, le verdict. Totalement perplexe. Désabusée. Manipulation totale. Ils ont bien raison, les salauds. On s'est servi de moi. Victime d'une machination qui a commencé un certain 27 janvier 1980.

Et qui continue.

Avec eux.

Les représentants de la loi.

Demain... Il va y avoir demain...

Et après ?

Verdict ou la sixième journée (17 juin 1982)

9 h 30.

Au comble de l'absence. Totalement apathique. J'en ai assez. Que ça se termine et qu'importe l'issue ! On avait reporté cette journée, affirmant qu'Azmi allait être opéré. Mais c'est faux ! Tout est faux.

Kumar, visage fermé. Son assistant aussi.

Intuition animale : il va y avoir condamnation. Mais je refuse d'envisager la longueur de la peine... Ce procès, en fin de compte, est un jeu de professionnels entre eux. Je me replie vers Nicole qui cache son inquiétude. Irradie des yeux, du sourire. Marque quelques signes d'essoufflement. Elle a longuement prié... Jean aussi. Nicole et Jean, les seules vraies lumières dans ce lieu d'effroi.

La phrase du juge Lee me parvient, premier coup sur la tête :

— Je déclare l'accusée coupable de la charge retenue contre elle.

Pétrifiée, sans pensée. Nicole, Jean, moi, la foule avons compris.

Un épais silence ; presque recueilli.

On n'entend plus que les ventilateurs. La voix de Kumar, étrangement solennelle. La façon dont il s'est levé, le timbre de sa voix me redonnent en lui l'allié. Celui qui continue à combattre pour m'arracher aux griffes d'une machine infernale.

— Elle n'avait que vingt ans au moment du délit. Elle n'était qu'un grain de poussière, un pion, dans ce monde impitoyable. Oh, je supplie la cour de ne pas oublier combien elle était jeune ni qu'elle a pu être la marionnette de gens vicieux et sans scrupules. Que la cour ait pitié d'elle. Comme d'autres avant lui, ce tribunal peut prononcer une sentence de clémence. La loi l'y autorise. Cette jeune fille est issue d'une famille brisée.

Son père et sa mère se sont séparés quand elle était un tout petit bébé. Il lui a manqué quelque chose d'essentiel. Une forme d'amour à laquelle tous les enfants ont droit. C'est parce qu'elle n'a pas connu cet amour qu'elle est partie à la dérive, qu'elle a été happée au passage par des individus douteux qui se sont servis d'elle. J'implore le tribunal de se laisser toucher par la pitié et de limiter sa sévérité à une peine d'emprisonnement à vie...

État de choc. Mon sang, peu à peu retiré. Nicole et son imperturbable chaleur. Me communiquant, de façon muette, que cette décision ne sera pas définitive. Silence encore plus épais. Même le bois des bancs a cessé de craquer. Kumar conclut d'une petite phrase que, par la suite, j'ai su puisée dans Shakespeare.

« La pitié tombe du ciel de Dieu comme une douce pluie. Elle porte en elle double bénédiction. Car béni est celui qui apporte sa clémence et béni celui que la reçoit. »

Complètement vidé, Kumar se rassied. Passent alors des secondes interminables et la voix d'Azmi prend le relais :

— *Le châtiment est prévu par la loi. Soit la détention à perpétuité, soit la mort. Je veux croire que la cour prononcera une sentence en rapport avec l'importance du délit commis. Je rappelle à cet égard que la quantité de narcotiques transportée par l'accusée dépasse considérablement celle à partir de laquelle la peine capitale devient applicable. La Malaisie ne doit pas être une plaque tournante du trafic de la drogue. Cela est une question d'intérêt public. Quant au fait que l'accusée soit une jeune fille, qu'est-ce que cela a à voir ? Elle a agi pour des motifs strictement mercantiles. Elle n'est pas une victime mais, d'une façon ou d'une autre, le rouage d'une organisation. Pour ces motifs, je requiers contre elle la peine de mort.*

C'est de sa place, sans avoir bougé une seule fois, que le juge Lee va assener le verdict.

Il le savait donc déjà ?

Il ne trébuchera pas sur ses mots. Tout a été prévu, y compris deux petits cartons plastifiés sur lesquels le greffier lit en premier :

— *My Lord, que toutes les personnes présentes dans cette enceinte se lèvent et gardent le silence, tandis que la sentence de mort sera prononcée contre la prisonnière.*

Le juge se penche sur le second carton et lit à haute et intelligible voix, sans haine et sans passion :

— *La cour ordonne que vous, Béatrice Saubin, soyez conduite de cette enceinte jusqu'à une prison, puis, de là, vers un lieu d'exécution où vous subirez la peine de mort par pendaison.*

Mon cœur se glace.

Le sang s'est retiré de mes veines.

Mes larmes coulent. Seules parcelles de vie dans un être déjà froid.

C'est la fin. La fin du procès.

La Fin.

Quartier privé

« J'avais si froid, si peur, que seul un grincement de portail m'eût prouvé que je vivais encore. »
« Toursky »

Nicole m'a serrée très fort dans ses bras. Sans un mot. Les policiers, tout à coup, très différents des jours précédents, m'ont arrachée à elle.

— Laissez-la pour l'instant ! leur crie Kumar.

Je m'effondre en pleurs contre lui. La réalité de ma mort imminente n'a pas encore cheminé en moi. Le choc me secoue en tous sens. Je pleure ; comme si mon cerveau, mon cœur, ma chair n'avaient été depuis des semaines qu'une boule de nerfs à vif. Ce verdict — si terrible soit-il — a relâché mes nerfs un à un. Kumar m'entraîne dans une petite pièce derrière le prétoire. On se retrouve sur un banc. Je sanglote à tout rompre contre lui. Sur sa robe trempée de sueur, mes larmes. Kumar est effondré. Indigné. Le pire est arrivé.

— Soâbine, ne désespérez pas. Signez ces documents. Il s'agit de votre demande d'appel...

Je signe. Le traumatisme est si fort que je ne me souviens pas du texte dactylographié. Je ne vois rien. Je ne sens rien. Je ne suis que douleur. Vibration sans relâche. Est-ce ainsi que l'on se balance au bout d'une corde ?

On me passe les menottes. Très près de la chair. De l'acier

bouclé cadenassé. Acier coupant. Pas question de bouger. Les bêtes amenées à l'abattoir. Je pense à toutes les bêtes amenées à l'abattoir. Cinq ou six policiers m'entourent. Nous sortons par la petite porte de derrière. Même là, il y a foule. Flashes des photographes. Journalistes osant me poser des questions. Je n'entends rien. Mouches, ce sont tous des mouches se précipitant sur la viande encore vivante, encore sensible... Petit visage bouleversé émergeant des autres : Chia. Essayant de toucher de ses mains mon visage, mes bras, un bout de moi.

Chia disparaît. Comme le reste.

Fourgon cellulaire.

Il est midi.

Bureau d'accueil. D'habitude très bruyant. Cette fois-ci, silence total. Les gardiens n'osent plus me regarder en face. Certains semblent éprouver une réelle peine.

Mok est entré.

— Enlevez-lui les menottes tout de suite, s'il vous plaît ! Laissez-la avec moi. Ordre de Tuan Botak.

Je ne pleure plus. Je suis gelée malgré le 38 degrés qui cogne. Ma robe, moi, un chiffon, une loque. Anéantie ; les os fondus. Mok a beaucoup d'émotion dans la voix.

— Soâbine, nous sommes tous très tristes. Nous n'en croyons pas nos oreilles. Lorsqu'on nous a téléphoné du palais de justice pour nous annoncer la nouvelle, pendant un quart d'heure nous avons pensé à une blague de mauvais goût. « Cessez cette mauvaise plaisanterie... Elle ne peut pas être condamnée à mort... » Hélas, nous avons dû admettre les faits... Aussitôt prévenu, Tuan Botak a donné l'ordre que vous passiez un long moment avec moi, ici... Une heure... Deux heures... Sans gardiens... Car après, Soâbine, il va falloir endurer un autre régime. Vous ne pourrez plus me voir comme avant. Ou alors toujours menottée et accompagnée. A partir de la seconde où vous allez rejoindre la cellule des condamnés à mort, vous serez soumise à une surveillance vingt-quatre heures sur vingt-quatre...

Il me regarde dans les yeux. Avec une émotion extrême. Il me tutoie doucement :

— Tuan Botak a voulu absolument t'offrir ce répit. Passer ici le temps que tu souhaites.

— Laisse, Mok. Pour rien au monde, je ne veux maintenant gâcher ce qui, pour moi, est une affaire de semaines... A moi de découvrir ce que l'on nomme le répit... Je ne veux rien savoir de ce qui va se passer. Au contraire, Mok, restons naturels. C'est le meilleur cadeau que l'on puisse me faire.

On a bu un Nescafé. On a fumé. Il a parlé. De choses et d'autres. Merci, Mok.

Deux heures plus tard, j'ai dû traverser la cour. Silence total. Mêmes grappes d'humains aux barreaux, mais bouche close. Je longe la maison des condamnés à mort. Carrée, blanche, tuilée, située devant l'infirmerie. La porte est une grille à barreaux. Ce 17 juin 1982, il y a un condamné à mort. En train de chercher l'air derrière cette grille. Short blanc, tunique sans col, c'est un jeune Chinois... Échange de regards. Dans ce regard, je lis une complicité effroyable qui me broie le cœur.

Pour la première fois, la matonne de l'accueil ne sait quoi dire. Il n'y avait jamais eu dans cette prison de condamnation capitale féminine. Certaines filles sont en larmes. Surtout les préventives. Elles ont deviné que cette terrible nouveauté risquerait fort bien de ne pas les épargner. Horreur ! on a déjà préparé mes vêtements symboliques. Un pyjama blanc à tunique sans col... La matonne m'emmène vers la salle au bac, pourtant si connue, si bruyante. Elle est déserte. Seule la gardienne surveille tous mes gestes, y compris les plus intimes de ma toilette, avant de me tendre les vêtements infamants.

Désormais, où que j'aille, les filles n'ont le droit ni de me parler ni de m'approcher au-delà de cinq pas.

Le vide est créé. Obligatoire. Il fait partie de la descente en enfer.

Je retrouve ma cellule, mais qui n'est déjà plus celle que j'ai connue. Devant, on a installé un minuscule bureau et une chaise en bois. Une gardienne y sera de faction jour et nuit. La petite pièce a été entièrement vidée de mes objets personnels.

Il ne reste que le seau hygiénique. Une tasse et sa cuillère en plastique. Des cigarettes. A chaque fois que j'ai besoin de feu, je dois demander à la gardienne. Un matelas très épais, vert kaki, a été posé sur le rebord du ciment. Plus de couvertures. Ils ont bien trop peur que je ne m'en serve en lanières pour me pendre avant la date prévue... Pas question de priver Lee et sa bande de ce bel exemple. Pendre une petite Française, venue de l'Occident pourri, à l'aube, dans un huis-clos... Malgré la chaleur, on a posé sur le matelas une couette très épaisse. Je la replie en oreiller. La matonne me laisse un magazine, *Newsweek*. Elle a l'air indécise, bouleversée. C'est la première fois que le cas se présente. Que faire pour moi et de moi ?

— Patiente jusqu'à demain. Je demanderai à Tuan Botak ce dont tu as droit...

Plus de « muster ». Rien de ce qui touche à la vie en commun. On amène mon plateau dans la cellule. Nouvelle surprise : on a retiré une à une les arêtes de poisson, les os de poulet. Signe funeste : la nourriture est bien meilleure. Les légumes cuits à point, de bonne qualité, découpés finement. De la confiture sur le pain.

On gave l'oie avant de la tuer.

Première nuit.

Insomnie totale. J'en suis à l'épouvante.

Il est peut-être une heure, deux heures... L'épouvante, c'est d'être complètement ÉVEILLÉE avec la peur au ventre... A ce moment-là, les récits lus jadis, tous les films où apparaissent des potences m'assaillent. Et c'est moi, moi qui me balance, suffoquant, me débattant encore... Où sera la potence ? En plein air ? Sur une trappe ? Dehors, une corde lancée à la volée autour d'un portique comme dans *Il était une fois dans l'Ouest* ? Me faudra-t-il monter sur les épaules d'un gardien ? Un autre jouera-t-il de l'harmonica ? Me mettra-t-on une cagoule ? Me liera-t-on les mains, les chevilles ? Marcherai-je bravement, ou faudra-t-il me traîner, me lancer telle une balle coincée ? Le bruit des vertèbres brisées monte-t-il en un flot de sang dans la bouche d'où pend une langue bleuie ?

Et mon corps ? Que vont-ils en faire ? Le renvoyer à Grand-mère, par avion, dans un cercueil prévu, au fond de la soute...

Révolte !

Je ne veux pas mourir. Voilà ma seule vérité. Mon unique hurlement. Ni corde, ni gaz, ni balle de revolver, ni guillotine, ni électricité. Ni tout ce que la bonté humaine sait admirablement inventer depuis toujours. Je veux vivre !

La mort : on est seul. Entouré de milliards d'individus aussi seuls quand elle se présentera.

Je tremble comme une feuille. Il est peut-être trois heures. Quand on pend une femme, les ovaires éclatent. Le sang gicle sur les jambes. Il y a aussi les pendaisons ratées. Qu'il faut recommencer. Le cou à demi brisé, la tête encore consciente, épouvantée... Tout m'assaille ; l'angoisse de mort. Cette fois-ci, elle a une forme : une potence. Dédoublement, pourtant. Espoir, désespoir. Ma tête devient un balancier qui oscille entre ces deux extrêmes :

— Ce sera horrible.

— Non. A la dernière minute, on me sauvera. Il y aura l'appel... la clémence du roi... Il y aura la vie...

La vie.

J'ai peur de dormir. Un condamné à mort ne dort jamais la nuit. Nous savons bien que c'est vers l'aube qu' « ils » viendront...

Nous ne somnolons que le jour.

Après cette nuit d'enfer, Tuan Botak m'a fait venir à son bureau. Regards des autres. On dirait qu'ils suivent mes funérailles. Commentaires lugubres :

— Elle est si jeune ! Quel dommage !

Le mieux serait qu'ils restent naturels. Méchants, perfides, mais naturels.

Tuan Botak réussit à me réconforter. Il me parle raison, bon sens. Le ton est chaleureux. L'émotion sincère.

— Soâbine, l'appel existe et vous en avez signé la demande. Cette condamnation n'est pas une fin... Il y a aussi le pardon du roi... Beaucoup de démarches avant qu'elle ne soit appliquée... Je vais prier pour vous...

Il m'autorise à avoir mes livres. Simplement, ils seront posés sur le bureau extérieur. On me les passera suivant ma demande. Nicole pourra me voir chaque semaine dans un parloir spécial. Elle aura le droit de m'apporter de la nourriture, excepté du porc.

Je le remercie mais le prie de m'accorder une demande qui n'est dans aucun règlement — surtout concernant ma situation.

— Pourrai-je avoir un Walkman et de la musique ? Pour passer mes nuits blanches...

Tuan Botak me demande quarante-huit heures afin d'en obtenir la permission de plus haut.

Constamment menottée à ma gardienne, je suis obligée alors de rejoindre le bureau de son adjoint. Debout d'office, je dois entendre qu'on me lise :

— Ma condamnation *(hanging to death)*...

— Le règlement du quartier privé.

— J'ai droit à une demi-heure de promenade, deux fois par jour, sous le préau au préalable vidé.

— Des cigarettes.

— Visites médicales (retaper la bête pour mieux la tuer).

— Livres, passés au fur et à mesure par la gardienne.

— Cuisine spéciale.

— Nescafé, chocolat en poudre.

— Autorisation, selon la religion, de voir un prêtre adéquat.

— Tout ce qui concerne l'hygiène et la toilette est contrôlé et véhiculé par une gardienne.

— Droit, comme toujours, à deux bains par jour mais dans la salle déserte. Bien sûr, sous surveillance.

— Exemptée de « muster ».

Je retiens surtout *hanging to death*. Condamnée à la pendaison jusqu'à ce que mort s'ensuive...

Nouveau matricule : 284-82 BA
(BA = chambre de la fin)

La mort lente commence.

Deux jours plus tard, Nicole me remet elle-même le Walkman. Quelques cassettes. De la musique classique. Un concerto de Boccherini. La *Symphonie du Nouveau Monde* de Dvorak. Les quatuors de Beethoven.

Bonheur de retrouver la musique, la vraie. Cela faisait des mois que je n'en avais plus écouté. Isolement aussi des criailleries et des rires vulgaires de toutes ces filles pour qui la vie continue. Isolement, par la musique, des bruits d'eau, des douches, de tout le reste. Le silence impressionnant de certaines heures nocturnes. Je vis pratiquement le Walkman sur les oreilles. La musique dans ma tête. Ma tête qui va bientôt imploser dès que la corde serrera mon cou...

Morte vivante, et qui respire.

Je bois un peu, avale à peine. Déjà disloquée, si ce n'est la conscience de la musique.

Début juillet, ma lucidité me torture. Il n'est pas une heure où, malgré moi, sans en avoir conscience, je ne cesse de porter ma main droite à mon cou. Derrière la nuque. Protéger les cervicales. Besoin d'oublier, de dormir. Visite au dispensaire. Baba Khoo, navré, me redonne du Valium et, bien que n'ayant pas d'angine, des doubles doses de sirop à la codéine... Il ferme les yeux quand le prisonnier qui l'aide remplit à ras bord la petite timbale du doseur.

Malgré le Valium, le cachet de Mogadon à dix heures le soir, les doses hallucinantes de sirop, je reste éveillée. Casque sur les oreilles, la *Symphonie du Nouveau Monde* me parvient, étrange... Sorte de totale apesanteur, proche d'une indifférence encore jamais éprouvée. L'angoisse me tenaille constamment. Partout. Même dans le Walkman.

La symphonie se fait cacophonie.

Une prisonnière (Grace), en qui la gardienne fait confiance, est autorisée à m'apporter mes plateaux. Laver mon uniforme. Préparer le Nescafé. J'attends avec impatience ces quelques minutes de répit. Enfin, un être humain me parle.

Grace vient quatre fois par jour.

Elle dit des banalités, mais sa voix est un secours. Je me débrouille pour la retenir le plus longtemps possible. Je compte les secondes qui me séparent de la visite de Nicole et Jean.

Précieuses visites ! Nicole et Jean sont la bonté, l'espoir, la vie. La prière active, sereine, totale. Le contraire du cauchemar de ma vie. Ils me font oublier quelques instants que je suis devenue 284-82 BA. Qu'on appellera un matin pour l'exécution. J'avais déjà traversé l'impuissance, la rage, le désespoir. J'en suis à tous ces sentiments mais décuplés, affolés, affolants. Nicole et Jean sont ma seule prise d'air. Ils me tiennent sur l'autre versant de la mort.

— Béatrice, dit Nicole, ta grand-mère a été avertie. Mais ne t'inquiète pas ; elle a très bien réagi malgré la force du choc... Elle se bat déjà pour te sortir de là... Elle est vraiment formidable... Elle se dépasse... Ce n'est plus la femme que tu connais, celle qui est restée dans ta mémoire... elle fait face... elle est fantastique...

Nicole et Jean lui avaient téléphoné aussitôt après le verdict. Par une sorte de grâce, ils avaient réussi à dédramatiser la situation cauchemardesque. Je ne sais quels mots ils ont utilisés, mais ils parlaient avec le cœur. Rien que le cœur, et Grand-mère a supporté. Bien sûr, sa réaction, en fait, avait été terrible. Béatrice condamnée à mort ! Des pleurs, des cris de bête, l'envie de se cogner aux murs de sa pauvre maison... Grand-mère, sans amis. Sans relais avec le monde des relations utiles. Seules lectures : *L'Est-Éclair, France Dimanche.* Elle y lisait, parfois, la rubrique concernant les enfants disparus que les parents, désespérés, recherchent. D'autres perdus dans la drogue. De ces faits divers, brusquement, j'étais devenue le plus important...

Mais que faire pour moi, si loin de la France ?

Nicole me donne alors une lettre d'elle :

Ne t'inquiète pas, Béatrice. D'abord, comment la Malaisie a-t-elle pu commettre une telle injustice ? Je sais bien, moi, que tu n'as rien fait... C'est ce Chinois qui s'est servi de toi. Ils ne l'ont pas arrêté parce qu'il devait avoir de l'argent. Nous, nous sommes des pauvres. Mais je vais tout essayer... Quelqu'un de L'Est-Éclair *est venu me voir. Il connaît des gens importants à Paris. Ils vont te sortir de là... En attendant, dors bien, mange, surtout. Ta santé est ce qu'il y a de plus important.*

Ta mémé qui t'aime.

C'est la première fois qu'elle me le dit. Me l'écrit.

Mémé qui t'aime...

Ma prière. Ma prière pour la vie :

Mon Dieu, si jamais tu me donnes la vie, une seconde fois la vie, je jure à jamais d'entrer dans de meilleures résolutions. Ne plus jamais offenser quiconque. Aimer vraiment Grand-mère. Pardonner à mes ennemis... Rester en prison pour toujours, mon Dieu, mais vivre. Respirer. Revoir un bout de ciel. L'aube et le crépuscule. Le soleil. Les étoiles. La mousson et les cafards. Oui, même les cafards, ce serait encore trop beau, si on ne me tue pas. Pardon de n'avoir pas su profiter et aimer la vie davantage. Louer toute la beauté du monde. Louer le fait d'avoir aimé la mer, les fleurs, les chemins. D'avoir rencontré Tes créatures, même les pires... Pardon de ne pas avoir suffisamment compris que tout cela était la vie. Rien que la vie. Si jamais on ne me tue pas, j'essaierai à jamais de chasser l'amertume de mon cœur.

La jalousie. La colère. L'envie. La haine. Le découragement. Le désespoir...

Vivre, mon Dieu, vivre, le plus puissant des cadeaux...

Ma peau est blafarde. La condamnation agit comme un acide sur tout mon être. Mes cheveux sont ternes. J'ai demandé à Grace de me les couper très court, dans un moment d'effondrement. Qu'ils se dépêchent de me tuer ! Qu'aucun obstacle n'entrave leur corde ! Grace, maladroite, taille et taille. Je vois tomber sur le sol mes cheveux châtains. Qu'on envoie une mèche à Grand-mère, en souvenir ! Elle la mettra près de ma photo constamment fleurie. Grace me tend un petit miroir carré, ordinaire. Cette coiffure accentue mes yeux de hibou, cernés de mauve. Mon teint livide. J'ai perdu mon premier visage. J'ai celui de la mort lente. Qu'ils en finissent ! Tout, sauf cette attente du pire...

Où est passée ma prière ? La haine, le mépris me submergent à nouveau. Mépris de tous ces gens qui tuent sans sourciller. Au nom de l'exemple. La morale. Les bons sentiments. L'amour du pouvoir.

Visite de Kumar.

Toujours au parloir spécial.

Je me défoule sur lui. Après tout, il fait partie de la bonne société malaisienne. Jusqu'à quel point n'a-t-il pas joué leur jeu ? Je suis personne. A part la jeunesse et sa grâce, je ne suis affiliée à aucun système de pouvoirs. Leur exemple (me tuer) est d'autant plus facile. Qui interviendrait pour tirer de là une jeune femme aussi misérable que moi ? En plus, ils vont tuer, pour la première fois, une Française. Leur gouvernement ne peut que s'en réjouir. Voilà un bel holocauste pour souffleter l'Occident et son arrogance ! Perversion aussi. Pendre une fille de vingt ans, est-ce une jouissance supplémentaire ?

— Soâbine, votre procès est en fait arrivé à un très mauvais moment politique...

Que peut-il dire de plus, dans ce pays où l'opposition aux décisions de l'exécutif peut aboutir à ce qu'ils nomment une inculpation I.S.A. ? (acte de sécurité interne). Elle autorise la détention illimitée, sans recours à la justice...

— Soâbine, je me démène pour votre appel. Reprenez confiance. Ne vous laissez pas démolir à ce point... Je suis en train de relire toutes les pièces de votre procès avec une minutie totale. J'y passe mes nuits. J'ai trouvé des failles très utiles à votre appel ; ces failles peuvent tout changer...

— Changer quoi, Kumar ? Ne trouvez-vous pas que j'ai déjà été bien victime de vos argumentations ! Je n'ai plus confiance dans tous ces tribunaux... Il est tellement évident qu'ils sont soumis, ici, à l'exécutif. Ils se conformeront aux besoins politiques... D'ailleurs, les journaux ne répètent-ils pas, depuis le début de l'année, qu'ils ont besoin de la chasse aux sorcières ? Le Premier ministre, Mahathir, ne le claironne-t-il pas, lui et son parti ? Mahathir souhaite briller de cette manière aux yeux des Nations unies... Devenir le leader de tous les pays qui luttent contre la drogue... En tuant, il pense se débarrasser de ce fléau ? Seulement, vous vous êtes trompé de cible ! Moi, je n'ai rien à voir avec ces trafics immondes !

Kumar n'aura de moi que mon explosion. Seules les vérités de Nicole et Jean m'apportent du réconfort. A force de détresse, je n'ai même pas envie de lire les lettres de Rachid et des autres... Les initiatives de Grand-mère accentuent ma peur. Grand-mère ne connaît pas le protocole terrible de la Malaisie. Elle peut, sans le vouloir, accélérer mon exécution. Du côté des Saubin, ça les arrange. Ni courrier ni manifestation d'aucune sorte. Un épais silence. Plus tard, j'apprendrai que la famille Saubin, de Montpellier, ne s'est manifestée que pour contacter la presse, afin de leur interdire de citer leur nom, fâcheusement accolé à celui d'une certaine Béatrice...

C'était au moment où la France s'était remuée à mon sujet. Autant ma mère avait sombré dans une profonde dépression, proche du suicide, hantée par sa fille disparue qu'elle n'avait pas su élever, autant les Saubin n'avaient vu que scandale et dérangement. Je suis désolée, chers Saubin, d'être à ce jour vivante et remplie d'énergie. Heureuse à ma manière. Libérée comme vous ne le serez jamais, vous, les sans-cœur, en qui la pendaison d'une enfant de vingt ans, de votre sang, n'avait soulevé que l'effroi du scandale...

Balancier permanent de l'espoir, du désespoir. Les prières de Nicole et de Jean. Les miennes, sous forme de regrets, d'insomnies, de larmes et de triple sirop...

J'atteins ainsi, plus mince que jamais, la veille de mes vingt-trois ans.

Grand-mère débarque

Apesanteur mentale. Cependant, angoisse permanente de la lucidité. Terreurs nocturnes : comment vais-je endurer mon dernier quart d'heure ? Est-ce très douloureux, la brisure des cervicales ? L'étouffement ? Plus long que la chambre à gaz ? Plus que jamais, je passe la main sur mon cou. Un après-midi, la porte s'ouvre brusquement. Deux gardiennes dont l'une avec les menottes, qui accompagnent tous mes déplacements :

— *Nenek awak dah datang !* (Ta grand-mère est là !)

Quoi ? Mais c'est extraordinaire ! Mémé est là ! Mémé de Romilly ? Elle qui n'était jamais allée plus loin, une fois l'an, que Troyes et en car. Elle en Malaisie, elle pendant quatorze heures dans un avion ? Elle ? Ma mémé à moi ?

C'est bien elle.

En larmes. Moi aussi. Nous tombons dans les bras l'une de l'autre. Ma mémé, pareille à elle-même et pourtant si différente ! Plus petite, amenuisée par la peine. Plus ridée que jamais. Les jambes entourées de bandes circulatoires malgré la chaleur. Une robe-chemisier. Un sac que je reconnais, d'où elle sort des boîtes de petits fours, achetés à la meilleure pâtisserie de Romilly.

Elle pleure et parle en même temps.

— Ma pauvre Béatrice, qu'est-ce qui nous arrive ! Heureusement, il y a ce monsieur très gentil qui s'est occupé de moi et m'a accompagnée jusqu'ici...

Elle se tourne vers un homme que, par émotion, je n'avais pas aperçu tout de suite. Petit, rondouillard, journaliste au *Journal du Dimanche*.

— Des gens de *L'Est-Éclair,* continue mémé, ont informé *Le Journal du Dimanche*. Ils ont fait une grande campagne pour te sauver... Tu sais, beaucoup de gens importants, des docteurs, des écrivains, des chanteurs, des savants, ont signé pour toi...

Elle s'assoit, éponge son front ruisselant.

— C'est jour et nuit comme ça, Béatrice, comme tu dois souffrir ! Mais qu'est-ce que tu es venue faire dans ce pays ? T'étais pas bien à Romilly ?

Pauvre mémé. Comment te faire comprendre que c'est justement Romilly et ta conception de la vie qui m'ont amenée jusqu'ici ?

— Tu sais, j'ai eu à la maison tous les gens de la presse... Même que les voisins étaient toujours aux fenêtres... Y a même eu la télé... Je sais bien qu'ils profitent de mon chagrin... de notre histoire... Mais, va, va, fallait surtout essayer de te tirer de là... Pour ça, c'était important que les gens sachent...

M. F., son étrange compagnon se tait. Grand-mère poursuit :

— Tu sais, ces gens des journaux ont été vraiment très gentils... Ils m'ont offert le voyage pour venir jusqu'ici... C'est ce monsieur qui s'est occupé de moi. De Romilly jusqu'ici... Ils m'ont mise dans un bel hôtel... Je me suis aussi occupée avant de partir de te trouver un avocat... Le plus grand de France... M. Paul Lombard... Cette fois encore, ce sont les gens des journaux qui m'ont aidée à lui parler... C'est pas facile de téléphoner à un monsieur connu... Il m'a promis qu'il allait te sortir de là... Qu'est-ce que t'as maigri ! Et tes beaux cheveux, pourquoi ils les ont coupés ? Tes yeux sont cernés. Tu ne dors pas ? Mange, Béatrice, mange les petits fours de Romilly...

Je me force. Comment la peiner davantage ? Lui expliquer

que je préférerais la douceur d'une mangue à ces pâtisseries écœurantes et que surtout j'ai la gorge nouée depuis des jours et des jours...

Une corde invisible me suit jour et nuit...

Grand-mère se met alors à sangloter si fort que je tente de lui remonter le moral.

— Ne t'inquiète pas, mémé. Ils ont fait ça pour faire peur à l'Occident. A tous ces jeunes qui viennent ici... Mais il y a l'appel. Tu verras, ça va bien se passer... Est-ce que je pleure, moi, dis ? Est-ce que j'ai l'air déprimée ? Tu vois, je souris même...

Surtout ne pas m'effondrer devant elle. Lui accorder un semblant de normalité. Lui sourire. Si je me répands à mon tour, sa peine en sera décuplée. Pour couper Grand-mère de sa brusque émotivité, je me tourne vers F., du *Journal du Dimanche*.

— Cela fait longtemps que vous travaillez à ce journal ?

— Je suis surtout écrivain.

— Intéressant ! Quel est votre dernier livre ?

— Il remonte à trois, quatre ans. C'est un livre de recettes culinaires. J'adore écrire des livres de cuisine.

J'ai envie de rire.

— Le voyage s'est bien passé ?

— Votre grand-mère est formidable... et pourtant c'était son baptême de l'air ! Elle ne parlait que de vous... C'est ainsi que nous avons débarqué à l'E.N.O...

L'E.N.O. ! Si ce n'était si triste, je crois que je m'esclafferais franchement. Peut-être Grand-mère occupe-t-elle la chambre qu'Eddy et moi... Allons, cessons d'y penser. Tandis que mémé calme ses pleurs, F. s'échauffe :

— Figurez-vous qu'il nous est arrivé une aventure, ce matin même, avant de venir ici. J'étais sorti faire un tour, laissant votre grand-mère à sa toilette. Je l'ai retrouvée complètement bouleversée. Elle m'a raconté une étrange histoire.

Grand-mère s'exclame alors, reprise d'une soudaine énergie :

— Ah oui ! j'ai bien failli finir ici avec toi ! Ces salauds de Chinois ont voulu me pendre !

La pendre, Grand-mère n'est-elle pas en train de perdre la tête ?

— Oui, oui, me pendre ; j'étais dans la salle de bains et j'avais pas fermé la porte à clef. J'étais toute nue. Tout à coup, j'ai entendu des voix... Je me suis avancée, la serviette autour de moi... Tu sais ce que j'ai vu près de mon lit ? Trois Chinois... Deux étaient en train de mettre des paquets dans ma valise. Le troisième leur disait : « Dépêchez-vous ! dépêchez-vous, avant que la vieille n'arrive ! »

— Dis, mémé, ils parlaient français, tes Chinois ?

— Un très bon français, mais c'étaient de vrais Chinois. J'ai fermé la porte de la salle de bains ; j'ai mis le verrou et j'ai hurlé : « Au secours ! au secours ! » M. F. est arrivé.

— Effectivement, dans sa chambre déserte, j'entendais votre grand-mère crier à tout rompre. J'ai cru à un malaise. Elle n'osait plus m'ouvrir. J'ai fini par la rassurer et elle m'a raconté l'histoire...

Pauvre mémé, dans son amour pour moi, elle a vécu l'hallucination d'un mimétisme, elle a rêvé mon cauchemar.

— Les Chinois, conclut-elle, sont tous des bandits.

La gardienne nous fait signe que la fin de la visite approche.

— Je reviens te voir demain, Béatrice. Maintenant, je vais chez la sœur Nicole ; elle et le père Jean nous attendent... Je suis bien contente de les connaître enfin après ce qu'ils ont fait pour toi ! D'ailleurs, dans ce Romilly que tu critiques, il y a des gens bien ! Je vais t'expliquer : ils m'ont prêté de l'argent pour payer ton avocat d'ici... Y en avait pour 20 000 francs... Où voulais-tu que je trouve une somme pareille ? Je rembourse mois par mois sur ma petite pension... Dame, ça ne me fait plus bien lourd à la fin du mois... Mais ne t'inquiète pas... Tout va bien... A demain, ma petite Béatrice.

Embrassades. Pleurs. Émotion générale. Même les gardiennes ont l'œil humide. En Malaisie, la famille est très importante. Rien ne les touche plus que le chagrin de cette vieille femme qui n'a pas hésité à faire des milliers de kilomètres pour me voir quelques heures...

Elle revint, en effet, le lendemain. Plus calme. Presque sereine. La simplicité du cœur de Nicole et Jean avait apaisé ce cœur simple. Ce cœur de Grand-mère. Ce cœur bouleversé et sincère.

A la fin de ce second et dernier parloir, elle m'embrassa très longuement. Parloir que, délicatement, Tuan Botak avait fait prolonger au maximum...

Était-ce un adieu ? Ni l'une ni l'autre n'osait l'affirmer. Un lointain, lointain au revoir. Au mieux de mes chances, quand la reverrais-je et serait-elle encore en vie ?

Nous n'étions sûres, à ce moment des adieux, que de notre profond et incompatible attachement.

Grand-mère et moi : si séparées et tellement ensemble...

Me Lombard ou la course contre la mort

Grand-mère a écrit à Paul Lombard.

Maître,

Comme vous l'avez sûrement appris, ma petite-fille Béatrice Saubin, âgée de vingt ans, a été condamnée à mort par les tribunaux en Malaisie, pour trafic de drogue. Je vous jure qu'elle est innocente et j'aimerais beaucoup que vous preniez sa défense. Cher maître, sauvez ma petite-fille, car elle est ce que j'ai de plus cher au monde. Dans l'attente de votre réponse, recevez, Maître, mes salutations respectueuses.

Mme Marguerite Michelot.

Cette lettre était arrivée un vendredi. Dans un premier temps, l'avocat n'y avait pas prêté attention. Le lendemain, il reçut un coup de téléphone de l'homme qui avait accompagné Grand-mère à Penang. Le journaliste du *Journal du Dimanche*. Il lui demanda s'il acceptait de compléter la liste des personnalités qui avaient signé pour « la petite Saubin » afin de lui éviter la peine capitale. Déclic : Paul Lombard fait le rapprochement avec la lettre signée Marguerite Michelot...

Il n'hésite plus. Il réalise l'extrême gravité de ma situation et décide de se porter à mon secours.

Second coup de téléphone. Sa secrétaire l'avertit qu'une « certaine Mme Michelot » est au bout du fil... Paul Lombard prend le combiné. Des sanglots, des sanglots de vieille femme entrecoupés de : « Sauvez-la, Maître, sauvez ma petite-fille, je n'ai qu'elle au monde. »

Comment résister à ces supplications, à ces larmes ?

— Calmez-vous, madame Michelot. Calmez-vous. Ne pleurez plus. Je prends cette affaire en main. Vous n'êtes plus seule. Je vais me rendre en Malaisie examiner sa situation exacte. Faites-moi confiance. Ensemble, nous sauverons votre petite-fille.

— Maître, je n'ai pas d'argent pour vous payer...

— Qui vous parle d'argent ?

Paul Lombard raccroche doucement. Celui qui est désormais mon défenseur passe aux actes.

Contacter d'abord la presse. Coups de téléphone à tous les journaux s'étant intéressés à mon histoire. Photocopies des articles publiés à ce sujet. Ensuite, l'ambassade de Malaisie en France. Toujours par téléphone ; le temps presse, presse... On lui confirme qu'il existe une possibilité d'appel dont on ignore la date. Taxi jusqu'au Quai d'Orsay. L'avocat est reçu par un haut fonctionnaire. Qui ne voit pas d'un œil favorable qu'un avocat de renom se mette en travers du destin. Pour lui, l'affaire Saubin est désormais du ressort diplomatique. Lombard est d'un avis contraire.

— Ma décision est prise. Rien ni personne ne m'y fera revenir. Je ne vous demande pas de me soutenir. Vous pouvez me désavouer tant que vous voudrez. Ce n'est pas le Quai d'Orsay qui m'envoie, c'est moi, à la requête de sa grand-mère, qui prends seul les initiatives de ma démarche.

C'est ainsi qu'il s'embarqua le lendemain pour Kuala Lumpur ! Loti d'un bagage minimum, il arriva, après quatorze heures de vol, dans cette ville moite où il ne connaissait personne...

Il est persuadé qu'il va pouvoir me rencontrer. Qu'il dispose d'au moins trois semaines avant l'appel. Dès l'aéroport, il se rend compte qu'un homme le file discrètement. Un Indien d'une quarantaine d'années. Petite moustache, costume gris. Un vague aspect à la Clark Gable... Paul Lombard se doute que cet homme n'est pas là par hasard. Probablement un agent de renseignements. Le mieux, pense Lombard, est encore de l'aborder, l'utiliser franchement. L'Indien s'est approché et lui demande en excellent français, ce qui arrange l'avocat :

— Puis-je vous aider, monsieur ?

Il se propose de le véhiculer jusqu'à l'hôtel retenu depuis Paris : le Hilton. Désormais, l'Indien le suivra comme son ombre...

Au Hilton, Lombard téléphone à Kumar, à Nicole et à Jean. Il apprend ainsi que je suis à la prison royale de Penang.

Toujours avec cet étrange personnage sur les talons, Paul Lombard fonce vers les ministères. Il rencontre, sans succès immédiat, divers fonctionnaires. Taxi, toujours avec l'inconnu, fort utile pour traduire... Il entre en contact avec les correspondants des agences de presse basées à Kuala Lumpur. Leur communique son intime conviction : Béatrice Saubin est innocente. Elle a été manipulée. Il agite le spectre de l'erreur judiciaire.

Lombard compte bien que, de son côté, « l'espion » fera part de sa détermination — me sauver — en haut lieu... Connivence inavouée des deux hommes, bien trop intelligents l'un et l'autre pour être dupes de leur double jeu. Une certaine sympathie les unit.

Lombard découvre d'après les uns et les autres une sombre réalité. L'appel n'est qu'une formalité où je n'ai aucune chance.

Il prend alors le premier avion (six heures du matin) pour Penang.

Jean l'attendait au pied de l'appareil. Il avait réussi à glisser sa vieille 2 CV sur la piste de l'aéroport.

— Bonjour, maître. Il n'y a pas une minute à perdre. Pour commencer, venez prendre le petit déjeuner à la maison. Nous allons en avoir besoin. La journée sera rude.

C'est ainsi que Paul Lombard se retrouva devant un saucisson à l'ail, de la galette de Paimpol et une bouteille de cidre bouché !

Jean lui présente Nicole. Lombard est très ému.

« *Je me trouvais, Béatrice, face à des pionniers de l'âme... Des religieux d'élite ayant dédié leur vie à œuvrer dans ces pays difficiles...* »

On commence par lui refuser le permis de communiquer. Il insiste :

— Je viens de faire dix mille kilomètres pour voir ma cliente. Je ne quitterai le palais que lorsque j'aurai mon laissez-passer... Dans toutes les démocraties judiciaires, il est dû aux avocats. La Malaisie, de vieille tradition anglo-saxonne, ne saurait y déroger.

On lui fait rencontrer un magistrat. Coups de fil, démarches dans l'ombre. Obstination de Lombard. Il finit par l'obtenir. Soulagement du père Jean qui l'a accompagné dans ce parcours complexe et lui sert d'interprète.

Lombard est reçu, ensuite, dans l'extraordinaire capharnaüm de Kumar. Tables et chaises croulant sous les dossiers. Livres de lois épars. Ventilateur au plafond... Kumar et Lombard : deux tempéraments généreux, extravertis, secrets pourtant. Immédiatement... le courant passe.

« *Nous sentîmes cette sorte de fraternité entre les pénalistes de différents pays qui ont l'habitude de cohabiter avec le malheur et avec la mort... Kumar me certifia qu'il s'agissait d'une affaire très grave. Qu'il s'était battu pour vous, jusqu'au bout, mais gardait peu d'espoir pour l'appel.* »

Kumar lui confie les minutes du procès, le sens de sa plaidoirie. Coup de théâtre : en France, l'ambassade de Malaisie lui avait fait savoir qu'aucune date n'était encore fixée pour la fatidique audience. Kumar lui annonce qu'elle va avoir lieu dans sept jours... Lombard n'en croit pas ses oreilles.

Désormais, chaque seconde compte dans cette course contre la montre, contre la mort.

Il est temps pour lui de me rencontrer.

Quel souvenir garde-t-il de ce premier contact ?

« *Vous aviez déjà quitté notre monde. Vous me regardiez et pourtant vous n'étiez pas là. Vous étiez belle, étrangement jeune. Une petite fille désarmée, promise à un destin tragique et cruel... Vous passiez vos mains autour de votre cou comme si vous vouliez exorciser le supplice à venir. J'avais envie de vous serrer contre moi, mais il ne fallait pas céder à l'émotion.* »

Il s'est alors précipité vers moi. Il m'a saisi les mains avec chaleur.

« *Maître Paul Lombard. Je suis venu à la demande de votre grand-mère. Asseyez-vous, Béatrice. Nous avons à travailler... Vous allez m'aider à traduire les minutes de votre procès...* »

Sa générosité est telle qu'il m'avouera ensuite s'être forcé à me mentir pour calmer mes terreurs.

« *Si je crois en Dieu, c'est parce qu'il a inventé le mensonge. Lorsqu'on se trouve en face de quelqu'un qui est condamné à mort, il n'y a qu'un devoir. C'est de lui masquer la vérité.* »

Avant de travailler, côte à côte, à la traduction, il m'avait dit :

« *Ne cherchez pas à comprendre. Mais sachez que vous ne risquez rien. L'appel vous sera favorable.* »

Il a vu mon regard sceptique. Il a senti que je ne suis pas de nature à me contenter de bonnes paroles. Que ma force dépend bien plus de la vérité que du leurre.

« *Béatrice, vous allez participer à votre défense de façon active...* »

Non seulement il m'a responsabilisée en me faisant traduire ces textes, mais a eu l'honnêteté de se montrer avec ses imperfections. S'il avait la connaissance de la loi, il lui était difficile de traduire vite et bien ce texte fondamental. Il me laissa alors « la responsabilité active ». Prendre en main mon destin. Depuis des semaines, je n'étais plus qu'un objet numéroté pour la mort. Paul Lombard me restituait mon identité d'être humain...

Il est près de cinq heures quand un des officiers supérieurs vient nous séparer.

Je le regarde, interloquée, irritée. Que vient faire cet importun ? Dans ma concentration, j'étais parvenue à oublier ma position, mon état...

Je regarde Paul Lombard s'éloigner. L'espoir est revenu. Je ne suis plus seule.

De retour à ma cellule, je demande du papier, un crayon. Je note de mémoire les points importants, les failles, les invraisemblances qui parsèment le dossier. Elles ne peuvent que me sauver. Lombard m'a inculqué cette assurance :

— Je ne vais pas mourir.

— Je ne veux pas mourir.

La colère m'a reprise depuis que j'ai traduit le procès. Conscience d'avoir lu et relu un tissu de mensonges, de grossières contradictions.

« *Ce sera le thème de la défense à la Cour suprême, m'a-t-il dit. Nous nous reverrons à ce moment-là. Dans une semaine.* »

La peur, amoindrie grâce à lui, est quand même toujours là.

Paul Lombard m'a quittée très agité. D'habitude, pour lui, la vérité d'un accusé n'a pas d'importance. C'est un luxe qu'un avocat ne peut pas s'offrir. Or, ce jour-là, il quitte Penjara Penang habité d'une intime conviction. J'ai été victime d'une erreur judiciaire.

« *Nous nous trouvions devant un cas de figure porté par le flagrant délit. Le fait d'avoir trouvé une valise avec de la drogue arrangeait les douaniers. Ils pouvaient alors faire coller à tout prix votre culpabilité à la découverte qu'ils avaient faite. Les déclarations leur servaient non pour découvrir la vérité, mais pour conforter votre culpabilité... L'affaire Saubin est devenue alors pour moi le drame Saubin.* »

Lombard retrouve Jean qui faisait les cent pas dehors. Bouleversé, il lui demande de l'emmener dans un endroit, en plein air, où il puisse marcher et réfléchir. Seul. En paix. Jean l'emmène au jardin botanique. Au milieu des baobabs et autres plantes exotiques, dans ce crépuscule tropical, sous une pluie tiède et fine, Lombard réalise son impuissance et sa solitude. Il se revoit jeune avocat quand il lui avait fallu plaider sa première affaire d'assises... Sans relations ni appuis précis... Il a l'impression de repartir de zéro, de livrer un combat impossible contre le destin.

Que faire ?

Le lendemain, le hasard va aider Me Lombard.

Le matin, tôt, dans le hall de l'hôtel. Un homme lui tape sur l'épaule. Il reconnaît une de ses relations. M.B., homme d'affaires français. La Malaisie est sa seconde patrie. Il y entretient des contacts au plus haut niveau.

Cet homme est la bouée où se raccrocher. Lombard se jette à l'eau. Lui explique la raison de sa visite. M.B. est pessimiste :

— Oui, c'est une histoire qui a fait du bruit. Mais, crois-moi, tout est réglé d'avance. Tu n'as aucune chance. Le pays est décidé à faire un exemple.

— Écoute, elle est innocente. J'ai étudié son dossier. Elle est victime et non coupable. Victime d'un salopard qui l'a manipulée. Il faut que tu m'aides.

M.B. a l'air ébranlé :

— Entendu. Je vais faire quelque chose. Ensuite, à toi de te battre pour les persuader... Il y a, cet après-midi, un match de hockey sur gazon où ils se rendront tous... Je te présenterai. Des représentants du gouvernement et des familles royales y seront...

L'avocat n'a jamais vu un match de hockey sur gazon de sa vie ! Qu'importe ! le but est trop important. M.B. tient sa promesse. Il le présente à une haute personnalité politique. Lombard sait qu'il lui faut à tout prix être à la barre de la défense. En principe, impossible d'après les lois de ce pays. Comment franchir cet obstacle ? Par la force de la conviction. Le poids de la certitude. Laisser planer aussi une sorte de menace. Si la Malaisie exécute quand même une jeune fille de vingt ans, elle se retrouvera au ban des démocraties judiciaires. Il s'occupera de le faire savoir.

Il parle avec une telle fougue que son interlocuteur l'interrompt :

— Si vous agissez ainsi, on vous expulsera.

— Vous m'expulserez peut-être, mais vous ne m'empêcherez pas de parler. Ni en Malaisie ni à Singapour. En tout cas, pas en France où on entendra ma voix...

Le regard asiatique reste imperturbable. Lombard ne connaît rien à ce peuple. Gaffe-t-il ? Marque-t-il des points ? Me perd-il ? Sa détermination le soutient. S'il arrive à franchir le banc de la défense, ils n'oseront pas condamner à mort une de ses compatriotes... Il glisse aussi que la peine de mort vient d'être abolie en France.

Le lendemain.

Plus que quatre jours avant l'appel.

Il continue ses démarches. Chaque jour une conférence de presse avec tous les représentants des agences. Remuer l'opinion. Avec toujours le même message :

« J'ai confiance dans la justice malaisienne. Une nation civilisée ne tue pas les gamines. Seule la barbarie se protège avec les réflexes de la barbarie. »

Entre-temps, il téléphone à Paris. A la presse. Si les médias malaisiens restent de marbre, la France s'enflamme. L'opinion a les yeux fixés sur ce pays lointain.

L'avant-veille de l'audience, il se rend au palais. Il demande à un greffier de voir le président.

— Impossible. Dans notre pays, un avocat ne rencontre jamais un juge avant l'audience...

Il n'en a cure, pousse une porte, se retrouve devant un magistrat... L'homme, éberlué, finit par accepter de l'entendre. Il parle un peu le français. Lombard expose à nouveau l'impact médiatique du cas Saubin. La gravité d'une sentence irréversible, la publicité désastreuse qui en résulterait pour la Malaisie. Puis il se rend à l'ambassade de France.

Elle est située assez loin du palais. A Jalan Ampang. Il est reçu par l'ambassadrice d'alors, Mme de Corbie, petite nièce du général de Gaulle. Là encore, il s'agit de convaincre. D'obtenir une neutralité bienveillante. Mme de Corbie est très pessimiste sur mon sort.

— Madame, je ne suis pas délégué par le Quai d'Orsay. Je ne viens pas vous demander une aide logistique, mais matérielle. Une jeune fille joue sa vie... On ne peut la sauver que par des méthodes très honorables, rassurez-vous, mais qui risqueraient de créer un embarras diplomatique... La seule chose que je vous demande — l'affaire est tellement pressée — est de m'accorder une voiture et un chauffeur pour mes incessants déplacements... Laissez-moi faire, je vous en prie, et surtout faites-moi confiance.

Mme de Corbie se laisse convaincre.

— Je vous connais de réputation, Maître. Je sais que vous ne me placeriez jamais dans une position difficile vis-à-vis de ce pays où je représente la France.

— S'il y a le moindre problème, madame, désavouez-moi. Je me débrouillerai tout seul.

Mme de Corbie, alors, n'hésite plus. Elle lui laisse voiture et chauffeur. La liberté morale de toute son action. En rien elle ne l'entrave. Puissante manière de contribuer à mon aide.

La veille de l'audience, dans une chambre du Hilton, le téléphone déchire le silence.

— Paul, c'est Kumar. Bravo ! Vous êtes autorisé à vous asseoir au banc de la défense. Il n'y a pas de précédent en Malaisie.

Nous sommes le 24 août 1982.
On me transfère à Kuala Lumpur.

Pudu

Nicole m'a fourni le sac nécessaire à mon modeste bagage. L'ensemble beige, un peu de linge. Un jean et une chemise pour le voyage en bus. Le trajet va durer une longue journée.

Ferry, d'abord. A nouveau la mer. Le ciel. Immense. Limpide. Le soleil... La Malaisie défile, kilomètre par kilomètre. Nous traversons des villages, des plantations d'hévéas, de bananiers. J'en oublie mes menottes, mon escorte. Deux gardiennes, une dizaine d'officiers divers, mitraillette au poing, le chauffeur... J'apprécie à fond chaque cadeau de la nature, de la vie.

Ce trajet en bus pénitentiaire a peut-être été — en dehors du Khyber Pass — le voyage où j'ai le mieux éprouvé, senti la joie pure des routes... Arrivée de nuit.

Je suis attendue à Pudu.

Prison coloniale, semblable à celle de Penang, trois fois plus vaste. Le mur extérieur est recouvert d'une longue fresque exécutée par un prisonnier toxicomane. Il a peint des bateaux, des pêcheurs, des petits villages. L'ensemble est naïf, coloré. La simplicité de la vie, loin des hallucinations de la drogue. Une jungle douce où sont reproduits tous les verts...

Il y a à Pudu, à cette époque, deux Chinoises condamnées à mort. Installées dans deux cellules contiguës. Celles-ci étant occupées, on a vidé pour moi une autre cellule qui d'habitude contient une quinzaine de filles. Générosité des prisonnières d'ici, au courant de mon histoire. Toutes me disent un mot d'espoir. Me proposent des bonbons, une tasse de chocolat en poudre. Une Indienne me donne son « capati » du dîner. Je suis bouleversée par l'humanité de cet accueil... Je somnole sur l'odieux matelas de condamné à mort. Dévorée de piqûres. Des puces ; des dizaines de puces. Pire que la nuée d'insectes, la certitude de jouer, demain, ma dernière chance...

Le matin. Le bain. On m'accompagne au quartier de mes

deux consœurs chinoises. Cœur serré. Espace vaste et vide. Le ciment résonne singulièrement. Devant les deux sinistres cellules, un petit bac et une toilette à la turque, sans paravent... Les deux malheureuses sont elles aussi surveillées sans relâche, y compris dans leurs gestes les plus intimes. Seul adoucissement : elles ont le droit de se parler. Je me lave devant leur bac. Devant elles et cinq gardiennes. J'ai beau leur répéter : « *Missi, missi, saya nak mandi !* » (Madame, je vais prendre mon bain maintenant !) — périphrase polie pour les éloigner —, toutes répètent : « Eh bien vas-y ! vas-y ! » et ne bougent pas d'un pouce. Je me lave donc, entourée de commentaires sur la forme de mon corps, le grain de ma peau. Je m'accroupis, morte de honte. Leur tourne le dos. Mais les langues vont bon train. Comment est moulé le sexe d'une Blanche ?

Les deux condamnées rient fréquemment. Ce rire si pénible de ceux qui n'ont plus rien à perdre. Elles sont en quelque sorte rassurées de voir leur misérable couple grossir. De ne pas être les seules à vivre l'épouvante.

Quand, peu de temps après mon départ, on pendit, dans une salle au fond de Pudu, la première, la seconde se sentit devenir folle. Elle s'était débattue, tandis qu'une gardienne l'avait garnie de coton entre les cuisses... L'angoisse avait alors pris toute la place. La réalité de la mort imminente.

Je me lave, je me lave... L'eau sur la peau. L'eau en forme d'un immense sanglot que je retiens.

Cour suprême

25 août 1982.

J'ai remis l'ensemble beige. Le chemisier blanc. Je vais mal. La vision de ces deux femmes bientôt mortes m'a bouleversée. Aucun optimisme. Plus que jamais, je passe mes mains autour de mon cou... Dès l'arrivée, étroitement menottée, entourée d'une vingtaine de gardiens, de la police, je dois supporter l'assaut des flashes et des journalistes. Leur cannibalisme m'écœure.

On m'entraîne, par un escalier en fer et en colimaçon, très

sombre, au fond d'un sous-sol. Plusieurs cages ; on me boucle dans l'une d'elles. Juste un banc. Le temps redevient interminable. Je transpire, mais je suis glacée. Tout va se jouer dans les heures à suivre. La dernière étape. La dernière chance. Là-haut. Mon interprète, Nicole. Elle me serre dans ses bras.

Chaud rayon lumineux de sa présence. Me Lombard est déjà installé. A la droite de Kumar, près d'Azmi. De dos par rapport à moi.

Deux rangées de sièges en cuir, destinés à la presse. Prétoire en bois clair, luxueux et bien ciré. Aux murs, les emblèmes colorés des treize États de Malaisie. Je tourne le dos au public. Mais je le perçois. Les journalistes se sont retournés à mon entrée. Ils me regardent avec avidité et commencent à prendre des notes. Impression lourde et malsaine. Je sens chez ces hommes une curiosité qui n'a plus rien à voir avec mon histoire. Un mélange pervers et vague de désir mêlé à l'envie voluptueuse de voir confirmer ma mort. Je ferme les yeux. Je pense à Grand-mère.

Un huissier annonce l'arrivée des trois magistrats : les juges Tun Mohamed Suffian, Sallas Abbas et Abdul Hamid.

Paul Lombard et Kumar sont au bord de l'épuisement. Ils ont passé deux jours et deux nuits à étudier chaque pièce des minutes du procès. Ils ont établi ensemble les conclusions. Sans relâche, jusqu'à l'aube.

Non coupable. Non coupable parce que la police n'est pas intervenue alors qu'elle nous filait, Eddy et moi, depuis des jours.

Non coupable parce que je savais que la valise serait obligatoirement passée aux rayons X.

Non coupable parce que les douaniers ont menti.

Non coupable parce qu'Eddy Tom Kim Joo a bénéficié d'une indulgence inexplicable dont seuls les indicateurs ou les agents doubles profitent.

Non coupable parce que j'ai été la victime d'une manipulation que tout le dossier crie.

Ce même jour, il y avait eu, à l'aube, une exécution...

La mort, dans ce pays, est tellement banale que, sans la présence de Lombard, son déploiement médiatique, mon affaire aurait fini sans aucun doute dans cette sinistre banalité.

Pas de jurés. Juste ces trois magistrats en robe rouge.

L'avocat général au même rang que celui de la défense. Cette salle ressemble à un tribunal français, en plus propre, moqueté.

Je suis livide. Ma main glisse et glisse autour de mon cou... On annonce :

« Affaire Soâbine contre l'État malais ! »

C'est à nous.

Il y en aura pour plus de trois heures.

Azmi commence. Plus procureur que nature. Il reprend tous les arguments en faveur de ma condamnation. Sans éloquence, pareil à lui-même, manieur de théorèmes, jamais d'émotion.

Je n'entends rien. Tout me semble tamisé. Élément nouveau qui accentue ma provisoire amnésie : ces trois juges ne cessent de me fixer. Leurs regards sont un constant va-et-vient entre Azmi et moi. Ils feront de même quand viendra le tour de la défense.

Je me sens faiblir. Jambes de coton. Sang évaporé. Même mes dents — il a raison, Lombard — ont perdu leur irrigation naturelle... Tous veulent brûler la sorcière. Tuer la Française.

« *Béatrice, si l'appel, ce jour-là, avait débouché sur la confirmation de la mort, vous ne vous en sortiez pas. Je n'aurais rien pu faire sauf l'éclat promis. A ce moment de l'audience, j'ai senti la mort nous frôler de très près... Ne serait-ce que dans le désir malsain de tous ces hommes qui ne dissimulaient même pas leur envie... Fascination et désir de vous tuer.* »

Kumar prend la parole. Il expose les arguments de Paul Lombard.

La défense parle longtemps, longtemps. Les trois heures les plus longues de ma vie. Les mots ont perdu leur sens. Nicole s'est arrêtée de traduire. Elle a compris qu'il vaut mieux me laisser derrière ma vitre. Je devine qu'elle est entrée dans une prière incessante. La vie, la vie pour la petite... L'attention générale est portée sur les trois juges. Immobiles, impassibles.

Ils détiennent la vie ou la mort.

Les plaidoiries terminées, stupeur générale. La cour se lève et suspend l'audience jusqu'à quinze heures.

Paul Lombard conserve un certain optimisme. Habituellement, les juges rendent leur verdict du siège. C'est bon signe qu'ils se retirent pour délibérer !

— Non, dit Kumar. Au contraire. C'est pour vous qu'ils le font... Pour donner l'impression d'un parfait respect de la loi, d'une réflexion approfondie. Je suis persuadé que leur décision est prise... La mort... Elle n'y échappera pas.

Lombard est attendu pour déjeuner chez Mme de Corbie. Accablé par les arguments de son confrère, il se raccroche à la maigre chance d'un pardon royal.

— Vite, dit-il à l'ambassadrice, passez-moi une feuille, un stylo... Tout va mal, là-bas. Excusez-moi, je suis incapable de déjeuner. Le moment est venu de rédiger notre recours en grâce.

Mme de Corbie fait prestement dégager la table. Tous deux se mettent à écrire. Elle l'aide à structurer le formalisme nécessaire pour la demande de clémence. Lombard est saisi d'une telle angoisse qu'il craint de retourner au tribunal. Mme de Corbie est obligée de le pousser fermement dehors :

— Allez-y, Maître, surtout allez-y ! Un homme comme vous n'a pas le droit de flancher...

Au prétoire, les journalistes lui font le signe des gladiateurs quand la cause est perdue.

Dans ma cage, les minutes se succèdent. Je suis incapable d'en entreprendre le décompte une fois de plus, je me retrouve étrangère à mon propre destin. Je sursaute au moindre bruit. Enfin l'ennui prend le dessus. L'ennui : ultime remède contre la peur. L'angoisse. L'horreur. Une seule envie : sortir, morte ou vive, de ce cachot, de cette attente, de ce rien qui m'envahit.

Soudain, des pas se précipitent. Bruit de serrure. La porte s'ouvre.

« Soâbine, c'est à vous ! »

Immédiatement, la panique reprend ses droits. J'ai du mal à avancer, mal au ventre, aux seins. Je repousse les bras qui se tendent. Je veux marcher seule jusqu'à mon banc. Les deux matonnes en kaki me suivent, s'asseyent à ma gauche. Nicole, fidèle interprète de tous mes cauchemars, se glisse à ma droite, me prend la main.

La cour fait son entrée. L'assistance se lève. Je les imite.

Le président au centre entreprend la lecture de l'arrêt. Je ne perçois qu'un mot : LIFE. La VIE. Nicole éclate en sanglots, pétrit mes mains et me répète : LA VIE ! Béatrice, LA VIE ! Dieu nous a entendues...

Je me lève. Paul Lombard est à la barre. Incrédule.

Bouleversé. Nous nous précipitons l'un vers l'autre, les gardiennes n'ont pas eu le temps de me retenir. Je me jette dans ses bras. Les larmes coulent enfin. « Merci, Maître, merci !... »

La police nous sépare.

Lombard me rejoint quelques minutes après dans la cage où on m'a à nouveau entraînée.

Je suis trop émue pour lui redire ma gratitude. Je le regarde en silence. Un sentiment d'injustice m'envahit soudain. La cour n'a pas osé. Elle a refusé de pousser sa logique à son aboutissement... Lombard me dira plus tard : « Cette colère, Béatrice, était la preuve absolue de votre innocence. Un coupable qui échappe à la mort n'agit pas de cette façon. Si vos détracteurs vous avaient vue, ils auraient eu honte. »

Life, la vie...

L'atelier

Fête dans le bus du retour. Jubilation sincère des gardiens. Ils m'ont acheté des mangues, des boissons fraîches. Ils se gavent, en mon honneur, jusqu'à Penang.

Pendant ce trajet, un nouveau désespoir s'est abattu sur moi. Certes, je vais vivre. Mais combien de siècles derrière ces murs ? Le présent reprend ses droits. Il s'appelle prison. Et pour longtemps. Je regarde intensément derrière la vitre, la route, la jungle, le ciel... Quand me sera-t-il permis d'en jouir à nouveau ? L'incertitude est redevenue mon lot.

Accueil délirant à la prison ! C'est à qui me félicite, m'embrasse. Il est près de sept heures. Les gardiennes me prennent la main entre les leurs. Me congratulent à la musulmane :

— *Taniah, Soâbine ! taniah !* (Félicitations ! félicitations !)

Voix chargées d'une véritable émotion.

Même cellule, dont on a retiré l'odieux matelas vert kaki. On m'a rendu mes livres, toutes mes affaires. Le petit bureau de garde a disparu. Le lendemain, Tuan Botak me fait convoquer. Il s'enthousiasme pour le verdict : la vie.

— Soâbine, normalement vous devriez porter un col rouge pendant trois mois. Ensuite, vert, puis, au bout de dix-huit mois, bleu. J'ai décidé de vous accorder le bleu immédiatement.

Je suis très émue. J'ai envie de pleurer. Sa bonté à mon égard n'a jamais flanché.

Le plus dur est de me réhabituer à la lenteur d'ici. Au sempiternel « nanti ! » (plus tard !).

On m'a donc cousu, à l'atelier de couture, le col bleu. A nouveau ma cellule, grande ouverte. Une gardienne se précipite avec une fille. Stupéfaite, je la vois m'arracher ce col comme un velcro.

— *Minta maaf, Soâbine !*... Tu ne peux pas porter ce col bleu. Il y a un problème. Tous les officiers ne sont pas d'accord ! Tu dois porter le col rouge...

Je les vois sortir prestement de leurs poches fil et aiguille, petit carré de coton rouge. Et en avant, la couture sur mannequin vivant !

Je m'en fous : je suis vivante.

Cigarette allumée, je fouille dans ma pile de livres. *Les Têtes de Stéphanie* de Gary. Stéphanie ou Béatrice ? C'est ça, la vie...

A nouveau, regalopade de la gardienne et de sa compagne.

— Soâbine, on n'y comprend rien. On vient de nous dire que le col doit être vert !

V'lan ! à nouveau, arrachement du morceau qui s'effiloche. Recouture, toujours sur moi, d'un morceau de tissu vert bouteille...

J'essaie de continuer, comme je peux, ma lecture. *Les Têtes de Stéphanie* (et combien de cols ?). Ouf, elles sont parties... Le livre m'amuse. Cette femme mannequin, jetée dans des situations rocambolesques...

Troisième raid de la gardienne et de sa couturière de fortune. Nous commençons à marquer, elle et moi, des symptômes d'irritation :

— Désolée, Soâbine, c'est finalement le bleu qui l'emporte !

J'explose :

— Vous vous foutez de moi ? Ça va durer encore longtemps ?

A force d'arracher ces grotesques tissus, tout s'est effiloché. Pourtant, point à point, on me recoud le premier col bleu...

— Ne t'énerve pas, Soâbine. Tu crois que j'ai que ça à faire ? On m'a appelée trois fois au bureau des « Tuan » pour cette histoire... La décision de Botak avait déplu à certains qui l'accusaient de trop grande indulgence à ton égard... Ils ont eu une réunion... Lui aussi s'est fâché... Il leur a sorti le code carcéral. Il leur a montré l'article qui autorise un directeur de prison à promouvoir ou démettre un prisonnier.

Cet article est clair. Tuan Botak n'avait pas à se justifier auprès de ses subordonnés. Mais, pour faire taire les mauvaises langues, il avait décidé de leur expliquer le pourquoi de sa décision. « Quelqu'un qui a passé plusieurs mois au quartier des condamnés à mort a suffisamment souffert pour mériter sans transition le col bleu... »

Pour ne pas être accusé de favoritisme, il affirma qu'à partir de ce jour, et tant qu'il serait directeur de la prison de Penang, quiconque verrait sa condamnation à mort transformée en perpétuité aurait ce privilège.

Avantages du col bleu :

— qui le porte n'est bouclé en cellule qu'à partir de vingt heures. Le reste de la journée, elle reste ouverte ;

— parloir toutes les deux semaines au lieu d'une fois par mois ;

— cantine : 40 cents par jour au lieu de 30 cents (ou encore 12 francs de festivités par mois !) ;

— droit à recevoir des livres ;

— droit au préau ouvert de 17 h 30 à 18 h 30 où on peut jouer au volant !

Trop d'émotions encaissées. Refus viscéral de la prison. Certes, j'ai obtenu la vie, mais la reconnaissance de mon innocence ? Ma liberté ? Je refuse de tout mon être de rester cette marionnette de propagande. Cet exemple, comme ils ont dit. Alors que tout n'a été que mensonges, erreur judiciaire, machination. Une colère sans nom a remplacé mes angoisses. Cela se nomme la révolte, l'indignation, l'impuissance, l'humiliation, l'innocence bafouée.

L'adjoint de Tuan Botak me hait. Il fait partie du groupe hostile à Tuan Botak.

Il me fait convoquer. Sec et quelconque, pendant notre

absurde dialogue, il fixera sans relâche le col bleu comme une offense à son encontre.

— Maintenant que vous êtes condamnée, vous devez travailler à l'atelier de couture.

— Non, dis-je, violemment. Je n'ai rien à y faire. Cet atelier est suffisamment abrutissant pour les coupables... J'ai perdu ma liberté, je souhaite conserver ma raison !

— Si vous montrez cet état d'esprit, vous allez goûter du cachot.

— Je préfère encore le cachot à cette routine débilitante.

L'adjoint commence à s'énerver. Petite voix sèche :

— Mettez-vous dans la tête, une fois pour toutes, que vous êtes une étrangère...

— Ça vous a bien servi, n'est-ce pas ? Grâce à la Blanche, l'Occident connaît maintenant la Malaisie...

— Ne m'interrompez pas, Soâbine ! Pour qui vous prenez-vous ? Je suis directeur adjoint et vous n'êtes que le 284-82 HL ! Ne l'oubliez jamais ! Vos protestations d'innocence ne mèneront à rien. Au contraire, la Malaisie est un pays indépendant qui se moque éperdument de l'opinion occidentale... Ce n'est pas la France qui vous libérera, mais la Malaisie ! Si vous souhaitez obtenir une libération anticipée, commencez par avoir une conduite exemplaire ! Respectez ce pays et ses lois...

Notre entretien est clos. Je me ferme, me glace. Ne dissimule pas un regard insolent. La gardienne m'emmène.

Comment éviter l'atelier ? Je suis déterminée. Tu ne m'auras pas, adjoint de merde ! Je ne mettrai pas les pieds dans ton atelier de débiles ! Devant le dispensaire, je feins un grand malaise. Je me tords, apparemment saisie de douleurs. La gardienne m'emmène voir Baba Khoo. Il me regarde avec sympathie. Me tapote doucement la cuisse.

— Entendu, Soâbine, je vais te mettre en congé maladie pendant deux semaines. Ensuite, nous verrons... Mais calme-toi, je t'en prie. Évite de te les mettre à dos. Je comprends ta colère, mais je ne peux pas grand-chose. L'adjoint a raison. Tu ne t'en sortiras pas en nous critiquant. En plus de la peine à endurer, tu auras la vie dure. Très dure, crois-moi... Tu ne pourras y faire face longtemps...

Même dialogue avec Mok :

— Tu sais, dans la vie, Soâbine, il faut souvent avoir l'intelligence de se taire et jouer le jeu. En prison plus qu'ailleurs... Tu es jeune, ça t'est difficile, mais tu n'as pas le choix...

Complètement amorphe, je retrouve ma cellule. On me veut docile ? Eh bien, je vais l'être !

Walkman sur les oreilles, je me réfugie dans la solitude. J'ai retrouvé le rythme du quartier privé. Je passe mes nuits éveillée. Je somnole le jour. Par moments, j'ai des crises terribles. Je me jette toute vive contre les murs. Cela fait si mal que je renonce à cette explosion. Sale période... Bien sûr, je n'ai pas oublié ma prière pour la vie. Qu'un condamné à mort en arriverait à préférer n'importe quelle situation à la corde.

Eh bien, voilà, je viens de faire une effarante découverte : il n'en est rien. Une fois éloignée la menace de la mort, la réalité reprend ses droits sordides. Jamais je n'ai autant haï, au cours de cette période, le gouvernement malais. Grâce à Baba Khoo, l'indulgence de Tuan Botak, j'évite l'atelier pendant trois mois.

Je franchis, sans m'en apercevoir, vingt-trois ans. Les lettres de Grand-mère aggravent mon état. Je me dis qu'elle ne survivra jamais à toutes ces années qui me restent à moisir ici.

Je suis devenue pour elle l'attente, l'obsession de chacune de ses secondes. Sa prière à elle : rester vivante jusqu'à mon retour.

Un matin de décembre, je n'échappe pas à l'atelier.

A 8 h 15, je m'y retrouve tel un piquet.

Plusieurs longues tables de couturières. C'est là qu'on avait cousu mes robes pour le procès. Je m'assois sur un banc encombré de filles. On me donne un crochet. Une pelote de coton orange criard. Un modèle. Un « set » dont raffolent les gardiennes... Je n'ai jamais fait de crochet de ma vie. Une fille m'indique les gestes. Je déteste, je honnis, le crochet.

Au début, je rate tout. Exprès. Peu à peu, la petite voix sage de mes alliés me calme. « Ça ne sert à rien, sinon à te rendre le quotidien invivable. » Pendant une semaine, je bouderai et emmêlerai tous les fils. Impassibilité générale. On se contente de me redonner une autre pelote.

Crochet, à en vomir. De 8 h 15 à midi. De 12 h 45 à 16 heures.

Je suis devenue crochet, fil, napperon. Monotonie absurde. Apathie. Et ça dure... et ça dure...

Passion de femmes

Ma condamnation avait entraîné un impressionnant courrier d'inconnus. J'étais si abattue par l'atelier et ma révolte que je n'avais pas eu le courage d'y répondre. Pourtant, les lettres prouvent que mon affaire s'est divulguée dans le monde entier. Toutes sortes de messages. Des fous ; des détraqués sexuels. Des fanatiques religieux. Des lettres d'écrivains, d'avocats. De gens du spectacle, des États-Unis, d'Australie, d'Europe... Des jeunes femmes s'identifient à mon expérience. Mon histoire ne laisse personne indifférent... Ces lettres sont un baume. Un relais avec l'extérieur. Autre privilège de Botak : il m'a permis d'y répondre. Peu à peu, je m'y mets. J'ai fait un tri. Au panier, les intégristes et les moralisateurs ! Cela me distrait de l'atelier. A peine ai-je écrit une réponse que j'enchaîne. Jusqu'à dix lettres par jour. Certaines, de plusieurs pages...

Ce courrier, confié à Mok, ce sont mes bouteilles à la mer.

Ras le bol du crochet.

Pour l'oublier, m'en isoler, je pense aux lettres que je vais écrire. La pelote diminue...

Nous approchons de Noël. Nicole et Jean ne manquent jamais de me visiter deux ou trois jours auparavant.

Vers le 20 décembre, grand brouhaha dans le préau.

— *Ada orang putih baru !* (Une nouvelle Blanche !)

Je me retourne. Vient d'entrer une grande femme. Cheveux longs, ternes, emmêlés. D'un blond très clair. Yeux bleu pâle. Qui larmoient. Une jupe à fleurs, un tee-shirt rose passé. Visiblement, « en manque ». Malade. Choquée. Hagarde.

Toutes les filles l'entourent. Je ne veux pas être une mouche de plus à bourdonner autour d'elle. Je me souviens trop bien comment ça se vit. Elle se nomme Barbara. Elle est australienne. Elle a trente-trois ans.

On vient de l'arrêter à l'aéroport de Bayan-Lepas. Avec 60 grammes d'héroïne dissimulés dans son slip... Elle a passé deux nuits au dépôt... Le plus grave pour elle semble être le manque. En ce sens, nos deux traumatismes divergent.

Barbara est en manque (« guian », comme ils disent ici). Phénomène extrêmement douloureux. Crampes, vomissements, diarrhées, hallucinations. Parfois, le demi-coma... Calvaire qu'elle doit franchir seule. Dans ce pays, le sevrage ne passe pas par une assistance médicale intensive. Ni perfusions ni médicaments. On ne soigne pas la cause. Juste les symptômes. Baba Khoo donne ce qu'il faut pour calmer diarrhées et vomissements. Par contre, aucun neuroleptique. Leur but : dégoûter, si possible à jamais, le drogué de recommencer. Éviter de remplacer les drogues illégales par celles légales.

Contrairement à l'apathie de l'Asiatique en sevrage (elle sait tout encaisser en silence), l'Occidentale s'en sort moins bien.

Vacarme pendant trois nuits. Barbara secoue sans relâche la grille. Elle hurle : « Je veux un médecin ! pays pourri ! Un drogué est un malade ! Je vais crever sans secours ! »

Elle se heurte au terrible « nanti ! nanti ! » (plus tard !) qui la rend presque folle.

Indifférence générale. Cas banal. Supplice très grand. Je suis complètement impuissante.

Au moins lui éviter la honte de nager dans ses souillures. Je lui passe du savon, des objets de toilette, du papier hygiénique... Tout comme moi à mon arrivée, Barbara n'a rien. Elle n'a même plus d'argent. Tout est passé dans la drogue...

Pendant le sevrage, elle est bouclée.

Je lui passe, à travers les barreaux, mes modestes secours. Des cigarettes, des bonbons pour atténuer l'âcre goût de la bile qui sort de sa bouche.

Pendant une semaine, Barbara vivra sa douleur. Quand on en sort, on pense qu'on a frôlé la mort. C'est sans doute vrai.

Au bout de huit jours, elle a franchi le pire, mais est complètement épuisée. Physiquement, nerveusement. On a dû souvent la traîner sous la douche froide. La tenir, la laver, la rhabiller, la ramener derrière sa grille.

En aucun cas je n'ai voulu participer à cette tâche afin de protéger notre relation future. Qu'elle ne soit pas gênée en me revoyant. Que mon visage ne s'associe pas à cette période d'humiliation, de dégradation et de folie provisoire...

L'officier féminin supérieur a décidé de lui faire partager ma cellule afin d'aider à son rétablissement psychologique. Elle a trouvé bon de mettre ensemble deux Blanches, de même culture, même mémoire.

Tout de suite, nous avons aimé nous retrouver ensemble. Nos solitudes se brisaient. Dès les premiers mots, nous nous retrouvons de plain-pied. Nous rions des circonstances de notre rencontre. Barbara sait qui je suis. Elle avait lu le compte rendu de ma condamnation dans la presse australienne. Nous devenons amies. Son humour rejoint le mien. Sa richesse intérieure m'enchante. Elle a beaucoup lu. Notre échange devient très vite une douce confiance. Nos enfances, quoique différentes, ont des points communs. Elle aussi a vécu, très jeune, la honte, la solitude, l'incompréhension L'absence de tendresse et de solidité maternelle.

Sa mère la dégoûte et lui fait pitié. Elle ronfle tout le jour entre deux bouteilles.

— A quinze ans, j'emmène chez moi un petit copain. Ma mère, bouffie d'alcool, a quitté son lit et tenté de le draguer... l'horreur, quoi !

Avec le temps, Barbara est parvenue à dépasser ses traumas. De même, je ris de certaines scènes de Romilly qui, à l'époque, me démolissaient.

Le rire, grâce à Barbara, est revenu dans ma vie. Nous nous déchaînons sur tout et sur tout le monde.

Nous faisons front, ainsi, à l'infinie bêtise environnante. Nous profitons de ce que les gardiennes ne comprennent pas l'anglais pour nous gausser d'elles. Comment trouver risible une situation carcérale ? Nous lisons cette perplexité qui nous ravit dans le regard bovin des gardiennes et des filles.

— Tu vois, dis-je à très haute voix, elles doivent penser que nous sommes devenues folles.

— C'est probable. Mais qu'est-ce qu'on se marre quand on vous croit folles...

On se pâme. Le rire nous permet de dépasser le drame. D'abord le nôtre. Grâce à Barbara, je redeviens moi-même...

J'ai trouvé en Barbara la complicité. Au fil des jours, des nuits. Nous dormons de moins en moins. Nous discutons à bâtons rompus. De tout. Le sens de la vie perdue et retrouvée... Quand la faiblesse, la souffrance nous assaillent, l'humour nous aide...

L'entourage jalouse notre amitié. Cette ironie qui nous anime sans relâche. Injurieuse pour les autres, il faut bien l'admettre. Au fond, ces filles aimeraient trouver entre elles une entente de ce poids. Qui signifie l'absence de l'ennui, plaie entre toutes. Perfection de nos rapports dans les aléas de notre cohabitation. Partager le même seau hygiénique et sans paravent n'est plus une gêne. Notre cellule a pris un aspect à la Woody Allen... Nous parlons des concerts où nous étions allées. Barbara me raconte l'Australie. Sa voix s'émeut. Elle aime son pays. Sa beauté étrange. Ses immensités. Son désert. Penang avait été pour elle l'accident de parcours où elle cherchait à acheter de la drogue au moindre prix.

On se communique nos lectures. Quand un passage nous semble beau, l'une le lit à l'autre à haute voix. De même quand un texte nous paraît ridicule.

Outre Nicole qui s'empresse de voir Barbara, le parloir de Barbara comporte des visites de la haute commission australienne. Son avocat — un Indien, lui aussi — lui apprend qu'elle risque trois ans...

En février arriva Noor.

Elle fit son entrée au moment du dernier « muster » de la journée. Elle balaya du regard toutes ces filles clouées au sol et soudain m'aperçut. Noor : longue, mince, finement androgyne. Cheveux sombres, taillés très court. Visage malais à la bouche épaisse et sensuelle. Dents étincelantes. Yeux liquides, fendus aux tempes. Longues mains élégantes, ongles bombés, très longs. Le regard de Noor sur toute ma personne est une invite. Quelque chose d'occidental dans la manière d'oser me fixer. A la différence des femmes de sa race qui baissent les yeux, ne regardent jamais en face. Surtout la première fois.

Dans le regard de Noor, il y a clairement la demande de partager la sensualité.

Noor et moi allions vivre une grande passion. Sans pudeur, sans entrave. Avec éclat. Avec bonheur. Avec violence.

Barbara a tout remarqué.

— Tu as vu la nouvelle ? Tu as l'air de lui avoir tapé dans l'œil.

— Elle aussi m'a tapé dans l'œil... Les plaisirs de l'esprit, c'est formidable ! Mais, de temps en temps, il est bon de penser aussi à ceux du corps ?

Nous rions :

— Moi aussi, dit Barbara, j'ai eu quelquefois des aventures féminines. Le monde a créé les hommes et les femmes. Pourquoi ne pas jouir des deux ?

— Oui. Dommage qu'il n'y ait pas eu entre nous le désir... Tu imagines nos nuits, en plus de la conversation ?

— Qui aura Noor ? toi ? moi ? ou une de ces petites connes d'ici ? Peut-être, au fond, nous sommes-nous plantées... Noor est peut-être aussi stupide que les autres... *Che sera sera...*

Le lendemain, dès le premier « muster », Noor s'assoit près de moi. L'appel des sens a déjà éclaté en nous. Nous le savons sans avoir encore échangé deux mots.

Depuis la trahison d'Eddy, mon corps était endormi. Toutes mes urgences étaient ailleurs. M'en sortirais-je et quand ? Comment utiliser, déployer tant d'énergie contenue ?

Je n'avais que vingt-trois ans et ce corps, qu'allait-il devenir ? Quelles seraient ses exigences, ses obsessions, si j'avais ma vie entière à passer ici ? Mes petits badinages avec Mok, Baba Khoo et quelques autres ne faisaient qu'exaspérer mes sens. Sans parler de mes visites au parloir mixte. Quartier hommes ou femmes, la sexualité est exacerbée, comme tout le reste. Masturbation, sodomie, viol collectif. En prison, l'intimité est enlevée en premier. L'amour gommé d'office, réduit à des pulsions animales. Et voilà que Noor, de façon aussi soudaine que naturelle, allait me faire vivre l'exaltation de mes sens assoupis.

Tout alla très vite.

Troublante Noor... Ma première impression avait été la bonne. Noor n'a rien à voir avec le médiocre troupeau du préau et de l'atelier. Certes, Noor est toxicomane, mais la drogue n'a pas détruit sa très spéciale beauté. Son exubérance. Noor parle, chante, trépigne, exige, entreprend...

Elle a mon âge. Chanteuse de cabaret. De ville en ville, suivant ses contrats. Dotée d'un timbre puissant, bas, envoûtant... Elle chante quand ça lui plaît. Elle nous a volé, avec son charme et sa voix, la vedette!

A l'atelier, elle s'est placée d'office près de moi. Premier contact physique qui entraînera tous les autres. Elle redresse mes cheveux qui ont coulé hors de la barrette. Elle effleure mon oreille, ma joue. Véritables caresses dont elle ne se cache même pas. Non seulement je la laisse faire, mais je voudrais qu'elle recommence.

De près, la forme de sa bouche m'attire. Bouche douée pour les plus subtils baisers...

Déjà, j'ai envie d'être seule avec Noor.

Heure du déjeuner.

Je ne mange jamais à midi. Quelques cigarettes et une tasse de Nescafé dans ma cellule. J'en profite pour lire. Barbara a l'habitude de grignoter dehors, du côté de l'atelier, sous le soleil.

Allongée sur mon ciment, plongée dans mon livre, je sursaute.

Noor est debout près de moi.

— Tu ne manges pas?

De son regard, elle balaie mon corps étendu. Regard éloquent, provocateur.

« Oses-tu? » défie le regard.

Elle s'est assise près de moi. Elle enlève le livre délicatement et m'embrasse. Sans me quitter des yeux.

Ses petits baisers très brefs me communiquent l'envie irrésistible d'y répondre le plus longuement possible.

Nous nous retrouvons sur ce lit très dur, à nous embrasser fiévreusement. C'est peut-être moi la plus fougueuse.

En quelques secondes, nous sommes devenues folles l'une de l'autre.

Ici, tout sépare à chaque instant. Il nous faut retourner à l'atelier, alors que nous ne rêvons que d'étreinte... Supplice de l'attente. Supplice de se frôler tout le jour sans pouvoir consommer notre désir.

Barbara se marre. Moi, fini. Je suis amoureuse.

Noor gamberge autant que moi. Elle est devenue ce que je suis pour elle : une obsession de tous les sens, tous les instants.

Mon caractère s'assombrit. Je déteste toute forme de dépendance. J'étais si bien, en paix, avec Barbara ! Soudain, cette explosion ! J'en arrive à regretter que Barbara partage ma cellule. Si seulement Noor... Ma raison, pourtant, plaide pour Barbara. Mais les sens l'emportent. Aveuglent tout. Noor, ma passion...

Noor a maintenant le col vert. Elle n'est plus bouclée à 4 h 30. Elle peut me rejoindre dans ma cellule, une fois l'atelier terminé.

Barbara, complice, généreuse, rejoint une autre cellule pour nous laisser la place.

On a trouvé une ruse pour se protéger des regards indiscrets. Tamiser en même temps la forte lumière. On a accroché nos sarongs à la grille... Caresses exquises, de plus en plus osées. J'en perds la tête. Un millier d'étoiles sous ma peau. Noor, amante hors du commun.

En prison, beaucoup de détenues ont une amie. A leur sortie, parfois elles quittent mari et enfants pour la retrouver. La religion, les tabous interdisent les caresses voluptueuses. N'admettent que la pénétration. L'homme malais ou chinois (excepté certaines classes sociales) se contente de trousser le sarong, pénétrer, éjaculer. C'est tout. Avec une autre femme, elles découvrent le plaisir. Autre drogue qui a brisé bien des unions qu'elles sont loin de regretter...

Baisers de Noor. Tendres, brefs, savants, sauvages, cruels...

Depuis Eddy, jamais je n'avais éprouvé un tel plaisir.

Avec Noor, je retrouve le paroxysme de la volupté.

Quelques gloussements derrière les sarongs accrochés qui, quelquefois se mettent à bouger. On nous regarde. On nous envie. On trouble...

On s'en fout.
On s'éclate.
Seules au monde.

Pendant près d'une année, paradis et enfer mélangés. Passion de femmes. Noor et moi. Paroxysme, violence, déchirement, jalousie, haine, coups à la volée et ce plaisir inouï. Ce besoin d'elle. Ce besoin de moi.

Noor et moi.

Toute la prison connaît notre aventure. Les gardiennes disent à Noor : « Tu n'as pas honte, toi une musulmane, de te conduire de la sorte avec une " khafir " (une infidèle !) » Elle rit. De sa bouche qui trouble les gardiennes pontifiantes. Mok est amusé. Baba Khoo hoche la tête et trouve cela préférable aux cures de Valium. Tuan Botak ferme les yeux.

Quant à moi, finie la déprime !

La vie, avec sa violence, ses égarements, son tumulte. Aucun scrupule ; Noor et moi.

Barbara se sent délaissée. J'essaie de la consoler.

— Pardon, Barbara... Mais je n'y peux rien... Même si Noor et moi n'avons pas d'affinités, c'est elle que j'aime... Avec qui j'ai envie d'être soudée jour et nuit...

— Ne te culpabilise pas, Béa. Vis ta passion. Je comprends qu'après tous ces chocs tu aies besoin de te défouler... En ce sens, Noor, c'est très bien pour toi... Même si c'est dur à vivre...

Dure à vivre, Noor, en effet.

Noor est jalouse. Elle déteste quand je tire les poubelles côté hommes, sarong relevé. Un jour, je m'attardais sous les commentaires sifflés des mecs. Noor se précipita telle une bête furieuse. Elle me gifla à la volée, renversa d'un coup de pied le malodorant cuveau. Roula au sol avec moi, prête à m'assommer. Les types trépignaient, hurlaient, derrière leurs barreaux :

— *Tengoh ! tengoh ! laki pukul bini !* (Regarde ! regarde ! le mari qui bat sa femme !)

Noor dressa une tête furieuse et leur siffla en anglais :

— *Go and eat yourself !* (« Va te la bouffer toi-même ! »)

Les scènes se multiplient, coupées de réconciliations brûlantes sur notre lit en ciment.

Noor m'avait offert deux cassettes de chansons malaises. Ses préférées. Pour mon Walkman. Elle a été si méchante ces derniers temps que je déroule vicieusement, devant elle, les enregistrements. Paquet des bandes au sol. Elle s'est jetée sur moi. Me bat en aveugle, m'insulte, me bouscule, me piétine. Je lui rends coup pour coup. Pour un peu, je la tuerais. Elle aussi. Notre haine est proportionnelle à la force de notre passion.

Les gardiennes sont obligées de nous séparer.

Hors de moi, je veux me venger. Je cours chez Baba Khoo — au courant — faire constater mes plaies et bosses. Mes bleus sur les cuisses, une griffure sur la joue, une lèvre qui saigne...

Baba Khoo, hilare, hoche la tête :

— *Bila sayang... sayang... Bila benci benci...* (Quand on aime, on aime ! mais alors, quand on hait, on hait !)

Baba Khoo compte les coups, y ajoute, à ma demande, ceux qui n'ont rien à voir avec Noor. Par exemple, les bleus attrapés quand je suis de corvée de caniveau. Il remplit consciencieusement son rapport qui finira sur la table de... l'officier intégriste qui nous hait. Noor sera condamnée à un mois de cachot... Il sait comment me punir. Un mois ferme... sans Noor.

Jamais nous ne ferons l'amour avec autant de violence qu'à sa sortie...

S'il le pouvait, l'officier intégriste nous ferait fouetter et pendre.

Ma passion est telle que le monde extérieur — y compris le courrier — m'indiffère. Aussi, quand début janvier, on m'annonce une visite au parloir des avocats, je n'ai même pas envie de m'y rendre.

Une Française inconnue est au parloir. Me Karen Berreby. Distraite, je l'écoute à peine :

— Je faisais la liaison à Paris avec Paul Lombard au moment du procès. Minute par minute, j'ai vécu votre drame. J'ai l'impression de vous connaître depuis toujours. Je sais à quel point vos chances d'échapper à la mort étaient minces. En voyage d'affaires à Kuala Lumpur, j'ai pris l'avion pour Penang pour vous embrasser. Je viens souvent en Malaisie. Voici mon adresse, si vous avez besoin de quelque chose.

Je m'en moque.

Seule Noor compte.

Pourtant, il me faut déjà envisager la vie carcérale après Barbara et Noor... La fin de leur peine approche. Comment vivre, supporter ce troupeau après une telle frénésie? Tout va reprendre l'aspect aberrant de ce que je déteste. L'atelier, la bêtise, la mollesse, la lenteur...

Insupportable.

C'est pour cela qu'à peine Noor libérée (en avril) j'ai foncé au bureau de Tuan Botak.

— Tuan, j'ai besoin de changer de prison. Est-ce possible? Je vous en supplie, recommandez mon transfert pour Pudu, Taiping ou ailleurs...

— Pourquoi nous quitter, Soâbine? Vous n'êtes pas bien ici? On a fait beaucoup pour vous, à Penang...

— Je ne me leurre pas, Tuan. Je sais qu'une autre prison sera peut-être bien plus dure à supporter. Mais je n'en peux plus de répéter les mêmes gestes, avec les mêmes gens, jour après jour...

— Je ne peux vous répondre sur-le-champ. Les transferts sont rares et doivent se justifier. Je vais envoyer la demande au ministère... Cela prendra un peu de temps...

Grand vide depuis l'absence de Noor. Par contre, je profite à nouveau pleinement des visites de Nicole. Il m'était impossible — bien que, sans doute, elle l'ait deviné — de lui confier pourquoi, depuis tant de semaines, j'allais si bien! Je lui parle de mon envie de quitter Penang.

— Tu as raison, dit-elle. Dans une autre prison, tu pourras repartir de zéro. De toute façon, où que tu sois, Jean et moi, nous irons toujours te voir...

Un mois plus tard, Tuan Botak m'annonce que ma demande est acceptée.

— Vous n'irez pas à Taiping ni à Pudu, mais dans une nouvelle prison de femmes qui vient de se construire. A Kajang. Dans l'État de Selangor, au sud de Kuala Lumpur. Préparez vos affaires... Vous partez demain. Au revoir, Soâbine. Bonne chance.

Tuan Botak a l'air très ému.

Une prison moderne

Mai 1984.

J'ai vingt-quatre ans.

Je quitte Barbara en larmes. A son tour, elle se sent très seule.

Le matin de mon départ, Mok n'était pas là. Il avait demandé une demi-journée de congé. S'était-il un peu attaché à « la fille de l'aéroport » ? Adieu, Penang ; ce dur apprentissage de la vie et de l'épouvante. De l'amour. De l'amitié. Malgré mes menottes et ces policiers en armes, je suis très excitée. Il s'agit pour moi aussi d'un voyage. Que j'aime ça !

Il est très tard quand nous atteignons les premiers barbelés de la prison. Pour y arriver, il a fallu traverser la jungle, des plantations de caoutchouc. La prison est à dix minutes de la ville de Kajang. Située dans une cuvette qui laisse une impression de désert total.

Série de bâtiments neufs, beige clair, éclairés. Telle une ville à part entière.

Une échauguette, plusieurs gardiens armés. Ils lèvent la barrière. Arrêt final devant un haut portail au-dessus duquel est écrit « PENJARA WANITA » (Prison de femmes).

Les gardiennes, ici, quoique vêtues comme à Penang, ont un visage dur et fermé. Je sens qu'il me sera difficile de vivre mes humeurs... Petit pincement au cœur au moment de saluer définitivement mes compagnons du bus pénitentiaire :

— *Duduk sini, baik-baik, Soâbine, selamat jalan !* (Pas de gaffes ici, hein, Soâbine ? et bonne chance !)

Ils ont retiré mes menottes.

Le bus a redémarré. Grand vide en moi. Odeur de peinture fraîche. Sacs de ciment à l'entrée. On m'emmène. On repousse deux autres portails. On suit un très long préau qui me rappelle vaguement celui de la pension, à Troyes... Je distingue deux grands bâtiments semblables aux dortoirs du lycée.

Aucune chaleur humaine.

Comité d'accueil au bureau à cet usage. Une matrone, bâtie comme un bœuf. Bottée de cuir. D'un ton sec, elle m'ordonne de me mettre à poil. On leur a fait savoir que je connaissais leur langue. A partir de maintenant, elles s'adresseront toujours à moi en malais. Elles sont cinq, tandis que tombent à mes pieds mini-robe et petit slip... Elles ne se privent pas de réflexions grossières sur mon anatomie... La mentalité est aussi lézardée qu'ailleurs. Seuls les murs sont neufs. On me dit : « Rhabille-toi. Laisse tes affaires ici. On verra demain. On va te montrer ta cellule. »

Les couloirs sont longs, longs, très clairs. Ici, au moins, pas de claustrophobie !

Ma cellule : étonnante ! sorte de petit studio. Quatre fois la taille de celle que j'ai laissée. La porte est une vraie porte, peinte en bleu marine. Poignée normale. La prisonnière peut la tirer, se boucler elle-même dans un seul sens, bien sûr. Pièce entièrement nue. Le sol, en ciment. Un tiers de la pièce recouvert de mosaïques blanches et grises... C'est la partie salle de bains. Derrière un muret de un mètre de haut sont dissimulées les toilettes. A la turque, mais étincelantes. Chasse d'eau moderne : un bouton à presser. Le bain proprement dit est un robinet au-dessus d'une cuvette en plastique. Mais au moins peut-on se doucher à toute heure... Couchage. Une couverture par terre. On me promet un matelas en mousse de cinq centimètres d'épaisseur.

Ni linge ni pyjama. On m'a juste laissé un slip pour le lendemain et une serviette de toilette.

Je m'allonge sur ma couverture.

Insomnie.

Changement de décor trop radical. Tout a perdu son humanité. Quant au silence, j'y étais si peu habituée qu'il me tient en éveil.

Petite angoisse au souvenir carré et dur de ces femmes chargées de me garder.

Je somnole jusqu'à l'ouverture des portes.

Soudainement, je me trouve mêlée à des dizaines de filles. Comme à Penang. En pyjama blanc. Malaise. Là-bas, nous étions une cinquantaine. Ici, cinq fois plus. L'essaim de mouches multiplié.

Elles m'entourent, me bombardent de questions. Les gardiennes s'énervent, les chassent. « Allez vous asseoir ! c'est l'heure du " muster " ! »

Cavalcade dans les escaliers en ciment. Le muster a lieu sous le préau de la veille.

Il est sept heures.

Même position, mais nouvelle surprise. Ce sont des officiers féminins qui nous comptent. Je comprends, une fois pour toutes, qu'à Kajang je n'aurai affaire qu'à des femmes...

Petit déjeuner.

Nouvelle bousculade. Les plus agiles, les plus violentes gagnent les premières places. Aucune discipline. Personne ne fait la queue. Gare aux faibles ! Réfectoire. Immense, mosaïqué. Mêmes plateaux qu'à Penang, à même le sol. Du pain rassis et une tranche de fromage sur...

Je regarde autour de moi. Je suis la seule Blanche. Barbara me manque. Noor, n'en parlons pas ou je craquerais...

Pas mal de lesbiennes, ici. Elles me font tout de suite les yeux doux. Quelques-unes sont ravissantes, mais beaucoup de vrais boudins. En particulier l'une d'elles, qui semble la chef. Seins gélatineux, triples plis sur un ventre énorme. Le tout posé sur de courts poteaux éléphantesques. Démarche de mec flasque et déterminé. Cul bas et large. Regard qui louche... Elle me siffle :

— Hé, la fille de l'aéroport, cette nuit, si tu veux !

Piauleries aiguës entre elles. Elle se nomme Hakee.

Où me réfugier ?

On m'appelle au bureau d'accueil.

Re-couloirs. Re-préau. Portes qui s'ouvrent, se ferment. Un bureau au rez-de-chaussée. Surencombré de babioles de mauvais goût, de chinoiseries à bas prix. Potiches sculptées, napperons par dizaines au crochet orange. Porcelaines bon marché, nacelles de pêcheurs... La directrice gîte ici. Hamidah. Une grande Malaise, très mince. Le visage boursouflé d'acnée. En civil : *baju kurong* de couleurs vives.

D'une voix agressive, elle me dit que je ne suis plus à Penang. Il va falloir me plier au règlement de Kajang. Obéir à tout sans broncher. J'ai la réputation d'être une tête brûlée. Je suis condamnée, donc coupable. Si je veux espérer obtenir un jour une libération anticipée, c'est en filant doux... Désobéir, critiquer, sera impitoyablement sanctionné.

Elle a un air si froid, si dur que je me sens atterrée. On est à des années-lumière de Mok et Tuan Botak!

Elle me récite le règlement :

— Premier « muster », 7 heures.

— L'hymne national.

— Petit déjeuner.

— Atelier. On m'a dit que vous faisiez du crochet? Très bien! Vous allez en faire pour moi.

— Déjeuner à midi.

— Re-crochet jusqu'à 16 heures.

— Dîner à 16 h 15.

— Temps libre jusqu'à 18 h 30. Ensuite, bouclée en cellule.

Elle a l'air de réfléchir.

— Vous pourrez garder vos livres. Par contre, je dois réfléchir pour votre Walkman. Tuan Botak vous avait autorisée à le conserver après l'appel... C'était une décision personnelle... Je ne suis pas obligée de la suivre... Encore une fois, oubliez votre vie là-bas...

Je sors du bureau, démolie. Moi qui étais arrivée pleine d'espoir. Celle d'une vie carcérale plus active. Je suis soumise aux mêmes gestes. J'ai presque envie de redemander mon transfert à Penang... L'orgueil me retient...

L'atelier. Plus vaste, plus clair que là-bas. Petites tables à quatre ou six. Bruit de volière. Les filles se passent les clops en travaillant. D'une table à l'autre, elles lancent des obscénités.

Que faire? Le silence me fera passer pour une prétentieuse et elles ne me feront pas de cadeaux. L'Asie a maintenant tracé en moi son chemin. J'y ai appris l'habileté de répondre d'une manière équivoque qui retourne à l'envoyeur sa question.

Je découvre ainsi les cas pénaux les plus extrêmes de la Malaisie. Certains, hallucinants.

A ma droite, cette petite Chinoise, qui a l'air d'une mère de famille honorable, s'est fait choper pour trafic de cercueils. Cette femme prétendait avoir des prix avantageux dans ce commerce. Elle négociait auprès des familles en deuil, se faisait verser un à-valoir avantageux. Promettait la bière pour le lendemain. Les proches, affolés, se retrouvaient avec un corps putréfié. La « commerçante » envolée ! Plus d'argent pour une autre caisse... Son délit touchant au sacré (la mort), elle avait eu une peine assez lourde. Sept ans à Kajang.

Une Indienne, presque géante, aux nattes huileuses, a l'air archidouée pour le crochet. Grandes mains agiles sur les motifs...

Avec l'aide de son amant boucher, elle avait égorgé le mari. Puis le boucher l'avait découpé en morceaux, telle une pièce de bœuf. Dans la cuisine, au fond d'une lessiveuse, ils avaient cuit chaque morceau mêlé d'herbes odorantes et de curry. Ils avaient vendu le tout, dans des petits plats, au marché, sous une échoppe, à Kajang. Un client avait trouvé une dent dans un des bols. C'est ainsi qu'ils s'étaient fait pincer.

Le boucher a été pendu à Taiping. Elle a bénéficié de la clause « complicité, entraînement » et a écopé la perpétuité...

Les autres ? Toxicomanie, infanticide, les trafics d'usage.

Semaines difficiles. Je dois faire des demandes pour conserver tout ce qui avait alors composé mon butin. Walkman, cassettes, thermos, Nescafé, cigarettes, visites de Nicole.

Nicole et Jean, n'étant ni avocats ni proches parents, auront beaucoup de peine à obtenir la permission de me voir une fois par mois... Les « nanti ! » (plus tard !) de Penang me semblent fusées de rapidité à côté de ceux dont se repaissent, méchamment, mes nouvelles gardiennes...

Visiteurs

Une année s'est écoulée.

J'ai vingt-cinq ans.

J'ai dû déployer des trésors de patience que je ne pensais pas posséder. Les humiliations pleuvent. Pas d'hommes, ici, pour tempérer les excès négatifs féminins. Mesquineries, jalousies, hystéries, délations...

J'ai tout de suite été leur bouc émissaire.

Je me suis repliée. Le silence m'inhibe à nouveau. Je lutte de toutes mes forces contre l'insidieux mimétisme.

Je ne veux pas leur ressembler. Jamais.

Heureusement, j'ai découvert un petit coin de ciel bleu.

Je monte au deuxième étage. Accrochée aux barreaux de la fenêtre du couloir, au crépuscule, la vue est superbe. Moutonnement de tous les verts de ces collines recouvertes par la jungle... Ciel presque rose, énorme, virant au rouge. Je revis alors le meilleur de mon passé, mes voyages. Le Khyber Pass. Le ciel sur Istanbul...

Un jour, je reverrai tout cela. Le souvenir de cette chute se gommera.

Nouveau problème.

Règne par la terreur sur les filles et pas mal de gardiennes Hakee. Moucharde dehors, moucharde dedans. Hakee a constitué un réseau qui lui obéit au doigt et à l'œil. Si Hakee interdit que l'on adresse la parole à une fille, toute la prison obéit. La malheureuse se retrouve alors en quarantaine. Les gardiennes la tyrannisent à leur tour... Hakee a envie de moi.

A Kajang, les cigarettes sont limitées. J'ai beau troquer tous mes plateaux, je n'en ai jamais assez. Hakee le sait.

Elle commence par m'en offrir une. Un soir que je contemplais l'horizon.

— Si tu en veux d'autres, n'hésite pas à m'en demander. Tiens, j'ai aussi deux petits gâteaux... Tu ne manges pas assez... Je travaille à la buanderie... Demain, donne-moi ton uniforme à laver... Si tu as un problème, Hakee est là !

Elle tourne d'un seul coup son corps cubique après sa tirade. Non sans m'avoir lancé un regard qui ne me laisse aucun doute sur le motif réel de tous ses cadeaux.

Comment refuser ?

Je n'ai vu Nicole que trois fois depuis mon arrivée. Une minuscule demi-heure. Le courrier est plus que capricieux. Il dépend du bon vouloir de Hamidah et sa bande...

La matrone a chargé Hakee de peindre les numéros des cellules, à côté de chaque porte. Hakee a trouvé une ruse pour ne pas me lâcher.

— J'ai besoin d'être aidée. Demandez à la fille de l'aéroport de peindre avec moi... Je n'ai pas le bras assez long...

J'ai accepté. Enfin, un peu d'action me sortant du crochet exécrable ! Nous voilà donc, Hakee et moi, en train de chiffrer un interminable couloir. Elle tient le seau de peinture. Je suis hissée sur une échelle. Elle ne se prive pas de me contempler, des pieds à la tête.

— Faisons une pause, dit-elle, au moment d'attaquer le second couloir. J'ai envie d'une cigarette. Pas toi ? Allons dans ma cellule.

Elle marche devant moi. Quel cul de pingouin !

Dans la cellule, elle déroule prestement son « futong ». Elle s'allonge sur le côté, prend une pause à la Récamier. Grotesque. Elle est grotesque. Elle sort deux cigarettes, un briquet.

— Ne reste pas plantée comme une idiote ! Assieds-toi près de moi !

Elle tape frénétiquement le futong contre son gros flanc.

Si je fous le camp, j'ai tout à perdre. Si je cède, mon quotidien va s'améliorer à cent pour cent. Tant pis. Je me prostitue pour la première fois. Avec une femme... Et quelle femme ! Faire l'amour avec Chia, Noor, avait été beau et naturel. Se livrer à Hakee tient du cauchemar. Je dois fermer les yeux. Penser à Noor pour ne pas la repousser avec dégoût.

La prostitution ? Je ne suis pas douée. J'ai envie de vomir.

Pendant des semaines, je passerai à cette grosse casserole, qui, de plus, se prend pour Casanova.

Toute la prison sut qu' « elle s'était fait la Blanche ». Sourires goguenards des gardiennes. Ricanements de celles qui auraient voulu ma place contre les avantages allant de pair.

Il est vrai que Hakee tint parole.

Je ne manquais plus de cigarettes. Elle lavait mon uniforme. Me nourrissait. Quand elle passa, à mon grand soulagement, et pour maintenir sa réputation, à d'autres aventures, elle continua à s'occuper de ma vie pratique.

— Ne sois pas jalouse, me disait-elle — tu parles ! —, je t'entretiendrai jusqu'à ma libération !

Un après-midi, on vient me chercher à l'atelier.

— *177-84 HL, Jumpa!* (Visite!)

Ça ne peut être Nicole, venue récemment. Quelqu'un de l'ambassade? Je suis surtout ravie de quitter l'atelier.

Karen Berreby est au parloir. Elle m'annonce que Paul Lombard et Didier Decoin, écrivain, viendront dans quelques jours. Comme elle connaît bien la Malaisie, elle a fait coïncider son voyage avec le leur. Ils arrivent. Lombard a l'air heureux, heureux de me voir vivante. La corde n'est qu'un mauvais souvenir.

— Béatrice, je vous présente Didier Decoin... Il a très envie d'écrire votre histoire... Qu'en pensez-vous?

Je ne peux m'empêcher de rire. Quel intérêt puis-je présenter aux yeux du monde? Mon présent m'enlève d'office toute idée d'une élaboration littéraire à mon sujet. Je ne crois pas que l'on puisse écrire quelque chose d'intéressant sur cet univers sans grâce, désespérément répétitif...

Je réserve mon enthousiasme à Paul Lombard. Lombard et sa générosité ineffable. Je remarque à peine Didier Decoin.

— Monsieur, lui dis-je, ce n'est pas la première fois qu'on me propose de parler de moi sous forme de livre ou d'émissions. Je reçois beaucoup de courrier en ce sens... J'ai toujours répondu ceci : tant que je serai en prison, je trouverai dangereux d'écrire quoi que ce soit à mon sujet.

— Vous vous trompez sur mes intentions, Béatrice. Votre cas me passionne. Je pense pouvoir vous aider. Je suis déjà allé à Romilly. J'ai vu votre grand-mère. Votre mère...

Je ne réponds pas. Mon présent m'entrave. M'empêche de comprendre le sérieux du projet de Didier Decoin.

Paul Lombard me rassure :

— Béatrice, je ne vous abandonne pas. Je parle de vous à tous ceux qui peuvent vous être utiles. J'ai bon espoir. Vous ne moisirez pas trop longtemps ici. J'y veillerai jusqu'au bout.

Cette visite dura en tout vingt minutes.

Ô cher parloir bordélique de Penang, où es-tu?

J'apprendrais plusieurs mois plus tard par des courriers d'inconnus qu'un livre intitulé *Béatrice en enfer* venait de paraître... qu'il relatait mon histoire, ma vie...

Je n'en reçus aucun exemplaire dédicacé.

Naturellement, jamais le manuscrit.

Six mois plus tard, visite de journalistes en goguette à Kajang.

Deux d'entre eux, en mission, ont réussi à me voir. La cinquantaine massive. Journal à gros tirage. Ils entrent dans le vif du sujet.

— Le livre de Didier Decoin est paru. Il a réveillé l'opinion publique à votre sujet. Nous souhaitons écrire un grand article sur vous... Cela vous aidera à coup sûr...

Colère rentrée. Envie de leur balancer à la gueule ce que je pense de ceux qui entreprennent en mon nom des actions boomerang.

Les conseils de Mok, Botak, Baba Khoo et même l'odieux intégriste me reviennent en mémoire. Ce sont eux qui ont raison.

Néanmoins, je suis dans un tel état d'abattement, si dépossédée de moi-même, que je réponds d'un ton monocorde à toutes leurs questions.

Je vais jusqu'à les laisser prendre des photos de ma détresse. J'ai honte d'avoir accepté. Mais j'ai tellement l'impression de toucher le fond. Si le diable était venu, je l'aurais suivi.

Je ne découvris que bien plus tard la fin de l'histoire. Leur grand patron, ému de mon désespoir si visible sur les photos, refusa d'exploiter une telle tristesse.

Travaux forcés

Avant de quitter Kajang, Hakee m'avait recommandée à la matrone. Celle-ci venait de constituer un petit groupe de cinq filles. Elle avait un projet d'aménagement. Défricher d'abord. Planter ensuite tout l'espace de terre libre autour des bâtiments.

Je n'en peux plus de l'atelier. Il y a belle lurette que les numéros des couloirs sont peints. Sans action, sans visites, je crève lentement. Travailler en plein air me semble déjà un accès vers la liberté. Stupéfaction quand j'en formule la demande. Pour elle, ce sont les travaux forcés. Le soleil cuit. Il faut se courber, peiner, porter des cailloux. La Blanche serait-elle devenue folle ?

On me propose un essai de trois semaines. La matrone est persuadée que je ne tiendrai pas le coup.

Je n'avais jamais tenu une pioche de ma vie. Dès la première seconde, je me sens ridicule. Mal au dos, ampoules dans les mains. Je ne ramène qu'un peu de poussière et quelques cailloux. La terre est plus dure que la pierre. Au bout de deux heures, les filles me disent :

— Ce n'est pas comme ça qu'il faut tenir une pioche ! Regarde !

Elles me montrent les gestes efficaces. Le soleil brûle. Je transpire. Je suis rouge comme une tomate. C'est un défi : je veux tenir.

D'abord la pioche. Comme elles me l'indiquent.

Au bout de la première journée, je la manie correctement. Mais que de courbatures ! La peau de mes mains est arrachée. Je fais semblant d'être à l'aise. Personne n'est dupe. Je ne me plains pas. Je travaille, je souris. Nous sommes égales. Ça leur plaît. Ce jardinage, qui devait être un supplice, devint un bonheur simple de l'existence. Un début d'équilibre intérieur. Je défoule toute mon agressivité dans chaque coup de pioche. Ces efforts intenses calment mes nerfs. Il nous faudra deux mois pour tout débroussailler.

On a creusé un trou de trois mètres de profondeur pour brûler les herbes folles qui vont devenir de l'engrais pour nos plantes. La matrone a obtenu de la pépinière située dans la prison des hommes (de l'autre côté du mur) des centaines de pousses. Des « palmes », divers petits arbres typiques d'ici.

— Ce sera un gros travail, dit-elle. Chaque excavation doit être un parfait carré de trois pieds de large et de profondeur...

Trois cents trous, à distance régulière ! A raison de cinq par jour et par personne. C'est la canicule. La terre est si sèche qu'il faut l'arroser auparavant.

Nous mettons trois mois pour cette seconde étape.

Ces cavités sont ensuite remplies de terre meuble, noire, riche. Tout cela à grands va-et-vient de brouettes. On mélange à cette terre de la bouse de vache, l'humus de nos broussailles brûlées...

Je m'amuse de plus en plus. Une joie de vivre me vivifie. Ces travaux forcés sont devenus une partie de rigolade.

Nous formons une bonne équipe de « mecs ». Nos plaisanteries n'ont rien de raffiné, mais la complicité nous unit. Des petites joies simples. Les cigarettes partagées pendant les pauses. Le seau de thé glacé, sucré, que la matrone, consciente de ces travaux pénibles, nous a obtenu. Les jours de pluie, c'est la folie. Un pensionnat déchaîné !

On se jette dans les trous boueux. Jeux violents de petits gamins dans un bac à sable. Vêtements pleins de boue, cheveux aussi. Rires.

Les meilleures journées ont lieu quand les prisonniers hommes se joignent à nous.

Quoi qu'en disent les féministes, la poigne masculine, en certains domaines, est indispensable. Nos limites se situent à partir de trente kilos de cailloux à traîner.

Quel plaisir de voir du mâle comme, pour eux, de la femelle !

Tous des bandits, des assassins, des drogués, des voleurs, des violeurs, et j'en passe... Pourtant, on se croirait dans une colonie de vacances, de boy-scouts ! Tête rasée, shorts kaki, tee-shirts blancs, chaussures de tennis et socquettes. Il ne leur manque que la croix des louveteaux ! Courtois, sympa, tout sourire, enchantés d'avoir été recrutés du côté femmes...

Nous avons besoin d'eux car au jardinage se mêlent des travaux de terrassement. Nous en aurons pour un mois à creuser un bassin à poissons (la matrone a vu grand !) de un mètre cinquante. Le bassin aura une forme ovoïde, à trois niveaux, plus les canalisations : un jet d'eau central a été prévu.

Les garçons ont été recrutés pour battre le ciment. Installer les tuyaux reliés au moteur, lui-même branché au système d'arrivée d'eau. Véritable cours de plomberie dont nous ne perdons pas l'enseignement...

Un rebord est prévu, en décoration. Dallé, au coin duquel se dressera un roc en galets de rivière, soudés au ciment. Creusé de niches où nous planterons des bougainvilliers.

Pendant tous ces jours, notre moral est formidable. Bonheur physique doublé de celui de la mixité retrouvée. Frôlement des mains et clins d'œil quand on se passe les pierres... Nous formons davantage une épuipe de travailleurs qu'un groupe de bagnards.

Des couples se forment. Conversations de travail transformées en petits flirts. Promesses amoureuses générales :

— A ma libération, je te reverrai !

L'effort est immense. Le bassin superbe. La camaraderie excellente. La matrone enchantée. On s'endort avec la joie de se retrouver le lendemain.

Matons et matonnes se rendent-ils compte du bénéfice profond, psychologique, de nous occuper ainsi ? Eux ne voient qu'une main-d'œuvre gratuite pour améliorer Kajang. Nous, c'est notre jardin intérieur qui se met à fleurir...

Fierté d'avoir achevé ce gros ouvrage dont personne, au début, ne nous pensait capables.

— Les filles n'y arriveront jamais ! C'est un travail d'hommes !

Grâce à cette matrone, plus intelligente que les autres, nous avons franchi avec succès cette épreuve insupportable en son commencement. Au tour des poissons de peupler le bassin, des rouges, des zébrés, des mouchetés. Ils viennent de la rivière, du côté des collines.

L'effet est très joli.

Tristesse de se séparer. De vivre la rupture avec les hommes.

Le dernier jour, matrone et gardiens se sont cotisés pour nous offrir un paquet de nouilles frites chacun afin de nous remercier. La matrone est si contente de son œuvre — elle a prouvé que les femmes se débrouillaient aussi bien que les hommes — qu'elle nous promet d'autres expériences de ce genre.

— Il y a encore tellement à faire pour embellir Kajang, notre prison ! La semaine prochaine, au tour de la peinture !

Sacrée matrone ! Elle aime Kajang. Peut-être aussi ses occupants...

Excepté le bref et douteux intermède avec Hakee, je n'avais jamais tenu un pinceau de ma vie.

Je me retrouve sur un échafaudage asiatique. Un assemblage de cordes et de bouts de bois. Devant la grande porte de Kajang. A la main, un rouleau lié à un grand bâton. Une fille tient l'échelle. Une autre le pot de peinture. La troisième les petits pinceaux nécessaires aux retouches.

Moi, je suis l'artiste. Comme toujours !

Les officiers qui passent sous l'échelle se marrent.

Je porte jogging et casquette à visière. Je repeins « PENJARA WANITA », symbole de mes années présentes et futures... La matrone me félicite.

— Bon travail, Soya Bean !

C'est ainsi que « Soâbine » devint à Kajang « Soya Bean » (« Pousse de soja »), puis, Soya tout court...

Cette matrone me baptisa ainsi, enchantée de mon efficacité. Je ne me plaignais jamais. J'acceptais toutes les tâches. Je m'en sortais fort bien. Et dans la bonne humeur.

Non, la Blanche n'est ni prétentieuse, ni paresseuse, ni incapable.

La fille de l'aéroport est devenue Soya...

Karen Berreby

La matrone m'a laissé la responsabilité d'une équipe. D'abord sept filles, puis douze, enfin vingt-cinq ! J'apprends à observer les caractères. Stimuler les unes, motiver les autres ! Calmer les plus courageuses, agacées de la mollesse de certaines... Leur faire admettre qu'on a constamment besoin des autres. Que nul, non plus, n'est irremplaçable.

Les Chinoises et les petites Thaïs sont les plus vaillantes. Les Malaises, rebelles à l'effort. Autoritaires. Elles se sentent chez elles, dans leur pays. Il me faut alors déployer plus que jamais de l'humour. Sinon, l'équipe s'effondrerait rapidement...

Je ferme les yeux quand les hommes leur glissent une cigarette ou des petits billets doux. Billets que nous lisons ensemble en rigolant, cachées derrière les palmes. Ou dissimulées dans le petit champ de canne à sucre, derrière notre bloc... Le parloir, cette année, va devenir pour moi une source de surprises. Au mois de mai, Karen est revenue.

J'ai du mal à la reconnaître. Je me souvenais d'une jeune

femme discrète, dissimulée dans un chic ensemble trop sévère. Les cheveux bruns tirés en catogan. Le visage sans maquillage. Parlant peu. Écoutant beaucoup. Je me retrouve à embrasser une jolie femme, éclatante, solaire. Pantalons blancs, sweat-shirt raffiné, révélant une silhouette fine et gracieuse. Les cheveux coulent, noirs, brillants. Elle m'a accueillie à bras ouverts. Évident plaisir de me revoir. J'y suis très sensible. Au début, je l'avais sentie un peu contrite. Ce jour-là, elle semble vraiment elle-même. Libre. Libre de déployer ses sentiments, sa formidable énergie et même sa beauté.

Le tutoiement nous est venu spontanément.

— Tu es ravissante, Soya, Soyabeen. Ce nom te va bien. C'est ton identité malaisienne. Je ne reconnais plus la Béatrice de Penang. Tu as une mine superbe que les touristes eux-mêmes pourraient t'envier. Tu as l'air heureuse..

Nous nous asseyons à une petite table. Karen, désormais, s'occupe complètement de mon dossier. Son but : me faire libérer le plus tôt possible. Je la sens sincère et déterminée. Grâce à Karen, je redoute moins les avanies toujours possibles en prison. Elle y veillera. Elle n'hésitera pas à intervenir si besoin est. Naturellement, les distances entre Paris et Kajang sont très grandes. Je ne peux l'avertir en quelques heures s'il y a de gros problèmes. Mais de savoir que j'ai une alliée de plus — et de poids — me fait grand bien.

Karen a su obtenir, ce jour-là, un très long temps de parloir. Nous partageons notre premier déjeuner. Ce repas deviendra un rite à chaque fois qu'elle reviendra en Malaisie, au moins une fois par an, jusqu'à ma libération. A partir de ce moment-là, elle multipliera les démarches en France et en Malaisie ! Elle canalisera la presse car nous avons compris que seuls la discrétion et l'oubli pouvaient me donner une chance d'être libérée avant la date prévue.

A chaque voyage, Karen rencontrera de hautes personnalités malaisiennes, essaiera de faire admettre à chacun le principe d'une libération anticipée. Pendant cinq ans, elle se heurtera à une seule réponse, bienveillante mais ferme : « Qu'elle remercie le ciel d'être encore en vie ! » Difficile de continuer ce combat quand on sait que jour après jour des Malaisiens, mais aussi des étrangers, hommes et femmes, sont pendus. « J'étais vivante et je devais simplement remercier le ciel. » Pourtant Karen ne lâche pas prise. « La prison de Kajang et le Hilton de Kuala Lumpur, sont devenus mes résidences secondaires », dira-t-elle souvent en forme de boutade.

Pendant une semaine, nous nous verrons chaque jour. Jusqu'à ce que son chauffeur vienne la reprendre, vers dix-huit heures, pour la ramener au Hilton de Kuala Lumpur.

Karen m'a éclairée sur l'affaire Didier Decoin. Les campagnes qui ont suivi la parution du livre. Panique de ma part. Comment a réagi l'ambassade de Malaisie en France ? Et le gouvernement d'ici ? Toutes ces actions ne vont-elles pas prolonger mon incarcération ? Je suis livide.

— On va arranger ça, Soya. A mon avis, il faut mettre fin à tout ce bruit. Acceptes-tu de faire passer un communiqué ? Nous allons le rédiger ensemble. Tu interdiras à quiconque de parler de toi.

Elle a sorti un bloc, un stylo. Nous mettons près de deux heures, mot après mot, à écrire un texte qui a pour but de valoriser la Malaisie. Son système judiciaire, ses prisons... et son respect des droits de l'homme ! Karen confia ces trois pages le soir même au bureau A.F.P. de Kuala Lumpur.

J'espérais ainsi annuler les effets pervers de cette innocente et bienveillante araignée médiatique qui me nuisait tellement ici.

Karen s'occupa beaucoup de moi pendant la semaine qu'elle passa ici. Chaque matinée, elle courait à l'ambassade. Réveiller les fonctionnaires de leur apathie à mon sujet. Elle se montra choquée du peu de visites qu'ils me rendaient.

— Au moins, allez la voir ! insistait-elle.

C'est ainsi — grâce à Karen — que Guy, Martine, Patrick et d'autres entrèrent dans ma vie.

Les nouveaux amis

Le jour de sa dernière visite, Karen n'arriva pas seule. Un jeune coopérant, ingénieur de formation, Guy, l'accompagnait.

Karen avait réussi à convaincre l'ambassade. Guy pensait — mes autres amis futurs aussi — que seuls les attachés d'ambassade ou du consulat avaient le droit de venir à Kajang.

Guy était en Malaisie par choix. Il avait préféré un exil ici de deux années à la caserne militaire de son département français. Guy a mon âge. De multiples petites maîtresses locales. S'installa entre nous une grande camaraderie. Il s'y ajouta, progressivement, un petit sentiment amoureux. Je découvris le bonheur de rencontrer un garçon de mon âge une fois par semaine. Grâce à Karen (et à l'ambassade), le temps de parloir de cette visite devint illimité.

Guy m'a fait découvrir le parcours d'une adolescence normale. Les joies, les rêves, les limites d'un garçon intelligent et sain.

L'Asie avait été pour lui un éveil. Il étouffait un peu en France. Chez papa-maman. La Malaisie lui a donné l'autonomie. Une conception plus ouverte du monde.

Il m'offre des bandes dessinées. C'est une découverte. Il me raconte ses folles soirées dans les boîtes chics de Kuala Lumpur. Il m'enregistre des cassettes.

Sa vitalité m'enchante. Il peut passer une nuit entière à draguer, danser, boire, aimer. Reprendre le travail dès sept heures du matin. Enchaîner ensuite, le soir, sur un court de tennis. La forme, pour lui, passe par le sport, l'épanouissement physique autant que psychologique. Il aime rire. Échanger des plaisanteries. Des bons mots. Il a le don de la caricature.

Avec Guy, je retrouve ces plaisirs d'esprit que j'échangeais avec Barbara. Petits baisers volés, très tendres, dans le dos de la matonne. Tant pis pour son va-et-vient et ses fourbes arrêts dans le couloir !

Nous abordons 1986.

Vingt-sept ans...

Satisfaction de voir prospérer notre jardin. Les bougainvillées du bassin sont éclatantes. La matrone, après force négociations, a obtenu une tondeuse à gazon. Moteur à pétrole. Pétarade inouïe. J'adore ça. La veille encore, il nous fallait tout passer au coupe-coupe !

La matrone me confie la responsabilité de cet appareil.

J'ai eu droit à un cours privé de mécanique par le prisonnier qui l'utilisait auparavant.

Me voilà promue jardinière en chef de Kajang, prison modèle !

Heureusement qu'il y a cette petite nouveauté. Le départ de Guy est imminent. J'ai du mal à envisager le parloir désert... Comment me contenter à nouveau des froides délégations de l'ambassade. J'en parle à Nicole lors de sa visite mensuelle. Son bon sens, comme toujours, fait merveille.

— Ne t'inquiète pas. Tu auras d'autres amis. Tu as vu comme ta situation a évolué depuis ton transfert ?...

Elle rit.

— Souviens-toi, tu avais même envisagé de retourner à Penang ? Les choses s'arrangent toujours... As-tu des nouvelles de Barbara depuis sa libération ?

Non. J'avais écrit à Barbara dès mon arrivée ici. A quel point je regrettais de l'avoir quittée. Tout allait si mal alors pour moi... J'avais trop espéré, au début, de Kajang.

Dans cette lettre, j'avais exprimé à quel point son amitié avait été fondamentale.

Lorsque je l'avais remise à la censure, on m'avait informée que les communications entre prisonniers étaient interdites. Depuis, je n'avais jamais eu de nouvelles de Barbara.

Nicole m'embrasse chaleureusement. A la fin de sa visite, je suis regonflée à bloc. Elle a le don de réduire les avanies de la vie. Rendre chaque chose à ses justes proportions. Grâce à elle, je ne perds plus le sens du réel. Elle sait me rappeler qu'à l'extérieur tout n'est pas rose non plus. Au moins, à Kajang, je suis nourrie, logée ; dehors d'autres luttes, féroces, attendent...

Le jour de ses adieux, Guy arriva avec une jeune femme, Martine. Nouvellement installée à Kuala Lumpur avec son mari, Patrick, et leur bébé, Julien.

Martine se propose de prendre la relève de Guy. Continuer la chaîne de l'amitié. Venir le plus souvent possible me voir.

Elle a une trentaine d'années. Un air à la Inès de La Fressange. Même silhouette, cheveux noirs, yeux noisette piquetés de gris. Intelligence naturelle. Simplicité du contact. Des mots. Des gestes.

Premier parloir avec Martine : inoubliable, puisque nous sommes et serons toujours amies. Stupéfaction : nous nous découvrons une foule de connaisssances libanaises communes.

Martine, avant son mariage, avait travaillé au Moyen-Orient. Elle y a rencontré pas mal de mes amis de là-bas. Jean-Loup, photographe, qui vivait sur le même palier que Rachid et moi. Martine en connaît d'autres qui venaient festoyer chez nous ! Guy, stupéfait, est ravi du tour que prend cette rencontre.

Martine deviendra très vite la grande sœur qui m'a toujours manqué. Cœur immense de Martine. Du niveau de celui de Nicole, Jean... Cette grande classe d'âme. Rien de petit, de mesquin. Martine est la fidélité. Puis-je, à ce titre, omettre Paul Lombard qui m'a sauvé la vie ?

Martine et sa joie de vivre. Son goût des fêtes. La fête au sens profond de l'Orient... Martine est entière et aime donner sans réserve. Sans jamais calculer. Donner pour donner. Aimer pour aimer.

Martine fait de chaque rencontre une fête.

Il y a même des larmes quand il faut nous quitter !

Plusieurs semaines après (sans jamais omettre une visite), elle vint avec Patrick. Je fis enfin sa connaissance. Il voyageait beaucoup à travers l'Asie du Sud-Est.

Patrick : un homme de son âge. Plus introverti. Malgré cette réserve typiquement masculine, le courant passe. Nous deviendrons amis. Le temps confirmera cette nouvelle alliance. Son travail ne lui permettait pas de venir souvent à Kajang mais il pensait à moi. Il me faisait parvenir par sa femme des papiers à en-tête des somptueux hôtels où sa profession l'amenait. Il ne manquait jamais de prendre des photos de leurs fêtes, que Martine ne montrait. Ainsi me firent-ils participer à leur vie. Patrick avait même photographié chaque pièce de leur maison pour me la faire découvrir...

Mon sort s'adoucissait grâce à eux. Chaque visite de Martine était une fête. Elle réussit parfaitement le « fondant au chocolat ». Pas une fois où elle ne m'appportait cette pâtisserie faite de ses mains. Que nous dégustions ensemble. Moment béni. Le rire, la joie...

Ainsi courut le temps jusqu'en 1987.

Pour mes vingt-huit ans, Martine m'offrit mon premier parfum de femme. Son « fondant » fut particulièrement réussi. Même sans bougies ! Je lui raconte le spectacle que j'ai dû animer pour la fête de l'Indépendance (le 31 août).

Sur une scène, vêtue d'un *baju kurong,* coiffée de façon traditionnelle. Une sorte de diadème en métal léger, travaillé, surchargé de pendeloques asiatiques... Avec pour partenaire un ancien « commando » en costume blanc, nœud papillon rouge sang, chaussures assorties.

Nous sommes sur un podium. Derrière nous, un groupe de rock. Devant, gardiens et gardiennes des deux prisons. Tous les prisonniers au complet. Au fond de cette estrade, en décoration, un grand panneau peint de monstres et de diables symbolisant les ravages de la drogue.

Mon compagnon et moi avions pour rôle d'introduire les participants au concert.

Je fais un speech que j'ai mis deux heures à rédiger en malais.

— ... Merci aux Très Honorables Datuk Ibrahim, directeur général des prisons en Malaisie. Merci à tous ses adjoints. Merci à Mme Hamidah. Merci à tous de nous avoir autorisés à fêter ensemble un très grand moment de l'histoire. NOTRE INDÉPENDANCE. La Malaisie, de par la volonté de son peuple, a su se débarrasser du joug britannique qui l'oppressait depuis des siècles...

VIVE LA MALAISIE ! Libre et indépendante...

Je pompe froidement de Gaulle.

Je salue. Je sens ma coiffe, digne de celle de Miss France, me tomber sur le nez. J'ai du mal à garder mon sérieux.

Tonnerre d'applaudissements.

Tous se lèvent et entonnent à gorge déployée *Negara Ku* (« notre patrie »).

Martine se tord de rire.

Pendant toutes ces années, mes contacts avec l'ambassade avaient été épistolaires. J'avais de bons rapports avec ses représentants, sans plus. Certes, ils me faisaient parvenir des livres, mais l'important contact — l'amitié — ne passait pas vraiment. J'avais le sentiment de représenter pour tous ces gens la corvée impartie aux dames patronnesses... Mes vrais compagnons — Nicole, Jean, Guy, Martine, Patrick — s'étaient construites avec leur aide, mais sans eux. Les choses allaient changer avec Claire et François.

Martine doit rentrer en France. La société de Patrick l'a rappelée à Paris. Son contrat prend fin.

Dernière visite de Martine.

On a tenu à la passer aussi normalement que possible.

Effort surhumain pour ne pas pleurer.

Bien sûr, nous savons que le courrier suivra. Que les retrouvailles auront lieu un jour. Attention, cependant, aux larmes qui ne feraient qu'empirer la difficulté de la réalité. La séparation qu'une fois de plus il allait me falloir encaisser. Je me refuse à perturber Martine par le spectacle de mes pleurs.

J'ai attendu que la porte de la prison se ferme derrière moi pour éclater en sanglots...

Plus que jamais, le jardin. Tailler, tondre, repiquer certains plans. Nettoyer le bassin à poissons. Le vider. Le frotter de fond en comble avec une paille de fer. Harmoniser l'exubérance des bougainvillées du roc décoratif.

Ainsi ai-je toujours su guérir mes peines. Par l'action.

La chance, pourtant, semble revenir.

Un après-midi, on m'appelle au parloir. Un Français, blond, légèrement dégarni, la trentaine. Œil doux et malicieux à la fois.

— Je suis François X. Conseiller à l'ambassade de France. Si vous le voulez bien, je suis prêt à assumer la relève de Mme Martine C.

Il me met très vite à l'aise. J'aime sa voix sourde, agréable, posée. Je découvre à quel point il est cultivé. Il parle plusieurs langues, a lu beaucoup de livres. Tout cela vient dans la conversation avec simplicité. François est un homme qui ne se vante pas. Ne se jette pas en avant. Répand discrètement sa richesse intérieure. Il m'a apporté une pile de livres. Nabokov, la trilogie de Volkoff, *Le Juge Ti,* chronique d'un juge chinois sous les Ming. Juge Ti ou Lee, je m'amusais de ces analogies criardes. François, malgré son énorme travail à l'ambassade, vint cependant fréquemment au parloir. Ce n'était pas le rôle d'un conseiller de venir ainsi visiter une prisonnière. Il n'arrangea pas son cas lorsque, au cours d'une réunion avec l'ambassadeur, il évoqua mon affaire. Il demanda si le moment n'était pas enfin venu pour la France de s'en mêler efficacement. Il se fit vertement rabrouer.

Fidèle, courageux, il ne m'en délaissa pas pour autant. Puisqu'il n'avait pas le pouvoir de changer légalement les choses, il se consacra à m'aider moralement. Me libérer sur le plan intellectuel. Par ses conversations, jamais banales. Son humour, parfois noir, jamais cynique. Son besoin de constamment apprendre, découvrir, me stimulait.

Claire, le nouveau consul, lui ressemble. Elle remplace M. X., promu à l'ambassade de Mozambique. Dès son arrivée à Kuala Lumpur, Claire tint à me rencontrer. Marseillaise, exubérante, la quarantaine lumineuse, de taille moyenne, corps mince et nerveux d'une féminité pétillante, indépendante de caractère. Aimant son métier, Claire ne ménage pas sa peine. Quand elle entreprend un dossier, un travail, les horaires ne comptent plus...

L'après-midi où elle vint à Kajang, j'eus l'impression qu'une tornade était entrée au parloir.

Séduite, je la contemple. Je l'écoute. Opinions bien tranchées de Claire. Sens profond des hautes valeurs. Respect de la fidélité. L'amitié. Le courage et les engagements menés à terme.

Quoique de natures opposées, Claire et François ont une grande connivence. Même ardeur à la tâche, ils se rejoignent pour l'essentiel.

Au cours de sa carrière diplomatique, Claire s'était liée à diverses personnalités qui, plus tard, allaient occuper de hautes fonctions dans le gouvernement français.

Claire n'hésita pas, secrètement, à entrer en contact avec ses anciens amis afin de les sensibiliser à l'affaire Saubin. Elle les amena à entreprendre certaines démarches auprès du gouvernement malaisien. Ce travail prit de longs mois. Les premières réponses, négatives, n'entamèrent jamais sa pugnacité.

Elle fit tant et si bien qu'à partir de 1988 plusieurs courriers signés de ces hauts représentants français arrivèrent sur le bureau du gouverneur de l'île de Penang...

Bien entendu, j'appris tout cela à ma libération. Claire ne voulait pas prendre le risque de venir bouleverser mon équilibre en dévoilant trop vite sa stratégie. Stratégie qui aurait fort bien pu ne pas aboutir.

La fouille

Contrairement à la lenteur insupportable de mes premières années à Penang, Kajang est une suite ininterrompue de surprises. De bons et de mauvais moments. Kajang a quelque chose de fellinien. Apothéose : le départ du directeur général des prisons en Malaisie, Datuk Ibrahim. Il a tenu à partir comme il avait assumé sa charge. En grande pompe. Il nous arrivait souvent de le voir débarquer avec une cour de hauts fonctionnaires à ses basques. Il ne manquait jamais de me faire appeler pour me présenter. Au fil des ans, j'étais devenue sa « public relation girl ». Je savais que chacun de mes mots serait répété en haut lieu. Je tenais à ce que mes mentors sachent qu'ils n'avaient pas en moi, la Blanche, une ennemie... Je laissais entendre que j'avais dépassé l'horreur de ma situation...

Jour du départ. Ibrahim a invité, ce fameux 30 avril, des journalistes de la presse indienne, tamoule, chinoise, malaise, ainsi que la télévision. On nous a rassemblés pour les adieux. D'un côté, les femmes — des centaines mêlées à nos gardiennes —, de l'autre, un bon millier de prisonniers entrecoupés de gardiens, flanqués de leurs familles. Femmes et enfants agitant en signe d'enthousiasme des petits drapeaux. Nous étions, bien entendu, en uniforme. Ce pyjama blanc qui, au début, m'avait tant révoltée avait depuis longtemps perdu pour moi les stigmates de l'humiliation.

Ibrahim Datuk et son épouse arrivèrent, assis à l'arrière d'une luxueuse voiture décapotable. Son épouse, plus replète que lui, disparaissait sous l'excès de colliers et de bracelets en or. Le chignon encore bien noir, luisant de son bain d'huile de coco. Le chauffeur portait un *songkok*, calot musulman de couleur sombre. Impression de vivre une folle extravagance ! La voiture s'arrête à ma hauteur. Ibrahim fait un signe. Les photographes se tournent vers moi. Des Chinois. Les flashes étincellent. Je cligne des yeux. Ibrahim me baigne d'un immense sourire. Je recule. J'ai envie de cacher mon visage. De disparaître. J'avais toujours été ferme sur ce point : n'être utilisée par aucune presse.

Trop tard. Je ne sais ce qu'ils feront de cette image... Le Datuk a l'air d'un pacha satisfait.

Deux par deux, comme toujours, nous retournons à Penjara Wanita. Qui va remplacer Ibrahim? Un fourbe? Un sadique? Excitation générale. Les filles se bousculent, piaillent à qui mieux mieux malgré les aboiements des gardiennes. Elles donnent des noms de remplaçants possibles. Comme toujours au courant de ce que même Hamidah ignore.

Il y a depuis trois jours dans ma cellule une lettre avec un timbre français. L'enveloppe très ordinaire, l'écriture appliquée de Grand-mère. Jamais l'Hexagone, l'Europe, le monde n'ont été aussi loin de moi. Je n'ai même plus envie d'ouvrir le courrier de France. Que peuvent-ils donc comprendre, sentir, deviner, de la Béatrice de maintenant? Quel rapport entre la fillette de Romilly-sur-Seine et cette longue jeune femme habillée de blanc, la peau touchée de soleil, les forces et le cœur différents?

Surprise. Tout s'agite. Monte une rumeur. Le bouche à oreille fonctionne. Une copine, Halimah, me met au courant.

Dans l'heure qui suit, nous allons toutes être soumises à une fouille vaginale... Les gardiennes ont appris par une moucharde — cette gourde de Mei Ling — que beaucoup d'entre nous cacheraient un paquet de tabac et le briquet au fond de leur... intimité. Depuis l'interdiction de fumer, c'est une pratique courante. Les filles enroulent dans un morceau de plastique pas même lavé un briquet, du tabac rouge, le plus ordinaire qui soit. L'ensemble crée un volume de dix centimètres cubes environ, qu'elles s'enfournent. Même pendant les règles. Le sang se mêle à ce mauvais tabac. Le sang et le reste, car beaucoup ont des maladies gynécologiques. Halimah m'apprend que je suis sur la liste de la fouille!... L'indignation me cloue.

Cela n'a donc servi à rien que toute la prison sache que je ne fume plus depuis 1985? Ou bien est-ce déjà la vengeance des plus mesquines gardiennes depuis que l'on m'a photographiée avec

Ibrahim ? La folie de ces femmes, leur mesquinerie, leurs crises de jalousie, de brutalité soudaine se déchaînent. Depuis quelques jours, personne ne les dirige. Je n'ai pas peur, mais une révolte inouïe m'assaille.

On nous appelle dans la cour. On nous sépare. Les étrangères — Thaïs et Indonésiennes d'un côté, les locales (Malaises, Chinoises, Tamoules et moi) de l'autre. Voilà donc à quoi m'a menée ma connaissance de ce pays, de ses langues, de leurs coutumes et de leurs prisons ? A griller tête nue sous le soleil en attendant une fouille immonde ?

Ce jour-là, comme par un fait exprès, il n'y a pas d'eau. La prisonnière chargée de la besogne a le bras droit entièrement rongé d'un eczéma purulent. Cette Chinoise d'environ quarante ans est une toxicomane de longue date. Ses problèmes de peau sont liés aux piqûres sans hygiène. Ce bras infect va entrer dans mon ventre, le fouailler, le détruire, le blesser... Pour toute protection, la matonne lui a fait enfiler une poche en plastique qui sert habituellement à envelopper le pain. Ni gants gynécologiques, ni vaseline, ni même l'idée de changer de « poche » à chaque fille. Voici ce qui nous attend : accroupies, deux par deux, à l'intérieur d'une salle minable, entourées par des filles minables en uniforme qui ricanent et commentent le sexe de chacune...

La pièce est grande ouverte au bout de notre file. Elles ont saisi en premier la moucharde Mei Ling. Deux gardiennent lui ordonnent d'enlever tous ses vêtements. Tandis qu'elles fouillent le linge, une autre lui fait lever les bras. Tâte durement les aisselles, les cheveux. Fait ployer sa nuque. Lui ordonne de s'accroupir et d'écarter les genoux. En Asie, on fait ce que l'on vous ordonne de faire. En Asie, on se dédouble de l'horreur. En Asie, on sait devenir une marionnette aux mains des autres. La main gantée entre d'un coup dans la tendre chair, qui saigne non pas du flux naturel mais de la brutalité des gestes.

Mei Ling, suite à ce véritable viol manuel, comme presque toutes, aura des ennuis gynécologiques. Pourtant, elle reste impassible. Malgré les commentaires et les ricanements. En dépit de la fouille et ses conséquences, elle recommencera de plus belle. L'Asiatique, dans le mal comme dans le bien, l'argent, la religion, l'amour, la haine, est un être à parois lisses.

Je suis hors de moi. On en est à brutaliser ainsi une petite Tamoule qui répète en pleurant : « Je ne fume pas. » Néanmoins, l'affreux moignon en plastique retire un paquet de tabac énorme qu'elle remet à la gardienne chargée de noter le résultat de l'abominable recherche. Ni dégoûtée ni triomphante, la matonne ouvre avidement le paquet sans forme. Le tabac s'effrite, le briquet roule à terre. La gardienne écrit avec un feutre le numéro de la prisonnière et son nom sur la pièce à conviction.

A mon tour. Elle a l'air d'hésiter. Il me faut trouver les mots justes. Je sais lesquels.

— Vous n'avez pas le droit de m'imposer cette fouille, vous le savez.

Je la regarde droit dans les yeux. Seule la femme mariée peut subir un examen gynécologique complet. Ce que je ne formule pas, mais qu'elle a deviné dans mon regard : elles sont en train d'outrepasser la loi. Et je le sais.

— D'accord, d'accord ! dit-elle à voix basse, j'ai compris.

— A la suivante, maintenant ! crie-t-elle.

Elle se doute que je ne vais pas manquer d'en informer François et Claire. Certes, ils ne peuvent rien pour ces filles. Mais, si on me tourmentait de la sorte, il y aurait à court ou long terme un retentissement fâcheux pour les gardiennes.

Je n'en reste pas moins la cible idéale. Plus que jamais, je dois redoubler de vigilance. Je fulmine. Toutes ces malheureuses sans appui, incultes, ne prenant pas même la peine de s'informer de leurs droits. Il suffirait, pour elles, de parcourir (en cachette) le code carcéral qui, négligemment, traîne partout. A l'atelier, dans la cabane à outils... C'est le premier ouvrage que je m'étais empressée de lire d'un bout à l'autre. Je l'avais même appris par cœur.

Le soleil me paraît soudain voilé. Qu'on sache un jour qu'à Kajang, prison modèle, on pratique aussi l'ignominie, la cruauté et la menace...

1988.

Vingt-neuf ans.

J'ai oublié l'épisode de la fouille. Tout a repris son cours monotone. Je continue à jardiner.

Au moment de l'arrosage du soir, j'ai touché par mégarde une plante vénéneuse. Verte à rayures blanches, irriguée dans ses veinules d'une sève dangereuse qu'on nous a appris à éviter. Trop tard : le lait blanc a jailli dans ma main. Ma peau est très fragile. Je sais ce qu'elle ne va pas tarder à endurer. Démangeaisons et urticaire insupportables dans les minutes qui vont suivre. Surtout ne pas gratter. Le seul soulagement immédiat : l'eau. Ce jour-là, on en manque encore. J'aperçois l'éléphantesque matonne Cik baha. En dépit de ses galons d'officier, de son statut privilégié — elle est la belle-sœur de Datuk Ibrahim —, elle ronfle, bedaine énorme, tête minuscule aux cheveux ras, vissée sur un petit tas de chair plissée qui lui sert de cou.

Je m'approche, car de la baleine « Moby Dick » va dépendre mon rendez-vous avec le dermatologue. Je ne puis m'empêcher de rire devant cette femelle en costume militaire. D'où jaillissent des mains et des pieds minuscules. Elle ne sent même pas les mouches qui grouillent sur son nez aplati. Elle a en permanence sur son bureau de quoi manger. Tous les restes de la cuisine. Nouilles, riz frit, petits gâteaux, sauces, brochettes de viande à la sauce de cacahouète.

— Hem ! Hem !

Elle émet un ronflement plus fort. Consciente de mon urgence, je récidive, d'un ton sarcastique :

— *Cik baha tidur ke ?* (Êtes-vous en train de dormir ?)

Une gardienne qui dort m'a toujours fait rire. La prison disparaît. *Cik baha* devient pour moi un gros plat de nouilles dont tout le cerveau se réduit à avaler de la nourriture. Ses galons, qui transpirent plus qu'elle, viennent du privilège et non du travail.

— Hem ! Hem !

Elle ouvre enfin un petit œil rond comme on en voit à certains poissons. Je me jure de décrire la scène à Martine ! Je lui montre mes bras, mes jambes, mon torse déjà enflés. Elle émet trois borborygmes et lève du tabouret son énorme derrière. Une vague détresse m'assaille. Nous n'avons toujours pas de directeur et les plus flemmardes en profitent. Moby Dick, dérangée, argumente qu'il est trop tard pour voir le dermatologue. Je n'ai qu'à ne pas me gratter. Ça passera dans la nuit. Une envie de donner un coup de pied dans cette outre de chair envahit mon crâne. Je me domine. Elle est capable, je le sais, de me faire jeter au cachot si ma colère explose.

Je pense à ma peau. Ma santé. Dans ces conditions, pleurer est le meilleur argument. Moi, l'Européenne, celle qui, pense-t-elle, se croit supérieure, suis en larmes devant elle, dépend d'elle. Jouissance extrême !... Moby Dick est calmée. J'ai su respecter le protocole de l'humiliation. J'obtiens donc mon rendez-vous pour le lendemain matin.

20 h 30. Seule dans ma cellule, je n'arrive pas à dormir, je n'arrête pas de frotter mes mains, mes avant-bras, mon corps très rouge sur le ciment du sol. Comment supporter les quinze heures qui me séparent des premiers soins ? Assise en tailleur sur le *futton*, je fouille dans mon courrier. J'ai besoin de relire une lettre amicale, de conforter mon courage. Les mots de Karen me font du bien :

Le 1er mai 1987

... Paris a repris ses droits, son rythme fou. Mais quand même un temps merveilleux. Tu es présente, plus présente que jamais, et bientôt tout à fait là...

Je n'ai même pas besoin de laisser la lumière allumée pour relire son affectueuse phrase finale, sur laquelle j'ose espérer m'endormir quand même.

Haut les cœurs ! On pense et on agit pour toi ici plus que tu ne le crois.
A très bientôt.
Karen.

A six heures, ma peau a la couleur d'une pastèque mûre. Et si on m'oubliait là à jamais, avec un corps de plus en plus rouge et en feu ? Rien ne dira à quel point, dans les moments où la santé s'esquive, la prison où qu'elle soit est un enfer...

A huit heures enfin, on vient me chercher. On m'emmène dans la pièce d'accueil. On me menotte malgré mes poignets enflés. Ma condition de captive, une fois de plus, m'envahit à travers ma peau massacrée. On m'engouffre dans un fourgon dont le vert me rappelle la méchante plante. L'hôpital est à cinq minutes. La route traverse un bois d'hévéas. Une haie de lotissements blancs en construction. On se gare dans la cour, fleurie comme partout dans ce pays. L'architecture de cet hôpital public ressemble à celle que l'on trouve en Afrique. Un porche en bois, un rectangle principal flanqué de plusieurs constructions adjacentes de superficie plus modeste. Le tout disparaît sous une avalanche de bougainvillées violettes, orange, mêlées aux hibiscus roses, aux longues flammes des palmes.

On m'emmène au bâtiment de la dermatologie. J'attends, assise sur un banc, liée à ma gardienne, côté droit selon l'usage. A ma gauche, l'inévitable matonne. Et deux gardiens hommes, armés d'un long pistolet visible dans la gaine en cuir. Avachis, indifférents. Chacun d'eux fume. Je compte les ronds de fumée au plafond pour tenter de m'extraire de ma souffrance. Devant nous, sur un banc identique, une brochette d'hommes, de femmes et d'enfants de la ville. Chinoises en short et sandales, épaisses Malaises enfouies sous le voile musulman, hindoues en sari multicolore dont j'aperçois les bourrelets suintant sous le corsage trop serré.

Les enfants sont beaux et gais. Ils resplendissent de ce bonheur que j'ai tant quêté et qui m'a probablement menée à ce banc. Devant moi, un dos d'homme puissant. Un dos de taureau. Je ne peux voir son visage, mais sa nuque me fascine. A la différence de Moby Dick, ce personnage a un cou. Large, loti de verrues graisseuses, sous la courte chevelure sombre puant l'huile de coco jusqu'à l'écœurement. Des pellicules étoilent sa chemise à grosses fleurs. Il se retourne. Choc d'un visage d'homme malais, mais structuré d'un tel bloc de bêtise, de brutalité, que je me serre vers ma gardienne.

De ses lèvres épaisses et luisantes sortent ces mots : « Je vous connais ! » Je frémis intérieurement. Il me bombarde de questions dont la curiosité malsaine augmente mes démangeaisons. Mes gardiens continuent leurs ronds de fumée. J'essaie d'ignorer ce balourd qui soudain se fâche. Une main brutale, rapide, tel un gros lézard, se pose sur mes seins.

— Hé, crie l'homme, je te parle !

Je me lève, la gardienne (enchaînée !) suit le mouvement. Je rétorque.

— *Apa ini awak gila ke ?* (Ça ne va pas, la tête ?)

— Et vous, dis-je aux gardiens, vous ne voyez pas qu'on m'agresse !

En effet, la main ne me lâche plus...

Et quelle main, mon Dieu, ce premier retour de l'homme !... Quel reptile ! Quel crapaud ! Je ne peux pas le gifler. Mes gardiens rigolent. La Blanche réduite. La Blanche, dans leur culture, reste cette putain qu'il est amusant de voir souillée. Heureusement, l'infirmière ensachée de toile étincelante me délivre, et notre cortège entre enfin dans le cabinet médical. Antibiotiques. Lotion. Pommade. Congés de maladie. Mon retour est plus gai qu'à l'aller. Peut-être y aura-t-il pour moi une bonne surprise. Claire ? François ?...

Le nouveau directeur, Tuan Nik

15 septembre 1988.

Mon problème de peau a disparu. J'ai repris mes travaux au jardin. Ce jour-là, j'actionne la tondeuse à gazon. Pour me protéger des éclats des graviers, j'ai enfoui mon visage sous un casque colonial blanc.

On me dit que Tuan Nik, le nouveau directeur général, souhaite me voir. Debout dans une allée, il m'observe attentivement. Ma démarche. Mon allure. L'expression de mes yeux.

Tuan Nik est un petit monsieur mince, vêtu à l'européenne. Pantalons gris clair, blazer bleu marine, cheveux grisonnants, moustache assortie, bien taillée. Peut-être cinquante-cinq ans ? Un regard plein de vie, que rarement un homme de cet âge conserve. Un regard qui traverse l'âme et non simplement les intempéries des êtres. Il commence par me dire quelques phrases banales. Le regard, lui, ne l'est pas.

Il m'invite à m'asseoir. Tout de go, il me parla du régime des prisons en Suède et en Norvège. Il en avait visité plusieurs, qui l'avait amené à une série de réflexions sur le rôle véritable de l'incarcération. Celui qu'on s'empresse d'oublier : la réhabilitation — le retour à la vie.

Bien sûr, Tuan Nik avait parfaitement conscience de la sélection inévitable d'un système amélioré. Tout le monde, malheureusement, ne peut pas assimiler l'action intérieure personnelle dont procède toute évolution.

— Voilà maintenant dix ans, dit-il, que je me consacre, avec mes faibles moyens, à concrétiser cette idée. Ceux qui ont su comprendre la carte que je leur offrais s'en sont tirés... Et si j'avais une carte pour vous, Soâbine ? La saisiriez-vous immédiatement ?

Ses yeux pétillent.

Quelle est cette carte ?

— Je reviendrai bientôt, Soâbine.

Une semaine plus tard, Tuan Nik exigea de Hamidah qu'elle prépare une escorte et la prisonnière n° 177-84 HL. Demande si révolutionnaire qu'elle en resta coite. Elle ignorait si c'était même permis par le code carcéral. La fermeté de Tuan Nik agit. Dix minutes après, je me retrouvais chez lui, présentée à sa femme et à ses enfants.

Je suis ahurie. Depuis près de neuf ans maintenant, je ne suis pas entrée dans une maison. Une vraie. Avec un foyer. Mon foyer, ma maison, mon intime décor — ma vie tout court — sont, depuis tout ce temps, Kajang et ses murs. Kajang et ses jardins. Kajang et ses gardiens. Kajang bouclé sur moi nuit et jour.

Au départ, ma vision était simpliste. Au fil des mois, des années, j'avais approfondi la langue, ce qui m'avait permis de pénétrer davantage les mystères de ce pays fascinant et complexe. La prison à son tour vivait en moi telle une découverte supplémentaire.

Comble du paradoxe, c'était la première fois que j'entrais dans une maison malaise.

Tuan Nik m'a ouvert son foyer, sa confiance. Je suis bouleversée. A cause de mon escorte, je ne peux manifester toute mon émotion. Il se rend compte de mon trouble, de ma gêne, de ma maladresse. Il sait très bien que la gardienne écoutera chacune de nos paroles. Que tout va être interprété, rapporté, déformé contre moi et contre lui. La présence de sa femme et de ses enfants, caution de sa bonne foi, sera oubliée. La médisance transformera cet accueil familial en tête à tête plus ou moins trouble. Tuan Nik connaît ce risque et s'en amuse. Il se doute qu'un jour son initiative (recevoir une prisonnière à demeure) se soldera par une lettre de justification à son ministre. Moi aussi, je trouve insolite d'être assise dans un salon malais, en costume de prisonnière, flanquée de mon ange gardien en uniforme, toutes deux servies par notre directeur général. Ma gardienne est plus affolée que moi. Son verre de thé tremble dans sa main. Je retiens mon rire. Il pourrait être rapporté comme une insolence.

Très à l'aise dans sa chemise à fleurs, son pantalon clair, Tuan Nik me dit d'un trait, en anglais :

— Tu vas enseigner l'aérobic à des femmes d'officiers. Dans dix jours !

Il s'est assis face à nous sur un petit siège sans dossier en bois sombre sculpté. Il m'a mise brusquement au pied de l'action. Son ton n'est pas celui d'une question mais d'une certitude.

— Tu vas enseigner l'aérobic dans dix jours !

C'était cela, sa carte !

Tuan Nik me met dans une situation dont vont dépendre mon initiative, ma capacité et ma liberté.

Avant mon incarcération, l'aérobic n'existait pas. Jane Fonda ne l'avait pas encore répandu. A Kajang, on s'obsède de bien autre chose que de faire mincir sa taille ou son derrière. A Kajang, comme dans toutes les prisons, le corps — sa grâce — s'épaissit, se détruit. Je voyais entrer des squelettes qui, en un rien de temps, devenaient d'amorphes petits tonneaux méconnaissables. Quant aux gardiennes, souvent grasses dès le départ ou difformes telle Moby Dick, elles ne pensaient qu'à s'empiffrer.

Je saisis la pensée de Tuan Nik. Plus que la graisse, il déteste ce que signifie souvent la graisse. Mauvaise tenue, pensée amorphe, basse gourmandise, manque de rigueur. Une gardienne abandonnée dans sa graisse est un mauvais officier. Un mauvais officier est capable de n'importe quoi sur ses prisonniers.

Depuis deux mois, à l'instigation de Tuan Nik, l'aérobic était enseigné aux gardiennes par deux d'entre elles. C'était un échec. Elles aiment trop leur mollesse. Elles s'y trouvent bien. Pourquoi Tuan Nik a-t-il songé à moi pour remplacer ces deux femmes qui s'agitent en vain trois fois par semaine sur les hits américains ?

Je sors de chez lui habitée d'un autre rythme. Je rentre modifiée à la prison. Avec une soif d'énergie encore jamais éprouvée. La surprise de son accueil, mes maladresses, mon étonnement, tout cela est du passé. Seul compte le présent. Cette nouvelle vie que quelques mots, sa personnalité avaient su me communiquer. Je ne puis dormir, je grille de commencer tout de suite. L'aérobic ? Je n'y connais rien, mais ce n'est pas un problème. C'est la chance d'une action.

Aérobic

J'ai mal. Dix mille, cent mille muscles se sont réveillés d'un coup. L'aérobic, diffuseur de souplesse, me donne dans cette troisième séance l'impression d'être en bois. Mes bras, mes jambes, mon corps en entier sont entrés dans un autre cycle. Ce n'est plus la bonne forme trop calme, trop intérieure, qui me venait du jardinage. Je suis devenue tout à coup cet avion à réaction, ce bolide, cette agitation de toutes mes cellules.

Le mouvement dévore tout. Seules les deux gardiennes chargées de ma formation me rappellent que je suis bien à Kajang. Pas très contentes, les matonnes ! Humiliées à leur tour. A contrecœur, elles m'enseignent les mouvements de l'aérobic, puisque Tuan Nik en a donné l'ordre. Mais elles tentent de tout saboter. Sournoisement. Saper mon moral, ma confiance. Tandis qu'au rythme d'une cassette de « Funky Music » je saute, bras et jambes opposés en une même cadence, je sens l'ironie de leur regard. Les remarques malveillantes dépassent le son de la musique.

— Tu n'y arriveras jamais ! Tu vas nous couvrir de ridicule !

Elles restent dans leur basse mesquinerie, tandis que j'atteins une certitude. Je vais leur montrer qu'elles ont tort. De quelle pâte je suis faite. Je ne veux plus les entendre. Les voir. La musique atteint une cadence inouïe. Whitney Houston chante rien que pour moi, mon corps, mes muscles, mon être tout entier. *I'm gonna dance for somebody*.

Quelqu'un danse pour moi et je vais danser, moi Béatrice, pour les autres. Je vais leur transmettre le rythme, la joie de bouger, retrouver ce vieil ami perdu, oublié, bafoué : le corps... J'ai mal. D'un bon mal cuisant, vaillant, qui rappelle que le sang est ce fleuve vif et rouge circulant tout droit vers le cœur...

J'ai noté sur mon petit carnet dès l'aube : « 4 novembre 1988. " Générale ". La joie m'a empêchée de dormir. Je bouge malgré moi mes jambes dans les rythmes appris depuis dix jours. J'en ai oublié Tuan Nik, puissant instigateur d'un tel bonheur. Qui vont être mes élèves ? »

J'attends le bus qui doit m'emmener vers le studio accordé pour ce projet. Comme un employé libre.

Je ris dans ce bus. J'en oublie l'inévitable matrone qui a essayé au moment du départ de briser mon enthousiasme. Elle supporte mal de me voir en tenue sportive adéquate. Collants de danseuse. Tee-shirt qui découvre la taille. Chaussons rose pâle. Ce qui l'ennuie par-dessus tout, c'est mon collant très moulant. Le morceau de chair visible entre la taille et la poitrine. Elle endure mal ce corps de femme mince. Elle sait que sur notre route nous allons croiser les officiers supérieurs — des hommes. Je suis belle ce jour-là. Belle d'énergie, de ferveur, d'un corps qui avec simplicité se libère. Qu'importe si elle m'a obligée à enfiler un jogging pour la route ! Elle ne m'aura pas. Personne ne peut voiler mon visage, la lumière de mes yeux.

Seize regards sombres me regardent. M'observent. Certaines portent le voile musulman. Elles le retirent pour danser. Sous le voile, elles sont prêtes, en jogging. Je découvre des femmes impatientes de goûter la liberté du corps. D'entrer dans « la cadence ».

La séance commence. Pour les premiers assouplissements, j'ai choisi une musique douce : les *Gymnopédies* de Satie. Elles me suivent, m'imitent. Respiration profonde. La tête travaille en premier. Sans jamais quitter le sens d'un balancier. A droite. A gauche. En avant. En arrière. Seize têtes entrent dans ce rythme sur la musique de Satie. Ensuite, dénouer les épaules. Le corps reste droit. Planté sur le sol. La terre. Le monde. Devenir tige, arbre. Respiration. Mouvement perpétuel de vie. Oublier l'angoisse, les murs, les prisons. Troisième respiration. Courber le corps sur le côté. Bras glissés le long de la jambe. Occuper l'espace. Se sentir bien. Dénouer les bras, la taille, les genoux, les chevilles. Progression.

Quatrième respiration.

Je change de rythme. « Locomotion ». Les gestes sont plus rapides. Rien que les bras. Huit fois. Côté. Devant.

« One two three four five six seven eight. »

Ni Amérique ni Malaisie : le rythme universel.

Seize sourires. Le mien. Le nôtre.

« One two three four five six seven eight. »

Tout devient simple.

Cinquième respiration.

Coudes et jambes. Les mouvements des bras entraînent ceux des jambes. La cadence est de plus en plus vive. On entend les souffles. Certaines ont déjà une respiration plus profonde.

On en est au « cool down », la retombée nécessaire, l'entracte du corps...

Un homme vient d'entrer. Tuan Nik ! Il a tout vu : la sueur, la bonne fatigue des corps. Le bien-être...

Rejet

Aérobic style prison.

J'étais prête à rejoindre mon cours quand un soudain remue-ménage agite tout mon bloc. Que se passe-t-il encore ? Mala vient m'avertir. Excellente pickpocket, toxicomane notoire. Trente ans peut-être. Poignet couturé de cicatrices au couteau. Un drogué qui ne trouve plus ses veines s'entaille la chair et y pose l'héroïne à même le sang. Cheveux ras, épaules de déménageur, Mala est un cube que les filles craignent, comme jadis Hakee. Mala tabasse tout le monde quand ça lui chante. Le cachot, elle s'en fout. Sa puissance érotique agit sur pas mal de filles. Doigts d'une agilité exceptionnelle. Pickpocket dans le civil, pickpocket au corps des filles... Depuis le jardinage, j'ai repris du poil de la bête. Je sais comment rembarrer ce genre de fille. M'en faire des alliées et non les subir. Mala me fiche la paix. Elle m'explique d'un coup la raison de cette turbulence. Une nouvelle a échappé à la fouille vaginale, obligatoire, quoique illégale. Ce jour-là, la matonne Hasinah était en charge de l'accueil. Hasinah a toujours détesté cette pratique répugnante d'une femme sur une autre. La nouvelle y avait donc échappé. Malchance ? Elle avait enfoui au fond d'elle un paquet de 5 grammes d'héroïne. Distribution générale aux copines dont Mala en premier ! Mala, pour une « ligne », l'eût rossée. Elles sont vingt à avoir « chassé le dragon » : une fois les grains d'héroïne déposés sur un bout de papier aluminium, l'une maintient la flamme d'un briquet sous la préparation tandis qu'une autre aspire la fumée avec une paille. Vingt filles se sont ainsi défoncées. Je suis accusée d'avoir participé à cette fête générale.

Mala me dit :

— Elles m'ont fait pisser dans le bocal ! Une nana qui ne t'aime pas t'a accusée. Va pisser à ton tour, Soya !

La colère me sèche la gorge. J'ai beau m'évertuer à ne nuire à personne, on me coince toujours. La jalousie, affreuse termitière, fonctionne jour et nuit. On ne me pardonne pas la différence. Ce que j'obtiens par mes efforts est toujours interprété comme privilège. Ces garces n'ont qu'un rêve : m'abaisser à leur niveau. Elles me le remettent en mémoire à chaque fois qu'elles le peuvent. Ni Tuan Nik ni mes amis, personne à Kajang ne peut me sauver d'une folie soudaine.

Dans une prison, on peut à tout instant redevenir la chose, l'objet manipulé, humilié, jeté à la nuit. Je descends au rez-de-chaussée, aux toilettes. Personne. Les suspectes sont déjà bouclées. Une petite gardienne me tend un flacon en verre sur lequel je déchiffre mon nom et mon numéro. Elle aussi est un instrument. Ses supérieurs l'utilisent. Elle s'excuse d'être obligée de me regarder remplir le flacon. D'autant plus humiliant qu'il m'est impossible d'uriner. Il me faut fermer les yeux, oublier.

Tout oublier. Devenir le corps sans pensées propres. Lancer le message : uriner ! Seule façon de prouver mon innocence. Je remets la petite bouteille à demi remplie. Nous ne nous regardons pas en face. Je m'attends à goûter du cachot. Rejoindre Mala et sa bande. Surprise ! On me laisse libre. Mon collant d'aérobic, mes sandales lacées, tout me semble grotesque, dérisoire. A quoi bon cette illusion ? Danser devant des filles libres et sans souci ? Vingt-quatre heures d'attente pour les résultats. J'ai beau me raisonner, un fantasme déprimant m'assaille. Si on subtilisait mes urines contre d'autres ? La sanction serait l'amère privation de ces sorties. Je déroule mon *futon*. Je choisis une feuille à en-tête « Hôtel Sheraton — Bangkok ». Au feutre, j'écris à Karen. Je noircis deux feuillets sur ma fureur, ma peur. Quand vont-ils enfin se décider à me relâcher ?

Montée de haine.

On ne m'a même pas appelée. Une Chinoise me chuchote que je n'ai pas de souci à me faire : mon résultat est bon. Par contre, cela va très mal pour Mala et les autres dont, bien sûr, les urines ont prouvé les traces de drogue. Hamidah est déchaînée. L'arrivée de Tuan Nik a bouleversé ses trafics. Elle ne peut plus, comme à la belle époque de Datuk Ibrahim, s'en sortir avec de simples excuses. Hamidah n'ose plus exploiter, nuit et jour, les ateliers de couture à son profit. Utiliser la cuisine pour ses réceptions personnelles. Elle vit une crise de pouvoir. Remettre les choses dans l'ordre : le sien... Cette affaire de drogue l'arrange bien. Elle délègue pour la sanction une gardienne que nous détestons toutes. Buffalo, la bien nommée... Elle vit en couple notoire avec une autre, Zubaïda, de même basse étoffe. Buffalo-la-bien-nommée a, de toute évidence, une surabondance d'hormones mâles. Un cube kaki, ceinturé de cuir. Sous le *topi,* deux petits yeux embusqués qui se régalent d'avance du mal à faire. Hamidah lui a délégué tout pouvoir.

Il est midi. Je suis en train de tailler la haie entre le mur et la cour goudronnée, bouillante sous la chaleur. Buffalo-la-bien-nommée attend, bien campée sur ses jambes aux muscles hommasses et visibles. Elle est tout près de moi, mais m'ignore. Des années-lumière nous séparent. Souvent, j'ai eu cette impression dans des moments critiques. Quels que soient les instants apparemment joyeux, pacifiés entre ces femmes et nous, rien n'est jamais possible. Il suffit d'une seconde pour que la bonne fille de la veille se transforme en une bête malade de haine...

Buffalo joue avec une sinistre baguette de bambou. Qui va-t-elle cingler ? Soudain, la porte s'ouvre. Deux par deux, Mala en tête, les prisonnières sortent. La révolte, l'impuissance bloquent ma respiration. Buffalo les oblige à courir nu-pieds sur un sol à 40 degrés.

Elle ricane.

— Courez pour vous échauffer ! Vingt fois pour commencer !...

Le goudron a crevé sur ces cent mètres sous forme d'aspérités à mille pointes aiguës. Les plus faibles en bout de rang pleurent. Le sang laisse sa trace sur le sol.

— Plus vite, glapit Buffalo, cinglant les paires de jambes à sa portée qui n'avancent plus.

Elles courent quand même. Mala serre les dents, me frôle et me fait un clin d'œil. La plus fragile de toutes — quarante ans peut-être —, les mollets striés de rouge, est au bord d'une syncope. Elle aperçoit sur le côté de cette odieuse piste un gobelet en plastique rempli d'eau. Elle sort du rang, se jette dessus. Buffalo la rejoint au pas de charge. L'attrape par les cheveux. Les lui tire en tous sens. Lui donne plusieurs coups de genou dans le ventre. La ploie sur le sol. Appuie de tout son poids, son pied chaussé de cuir, sur ses reins. Elle se tourne vers le groupe qui continue de courir, la plante des pieds de plus en plus à vif. Elle hurle :

— Puisque vous avez soif, je vais vous laisser boire, moi !...

Elle désigne de sa baguette l'eau putride du caniveau. Mala s'immobilise, paralysée. Buffalo montre l'exemple. Elle reprend par les cheveux la fille vaincue, la redresse à coups de pied, l'entraîne à quatre pattes, visage contre l'eau verdâtre.

— *Minum Babi !* (Bois, espèce de truie !)

Je décèle sur ce visage en furie, en sueur, une forme d'orgasme. Faire le mal, comme d'autres font l'amour. Elle lui a plongé la tête dans l'eau plusieurs fois. Pour ne pas s'étouffer, la fille est obligée de boire telle une bête à ce sale abreuvoir. Tout le groupe s'exécute. Buffalo redresse brutalement chaque tête pour s'assurer qu'elles ont bien avalé ce liquide où les microbes ont l'air visibles...

La bouche de Mala tremble. Elle toise un moment ce chef de l'horreur. Elle est au bord de lui cracher au visage. Pourtant, elle se domine et plonge d'elle-même dans le caniveau. Buffalo s'acharne alors sur Mala. Elle lui dit d'une voix dangereusement douce :

— Lèche mes chaussures !...

Mala est une femme qui en a vu de toutes les couleurs. Elle a été souvent battue par des gangs. Violée, blessée au couteau. Mala sait ruser pour survivre. Invisible contre ma haie, j'ai envie de vomir. A quatre pattes, Mala lèche le cuir poussiéreux de Buffalo qui sourit d'une suavité exquise. Tuan Nik n'en saura rien. Les paroles multiplieraient l'enfer du quotidien. Résonnent dans mon crâne leurs mots. Ceux de la réalité de mon état. Malgré Tuan Nik.

— Tu as beau être la *golden girl* de Kajang, c'est avec nous que tu passes ta vie... Tu entends, *177-84 HL !* Ta vie ! Vingt-quatre heures sur vingt-quatre...

Mala et les autres oublieront. En riront même. Elles en voient de pire de l'autre côté du mur. Nées en enfer, vies d'enfer. Prison dedans, prison dehors. Dedans les coups, dehors les coups. Où situer pour elles l'idée d'un espoir ? Aucun foyer d'accueil à la sortie. Le ciel pour toit, la rue pour matelas. A nouveau la prostitution et les sombres galaxies qui les ramènent inévitablement ici. Au contraire de ces malheureuses, j'ai des amis, des alliés. J'ai même l'espérancc dc passer Noël à Kuala Lumpur, chez un diplomate australien, avec Nicole, Claire, François.

« One two three four five six seven eight. »

J'ai retrouvé mes élèves.

Elles m'aident à tenir loin de moi la vision de Buffalo en train de se faire laper les bottes. Elles créent dans ma tête une passerelle où peu à peu je prends pied et rejoins l'extérieur. Elles symbolisent la première étape de ma réinsertion que je dois à Tuan Nik.

Tuan Nik, père Noël

25 décembre 1988.

La chaleur est à son comble. Tuan Nik doit passer me prendre dans la matinée. Brève inquiétude. Et si un obstacle venimeux, imprévisible l'empêchait de m'offrir ce somptueux cadeau : Noël avec Nicole, Claire, François et les autres ? Tout dépend de Tuan Nik, mais Tuan Nik, de qui dépend-il ?

J'ai enfilé ma robe. La seule que je possède. Au moment de sa libération, Salina me l'avait donnée. Elle m'aimait bien, c'était une employée de banque qui avait pioché dans la caisse. J'ai toujours aimé la fluidité délicate des robes asiatiques. Le corps y est libre. En accord avec cette soie mouvante, qui le met à l'aise, souligne les formes, en épouse le rythme. Ce « baju kurong », est une tunique au genou, glissée sur une longue jupe jusqu'aux chevilles. En soie blanche, gracieusement peinte de larges fleurs noires. Vêtue ainsi, je marche de long en large. Je me redécouvre femme et non plus ce jardinier, cette danseuse asexuée.

Deux minutes pour que Tuan Nik signe le livre des sorties. Deux minutes pour qu'il donne l'ordre que l'on m'appelle. Deux minutes pour s'engouffrer dans sa voiture. Une jeep rodéo aux portières basses. Il est au volant. Mon chaperon, assise à l'arrière, a fait un effort d'élégance.

Elle a revêtu un ensemble rouge vif traversé d'une liane vert pomme. L'arbre de Noël, c'est elle. Pendent à ses oreilles des étoiles en plastique jaune made in Korea.

Nous entrons dans la ville. Tuan Nik se gare pour faire des achats. Quel plaisir de retrouver à nouveau un marché asiatique ! Sa demi-pauvreté, le meilleur, le pire, la saleté, les odeurs, les déchets sur le sol. Épluchures, fruits pourris, poissons aux ouïes malodorantes, viandes disparues sous un grouillement de mouches immobiles. Un dos entier de bœuf accroché au bout d'une échoppe frôle le sol. Sur un caisson en bois, une Chinoise rabougrie fait frire des nouilles dans une poêle, des beignets dans l'autre. Tuan Nik avance très vite. Je le suis comme je peux. Je trébuche dans ma longue jupe et mes talons hauts. Je tousse à cause de l'odeur des fritures. De la graisse monte un mélange aromatique violent, de piments, gingembre, oignon, safran. Un effluve écœurant de soja.

Criailleries de tous côtés. Les femmes marchandent. Les hommes vous bousculent. Heurtent parfois les gros paniers au sol devant lesquels Tuan Nik stoppe sa course. Nous repartons, les bras chargés de mangues, papayes, satés et de rôti de « canaï ».
« canaï ».

Déjeuner chez Tuan Nik, avec le très honorable Tuan Amir. Un juge à la retraite...

Tuan Nik le fait asseoir à ma droite. Son épouse, toute en soie bleue, face à moi. Ses deux filles (dix-huit et treize ans) ravissantes près de leur père. La matonne, complètement dépassée, en bout de table.

Il est treize heures. Nous sommes un peu en retard sur l'horaire prévu. Nous roulons, à toute vitesse, jusqu'à Kuala Lumpur.

J'ai du mal à réaliser que je suis dans cette ville. Invitée chez les Weller. Nicole, Claire, François, David sont déjà là. Explosion de joie. Mme et M. Weller nous ont laissé un de leurs petits salons.

L'après-midi se passa à parler, rire, manger et boire. Sabler le champagne apporté de France par les parents de Claire, également présents. C'est pour moi un vrai Noël. Où se trouvent réunis, presque au complet, mes êtres d'élection. De tendresse. De fidélité. De courage. Nicole, heureuse de ma joie éclatante, y contribue à sa manière. Elle se charge de faire remplir régulièrement et discrètement ma coupe, que je vide avec un plaisir inouï... Vaguement ivres — surtout de joie —, nous nous embrassons tous avec tendresse. Les Weller auront été les initiateurs d'une des plus jolies fêtes de ma vie.

Distribution du courrier. Plusieurs lettres pour moi. Grand-mère. Ma vieille culpabilité devant l'enveloppe timbrée de Romilly.

J'ouvre avec peine ses trois cartes où rit un père Noël stupide dans un traîneau en strass tiré par des biches imbéciles. Grand-mère écrit toujours ses mêmes obsessions. Romilly et les étrangers. Romilly et le chômage. Romilly et les voisins. « Bonne année, je t'embrasse. » Ce qui me fait le plus de peine, c'est que, de bonne foi, Grand-mère pense sans relâche à moi mais si mal...

La lettre de Karen :

3 décembre 1988.

Petite Béa chérie,

Je suis folle de joie de tout cet espoir que je sens partout, dans le ton, dans les mots et dans les actes de ceux qui sont proches de toi en Malaisie...

J'ai parlé longuement avec l'ambassadeur... Il va venir te voir prochainement. Je te rends donc les deux premières attestations (essentielles) de Jean-Loup et Martine (job et logement). D'autres suivront pour le dossier...

Je t'embrasse fort.

Karen.

Peut-être bras dessus bras dessous fin janvier.

Martine n'a pas manqué non plus à ses vœux :

14 janvier 1989.

Ma chère chère,

Quel bonheur, tes deux dernières lettres ! La tête doit te tourner de toutes ces nouveautés dans la vie carcérale. Fais quand même attention dans tes relations avec tes anges gardiens ou tes compagnes que la jalousie ne vienne entraîner du grabuge... Tu diras à Claire que j'apprécie tout particulièrement sa fidélité... J'ai remis à Karen ma profession de foi à propos de ton hébergement futur et j'espère que ce sera très utile à tes intérêts. Je commence à me dire qu'il faut que j'active les travaux si je veux que ton studio soit prêt à ton retour. Commence à te préparer (dans ta tête) à cela. Je t'aime beaucoup, beaucoup...

Le dispensaire

1er avril 1989.

Vingt-neuf ans.

Autre initiative généreuse de Tuan Nik. Je vais travailler au dispensaire. C'est une petite pièce située au rez-de-chaussée. Deux grandes ouvertures à barreaux. Un lavabo en émail blanc. Sur le côté, un simple lit d'examen recouvert d'un drap immaculé. Le blanc domine tout. Le blanc, teinte intérieure de l'angoisse. Première fulgurance du condamné à mort. La trappe, corde au cou, cagoule noire, vision blanche de l'horreur où s'oublie ce qui fut une vie. Au bord des fosses, les familles chinoises s'enfouissent sous des burnous à capuche blanche...

Au milieu de ce petit dispensaire trône un modeste bureau en bois. Un fauteuil défoncé, fondu lui aussi dans cette décoloration générale. Deux armoires de basse qualité enferment antibiotiques et autres secours immédiats. Face à la table d'examen, un bloc en ciment, pas même protégé d'une toile, sert de dépotoir aux crèmes et lotions. Tout près, un grand fichier où chaque fille est classée sous son numéro.

Comme pour l'aérobic, j'ignore tout de cette nouvelle responsabilité. Je ne connais rien à la médecine, pas même aux premiers soins. Le médecin du dispensaire se nomme Jay. Il est ceylanais. Consciencieux, donc irrité de sa situation. Il attend avec impatience la fin de son contrat. Quitter cet univers carcéral où sa science ne peut se déployer. La mesquinerie des petits chefs paralyse ses initiatives. La moindre décision passe par l'acquiescement d'officiers pour la plupart incapables, veules — dont l'unique et redoutable pouvoir est leur accord. Jay en a assez de ne pouvoir exercer correctement la médecine.

Il est huit heures.

Aini me montre les fiches. Il s'agit de sortir celles des filles qui attendent, accroupies, deux par deux, dans le couloir. Ces filles que j'avais toujours refusé d'appeler par leur numéro n'existent dans ce fichier que sous cette forme. Le dispensaire va-t-il m'insinuer un comportement de gardienne ?

— 49-85 HL... 230-86 HL... 672-87 HL...

La première qui entre — 49-85 HL — a les menottes aux poignets. Jay l'interroge aussitôt. J'ai posé la fiche devant lui. J'attends, debout près de cette très jeune Thaï.

— J'ai mal au ventre.

Elle se tait, gênée.

— Depuis combien de temps ?

— J'ai mal au ventre...

Elle se met à rire, signe de grande gêne en Asie. Une Asiatique n'exprime jamais avec la brutalité occidentale la réalité de ses maux, de ses joies.

« J'ai mal au ventre... »

Visiblement elle souffre d'une infection urinaire. Automatiquement et sans autre examen, elle aura droit à huit jours d'antibiotiques. A raison de deux capsules matin et soir.

A la fin de la consultation, j'ai déjà appris beaucoup de choses. Le sens de leurs malaises, le sec langage des doses de médicaments :

— Pour la cystite si fréquente : Bactrim matin et soir plus un ovule le soir.

— L'asthme : Neulin et Bricanyl.

— Le diabète sucré — après confirmation à l'hôpital et suivant le cas : piqûre d'insuline matin et soir (fichier spécial, ainsi que pour l'asthme).

Jay m'enseigne, dans la même matinée, à prendre la tension. En cas de malaise, la vérifier tout de suite et agir vite. Les maladies de peau sont légion. Avant-bras, jambes couverts de plaques... Le manque d'hygiène, outre la dépression, y est pour beaucoup. Nombreuses sont celles sans famille, sans visites, sans argent.

« One two three four five six seven eight... »

Étrange aérobic où quarante filles défilent ainsi, chaque matin, six jours par semaine...

Vers dix heures trente, pause, thé au lait. Premier vrai contact avec Jay. Il soulève les problèmes que je viens de constater. Comment guérir sans moyens, sans examens approfondis, ces cas complexes? Jay se sent impuissant. Peut-on soigner ainsi à la chaîne? L'apport psychologique, si important pour soulager, est nul. On tire une fiche à numéro. On donne des pilules et adieu...

— Soâbine, c'est là que tu peux m'aider. Me donner tous ces détails, apparemment insignifiants, mais indispensables pour un diagnostic correct... Comment deviner quand elles viennent de subir quatre heures à jardiner sous le soleil? Ou si elles ont passé une partie de la nuit courbées sur les robes de Hamidah?

J'acquiesce. Déjà Florence Nightingale! Cette nouvelle

fonction est une ouverture vers une voie inconnue. Plus que la médecine en soi, je vais apprendre à m'intéresser aux autres. Quitter ainsi la masturbation mentale qui n'entraîne que la contemplation de ses propres maux.

Mes activités ont pris une tournure étourdissante.

Dispensaire le matin. A midi, préparation au cours d'aérobic de l'après-midi. Varier à chaque fois, afin de ne pas en faire une routine. Éviter la redite. Deux heures. A nouveau le dispensaire. Là aussi je veux briser la routine. Faire de chaque cas un cas unique. Le situer dans sa vérité. Sortir de l'enfermement douloureux ces femmes paralysées mentalement.

Le dispensaire est en piteux état. Certaines crèmes sont périmées, les lotions évaporées. Je me rends compte de la poussière. Des vieux tubes non contrôlées. Des toiles d'araignée, des crottes de cafard dans l'armoire aux médicaments. A nouveau la ruse.

— Missi Missi ! Il y a tellement à apprendre ici et je suis si bête ! Je ne m'y retrouve pas. A moins de tout sortir d'abord.

— Fais-le, dit-elle, fais-le...

Elle s'en fiche, Aini. Un cynisme hors d'âge m'inhibe. A chaque fois, il faut avoir l'air d'entrer dans leur jeu pour toucher au but...

Je découvre dans cette armoire des absurdités dangereuses : onguents couverts de moisissures. Pilules portant des dates extravagantes. Tubes vides dont le zinc mou a été à demi écrasé. Aspirines entassées dans une boîte à calcium. Contenants et contenus intervertis. C'est sale, plus que sale. Dangereux, car cela touche à la vie. Je pousse un cri : un cafard — je hais les cafards ! — frôle ma main par-delà un tas de boîtes à demi défoncées. Je vide tout sur le sol en ciment... Je remplis un seau d'eau savonneuse. Je m'y mets. Je dois changer deux fois l'eau. Pendant que les armoires grandes ouvertes sèchent, je lis les étiquettes et je fais un tas à jeter. Plus de la moitié ! J'ai su ne pas montrer à Aini son manque de conscience professionnelle. J'ai obtenu ce que je voulais.

On versera ainsi au caniveau, mêlés d'eau, des kilos de saloperies. Pas question de laisser traîner là tous ces fantasmes de la drogue. Une certitude : je vais travailler dans de meilleures conditions. Le dispensaire est devenu un vrai lieu de soins.

Responsabilités

J'ai refait toutes les fiches.

Aini est devenue (sans même s'en rendre compte) mon assistante. J'ai roulé en boule le drap de la table d'examen qui devient mon bureau de fortune. Les fiches sont un tel imbroglio que j'expose à Aini la nécessité de les comparer à celles clouées à la porte de chaque cellule. Je vais en avoir pour deux jours. Comment m'y prendre ? Des centaines de noms, des centaines de numéros ! Qui sont-elles ? Où sont-elles ? Certains cartons portent des dates très anciennes. Certaines sont déjà parties ou mortes. D'autres sont revenues. Je prends un bloc, un feutre, en avant.

D'abord les *remind* (les « préventives »). Je m'arrête devant chacune de ces soixante cellules — je note soigneusement les renseignements. Il me faut deux heures pour atteindre le bout du couloir. Je dégringole les trente marches en ciment jusqu'au premier. L'étage des immigrées illégales. Quatre-vingts autres cas, quatre-vingts autres fiches. Sur une porte, je suis obligée d'en recopier neuf : neuf filles grouillent là-dedans !... Il est plus de midi.

Je traverse la cour déserte et brûlante où Buffalo s'était déchaînée. Je rejoins mon quartier, celui des condamnées. Tout est désert dans les couloirs. Elles déjeunent, elles papotent, elles ronflent. L'oisiveté leur dévore le cerveau, les sens... Ces femmes me stupéfient. Elles peuvent rester ainsi les yeux vagues, passives pendant des heures et des heures. Absentes d'elles-mêmes et de tout. Même du désespoir. Je note deux cent quarante numéros... Les chiffres se brouillent. Ils ne sont tout à coup que des chiffres. Où est passée leur identité ? Qui sont-elles ? Qu'y a-t-il derrière ces numéros qui agitent ma main, dansent sous mes yeux ? Pourtant, il faut tenir. Il me reste encore deux étages et je voudrais finir aujourd'hui... Comparer ma récolte avec le grand tableau du bas de façon à être sûre d'avoir bien réajusté le compte de ce troupeau lamentable auquel j'appartiens. Je fais une petite pause devant ma propre cellule et je note :

« Béatrice Saubin. 177-84 HL. »

20 heures.

Distribution des médicaments. J'ai organisé mes plateaux en fonction de mon parcours. D'un côté, l'ordonnance, de l'autre, les petits paquets préparés par Aini. J'aligne en colonnes de un à cent chacun d'eux par rangées chiffrées. A ma droite, les fiches empilées. Je vérifie que le contenu correspond bien à celui prescrit par Jay.

Ce nouvel emploi est très jalousé. Il me laisse une grande liberté de mouvement. Sans parler de la fascination de toucher à tout ce qui peut ressembler à de la drogue. Je demande à une matonne de m'accompagner. Non que je craigne une agression, mais plutôt une délation. Me faire accuser de dérober ces drogues au lieu de les distribuer... Ou encore de privilégier certaines au détriment d'autres... Quel cafouillage ce premier soir malgré la méthode !... Je me trompe de cellule, je dois revenir sur mes pas. La pratique s'avère plus brouillonne que ne le prévoyait mon système. Dès demain, quand elles viendront à la visite, je leur demanderai leur numéro de cellule.

Quelques regards envieux, très brefs, vite dissimulés sous les cils noirs. La Blanche a beau jeu d'aller de-ci de-là, la Blanche dont la tête a bien failli y passer... La dernière cellule est celle de Sue Ling. La seule femme du groupe des « huit » qui sera pendue la semaine prochaine... Elle n'a pas trente ans, elle est mère d'une fillette de huit ans...

— Sue Ling !

Agenouillée dans un coin de la cellule, enfouie dans le funeste costume blanc sans col, elle prie. De profil, la nuque inclinée que brisera violemment la corde, plus dure qu'un étau de fer...

Col tendre d'une fille encore belle, tourterelle bientôt envolée, si légère que les bourreaux n'auront guère de peine à la pousser dans le vide. Sue Ling, petite âme perdue prête à l'ombre, prête au ciel, résignée peut-être, sauf de savoir que des voix, des bouches chuchoteront bientôt à sa fille comment sa mère a disparu au fond d'une trappe.... Dérisoire cachet blanc s'il pouvait t'endormir doucement à jamais dès ce soir ! T'éviter l'affreux parcours blafard d'où nul ne revient !...

Elle a senti une présence, elle tourne vers moi un lisse et joli visage qui a mystérieusement repris ses traits d'enfance. Quelque chose gronde en moi. La drogue, certes une saleté, justifie-t-elle de faucher du monde tant de grâce ? Une femme vivante qui a procréé une petite fille qui pleurera, hantée par l'image maternelle ainsi détruite ? Quelle cour ose parler de justice quand on tue une mère ? Sue Ling n'est ni un ange ni une sainte. Mais vraiment la tuer, la tuer ainsi, me semble un crime et non la justice ! Déjà ses sept amis ont été jetés à la trappe des pendus de l'autre côté du mur. Côté hommes. Sept victimes de plus sacrifiées sur l'autel de l'exemple. Sue Ling plaisante avec moi, avale ses deux cachets de paracétamol. Elle rit... Je me souviens, quand je languissais au quartier privé, à quel point j'appréciais qu'on reste naturel avec moi.

Magie jaune

Je ne vois plus passer les semaines. Entre l'aérobic et le dispensaire dont je m'efforce d'améliorer l'organisation, mes journées sont une seule et même trépidation. On vient même me chercher sous la douche. A nouveau, courir. Poser ces questions précises dont celle qui hante tant de corps de femmes : es-tu enceinte ? Mon intuition doit jouer. J'essaie de démeler le vrai du faux. Ce qu'elles veulent souvent au fond, c'est un cachet à tout prix, quel qu'il soit. Elles simulent alors d'intenses douleurs au ventre dans l'espoir d'un sédatif. Beaucoup sont enceintes. Dans ce cas, les médicaments cessent. L'accouchement a lieu à l'hôpital. La mère peut garder le bébé jusqu'à l'âge de trois ans. Kajang aux cris d'angoisse mais aussi de pouponnière... En 1989, il y a à Kajang six bébés. Officiellement, rien n'a été prévu pour eux. Ni couches, ni lait, ni vêtements. Certaines gardiennes, mères de famille, récupèrent des vieux sarongs. Elles taillent là-dedans des sortes de lanières destinées à emmailloter. Heureusement, la douceur du climat protège les nouveau-nés du froid. Comme la mère, le bébé dort à même le sol, sur une couverture rêche et repliée. Les mieux lotis héritent d'un chiffon en plus. Sur le ventre, sur le dos, les bébés hurlent le plus souvent de faim. L'hôpital fournit des boîtes de lait, mais toujours en quantité insuffisante. La mère dilue de trop faibles doses. Beaucoup d'enfants sucent la tétine du biberon vide. Stigmates de la malnutrition : membres grêles, ventres gonflés, grands yeux vides, cris perçants. L'un d'eux me bouleverse... Sa mère, grosse Malaise indifférente, a déjà enfanté huit fois. La progéniture est dispersée çà et là en campagne. Elle néglige ce dernier-né couvert d'escarres. Il a quatre mois, en paraît à peine deux. Cette année-là, on manque d'eau. Aucune hygiène suivie n'est possible. L'hôpital l'a soigné une fois avec l'éternelle lotion à tout faire pour la peau — la Calomine — et a recommandé bien sûr les bains. Au sujet des bébés, l'hypocrisie est collective...

Beaucoup de ces femmes ont des problèmes de peau. J'ai beau répéter à la mère d'éviter de confier de bras en bras son bébé, elle ne m'écoute pas. Ne pas laisser embrasser son bébé est une offense. On y perd la face, même si l'enfant revient la peau à vif... Bébés dévorés de baisers... Baisers à microbes... Tristesse de l'amour fou, perdu, égaré, sans le secours alimentaire. Le bébé à Kajang est privé de tout sauf d'amour, et l'amour est un danger supplémentaire. Que faire ?

Triste, triste visite pour moi que celle des bébés. Pauvres petites plantes poussées à l'ombre de ces murs, emportées d'office on ne sait trop où, vers trois ans. Dans l'ensemble, les mères non seulement supportent très bien la séparation, mais l'attendent avec impatience. S'occuper du bébé est leur corvée. Leur seul regret : ne pas avoir avorté... N'importe comment. Avec l'aide d'une « masseuse » qui broie lentement les hanches, le ventre jusqu'à l'hémorragie...

L'animisme fait partie du quotidien. Poussé à l'extrême, il devient la magie.

Une nuit, on vint me chercher. Il était trois heures.

Grande débandade dans les couloirs. Cinq gardiennes se sont précipitées à ma fenêtre :

— *Soâbine Soâbine ! bangun, cepat ! cepat ! ada kes ! cepat ! cepat !* (Saubin ! Lève-toi ! vite, vite, il y a un cas ! vite !)

Nous courons. Que se passe-t-il ? Je n'avais jamais lu sur leurs visages une telle épouvante. Nous arrivons devant une cellule où sont entassées trente Indonésiennes. Immigrées illégales. La cellule est allumée. Toutes les filles ont reculé au fond. Sauf deux, qui bavent, grognent et se tordent sur le sol. Je m'approche. Immédiatement, un fluide glacial m'enveloppe.

— *Soâbine ! jangan dekat ! Saitan masuk !* (Saubin, ne t'approche pas ! le diable est entré en elles !)

Le diable ? Jusqu'à présent, l'idée du diable m'avait laissée sceptique. Je croyais, par contre, au potentiel des forces mauvaises en tout un chacun. Mais le diable à Kajang !

Pourtant, mon sourire s'est glacé. Rien de visible. Mais une ambiance qui remplit d'effroi. Pas une seconde on ne peut soupçonner de simple hystérie ces femmes convulsées sur le ciment. L'atmosphère est à couper au couteau. Les gardiennes se cachent derrière moi.

— Allons chercher tout de suite un religieux ! disent-elles.

Avant de filer téléphoner à l'officier du bloc des hommes, elles m'ordonnent :

— *Soâbine ! duduk sini ! kalau ada apa-apa panggil !* (Saubin ! reste là ! s'il y a quoi que ce soit, appelle-nous !)

Les minutes me semblèrent longues. Seule entre le diable ces convulsées et l'hystérie du groupe épouvanté contre le mur.. Nouvelle débandade. Les gardiennes, un officier, deux prisonniers en calot blanc (ils ont fait le pèlerinage à La Mecque) Chacun un Coran à la main. Une soucoupe d'eau bénite.

Ils s'approchent. Commencent à réciter certains versets. Redoublement des convulsions des deux possédées. Elles disloquent leurs mains, leurs pieds dans des positions antinaturelles. L'une d'elles fait le pont, le sexe béant. Elle hurle en direction des hommes en calot blanc, de s'y enfourner. L'un d'eux jette sur elle, à la volée, l'eau bénite. Le corps a un sursaut soudain. On dirait un ressort. Il retombe telle une masse. Sa compagne se déchaîne de plus belle. Elle a hérité du démon. Il se promènera ainsi d'un corps à l'autre pendant une bonne demi-heure. Les deux religieux continuent à psalmodier. Lutte soutenue, jusqu'à ce que, progressivement, les corps s'immobilisent.

Assises, les deux frénétiques ouvrent des yeux hagards. Elles ne se souviennent de rien. La température de la pièce est redevenue normale.

Je prends leur tension bouleversée. Leur pouls en folie. Elles sont couvertes de sueur. Déshydratées. Épuisées. Elles s'endorment comme dans un coma.

Cette scène devait se dérouler plusieurs fois. Pendant plusieurs semaines. Jusqu'à leur départ.

Plus que jamais j'enterre soigneusement mes rognures d'ongles. Mes cheveux quand je les taille. Je ne veux pas que l'on m'envoûte à mon tour...

Ramadan

Avril 1989

La chaleur culmine. Heureusement, cette année, nous n'avons pas de problème d'eau. Je peux agir au mieux au dispensaire. Par contre, la hausse de température a provoqué chez une fille asthmatique une série de crises très fortes. On me réveille. Il fait nuit noire.

Je trouve Sarah haletante, le dos contre le mur. Un souffle rauque soulève sa forte poitrine. Cette Indienne paraît plus que son âge. Sa main aux veines en nœuds de bois crispe une gorge où l'air a du mal à passer. Ses lèvres, ses ongles sont déjà bleus. Les gardiennes m'ont avertie bien tard. Sarah les excède avec la misérable exploitation de son asthme. Je cours au dispensaire chercher le nébuliseur, appareil électrique flanqué d'un masque diffuseur de Bricanyl et d'eau distillée. Pourvu que Sarah tienne le coup jusqu'au ballon d'oxygène, l'hôpital... Je l'aide à ajuster le masque. Elle actionne elle-même le bouton en plastique. L'ensemble suit le mouvement de la respiration devenue folle. Course des gardiennes vers leurs sacs... Il leur faut finir la nuit à l'hôpital... Elles traînent, maugréent, insultent Sarah que je ne quitte plus... L'une d'elles l'accuse de comédie. Impossible de coucher Sarah. Il va me falloir un quart d'heure pour l'accompagner du second étage au rez-de-chaussée. Elle est presque en syncope. Il faut la porter jusqu'au bus sur une chaise. Les gardiennes sont d'une humeur détestable.

— Qu'elle marche, mais qu'elle marche, cette fainéante ! glapit la flasque et brutale Khairon, boudinée dans son uniforme.

— *Missi ! Missi ! tahu ke Dr Jay Suruh dokong ?* (Missi ! Missi ! Savez-vous que le docteur Jay a ordonné de porter Sarah ?)

— *Tak ! Tak ! ada ke missi nak dokong banduan !* glapit la porcelette. (Non ! Non ! une missi ne s'abaisse pas à porter une prisonnière !)

Sarah devient bleue. Elle tombe d'elle-même sur la chaise. S'écroule le nez en avant. Je la retiens de justesse. Notre étrange cortège finit par traverser la cour déserte jusqu'au minibus où somnole le chauffeur. Je regarde démarrer le véhicule. On a dû hisser Sarah sans la chaise. Elle est maintenant en position fœtale, le front contre le siège avant. Je remonte lentement dans ma cellule. C'en est fini de mon sommeil...

Sarah sera sauvée et condamnée à mort trois mois plus tard.

Nous sommes en plein ramadan. Moi aussi, je jeûne. Ne manger que le soir ne me gêne guère. J'ai appris l'économie de l'énergie au fur et à mesure que je l'ai déployée. Par contre, la plupart des matonnes, goulues et gourmandes, sont exécrables pendant cette période d'abstinence.

Tuan Nik est venu me chercher pour dîner chez lui. Avant d'entrer dans une maison, l'usage veut que l'on se déchausse. Je reconnais, devant sa porte, les escarpins vert pomme de Claire...

Claire ? Quel bonheur ! Il est bientôt dix-neuf heures trente. Selon le rituel, le ramadan connaît sa trêve. Prier d'abord, se nourrir ensuite. Claire avance vivement vers moi. Un ensemble en soie fleurie où jouent harmonieusement le bleu, le rose. Un arc-en-ciel très vif. Ses bagues, le cliquetis de ses nombreux bracelets, les longs clips d'oreilles qu'elle enlève, qu'elle remet, tout la démarque de la terne administration qu'elle représente. Tuan Nik nous laisse faire, nous laisse dire.

Voilà des mois que Claire organise pour moi les précieux relais avec le gouvernement français. L'ambassadeur l'a laissée agir. Les graines semées par Tuan Nik ont germé. Chère Claire !

grâce à elle, dans trois jours, je vais dîner à la Résidence. Je m'exclame, stupéfaite :

— Moi, à la table de l'ambassadeur ?

J'ai un fou rire difficile à arrêter. Je vais causer un scandale diplomatique. Confondre le rince-doigts avec le verre à vin... Tuan Nik s'en mêle. Ce dîner promet d'être une grande source de divertissements !

Je ne peux résister à mettre Jay dans le secret. Jay est beau. Jay me plaît. Une nuit d'urgence, nous nous étions retrouvés au dispensaire. Pour une fois, seuls tous les deux. L'armoire aux seringues était ouverte. Une faible ampoule clignotait au plafond. Soudain, tout contre moi, derrière moi, souffle chaud sur ma nuque. Jay me fait doucement pivoter contre lui. Nos bouches s'effleurent. Puis se dévorent passionnément. Yeux dans les yeux, nous savons, tacitement, que cette étreinte n'ira jamais plus loin. Déjà, les pas des gardiennes nous obligent à nous séparer.

C'est le soir du dîner à l'ambassade. Tous coincés dans la voiture de Tuan Nik. David à ma gauche, mon chaperon à droite. Nous regardons défiler les lumières de Kuala Lumpur. Nous nous arrêtons devant la mosquée.

— Soâbine, dit Tuan Nik, nous sommes arrivés. Nous allons prier. David, votre chaperon et vous, allez donc faire un tour sur le marché... Rendez-vous ici dans une demi-heure...

Cris des marchands. Fumée des brochettes. Couleur des fruits en vrac. Je deviens le Regard, la Bouche, l'Ouïe. Vivre, savourer, manger la ville, les rues, la terre, les océans... Mon appétit profond reste l'immense liberté de parcourir le monde et m'en émerveiller. Première promenade presque libre. Envie, tout à coup, de faire le point. Je suis prête à retourner vers la liberté. Vers les autres.

Sans amertume.

Cristaux, flambeaux, chandelles, argenterie étincelante, caviar, vodka. Un grand dîner. Naturellement, je confonds les couverts. A Kajang, on mange le riz avec la main droite. A petits gestes discrets et brefs. Les doigts ont le rôle de baguettes. Le visage est penché. L'ensemble est rapide, fort éloigné de la pompe occidentale.

En shantung clair, l'ambassadeur parle très peu. Les Weller animent toute la table de cette exubérance particulière aux Australiens. Avenants, gais, simples. Le mot qui revient sans cesse au coin de leurs rires est « no problem ». Je m'amuse beaucoup. Nous sommes un paquet de problèmes !

J'ai bu de la vodka, du vin, du champagne. Je rejoins ma cellule avec les mêmes précautions que Cendrillon échappée en cachette du bal. Je n'enlève pas tout de suite ma robe de fête. Une petite scène très précise me tient éveillée. Après le dîner, l'ambassadeur m'avait parlé quelques minutes dans le jardin. Il venait de présenter au gouverneur de Penang ma demande de libération anticipée. La France s'est remuée !

Adieu, l'Anglais

On vient me chercher. La prison reprend ses droits. Redevenons Florence Nightingale. La Sainte et la Fille qui vole, vole dans tout ce blanc ! La gardienne est paniquée. Elle me guide jusqu'à l'étage des « Illegal Immigrate ». Je suis loin des cristaux de l'ambassade. Cet endroit est repoussant. Pas d'hygiène. Une odeur de moisi. Suint des corps féminins souillés. Puanteur de l'huile de coco, du sang séché... Les femmes d'ici sont trop pauvres pour acheter des serviettes hygiéniques. Elles utilisent des bandes de tissu mais si mal rincées que les exhalaisons lèvent le cœur. Je m'approche de l'ouverture à barreaux. L'odeur du sang qui coule me monte à la gorge. On allume. Debout, quoique pliée en deux, une femme en hémorragie. Je demande à la gardienne d'ouvrir le dispensaire. Fébrile, je trouve la fiche de cette Indonésienne. Trente-huit ans, déjà mère de six enfants. Elle attend le bon vouloir de son ambassade pour retourner dans son pays. Je me souviens d'elle. Il y a trois semaines, Jay l'avait envoyée faire un test de grossesse à l'hôpital. Il s'était avéré négatif et nous n'y avions plus songé. Or ce que je viens de voir est indiscutable : cette fille fait une fausse couche. On appelle l'infirmier chinois, Mr. Koh, de garde cette nuit. On lui explique l'affaire.

— Quelle heure est-il ?

— Deux heures trente.

— Bon. Je passerai la voir à sept heures.

La colère me prend. Que faire ? Jay n'est pas là. Si je déchaîne ma révolte, je risque tout simplement de finir au cachot pour insolence, tandis que la malheureuse sera retrouvée raide et exsangue. Il faut donc persuader. Sans heurter, en restituant sans cesse aux gardiennes toute la grandeur de l'initiative qu'elles doivent penser venir d'elles et non de moi. Jamais de moi. Heureusement, elles sont de mon bord : ce sont des femmes. Une vieille mémoire du ventre, ses lois de vie et de mort les agitent pour une fois dans le bon sens. L'infirmier leur paraît le mâle écœurant, irresponsable. Elles ne se gênent pas pour l'exprimer avec une authentique révolte qui me redonne espoir :

— *Apa Mister Koh ini, orang nak mati, pun tak datang !* (Qu'est-ce que ce Mr. Koh ? La mort est là et il ne vient même pas ?)

On remonte très vite. Tant pis pour ma robe. Allons-y. Nous sommes quatre pour soutenir l'Indonésienne encore consciente. Je l'aide à se garnir de coton, quoique le sang pisse de plus belle. Nous l'entraînons jusqu'au minibus dont le moteur est déjà en route. Le chauffeur, pour une fois, bien réveillé. Le sang impressionne ces gens. A l'inverse du pleutre Mr. Koh et autres « administratifs » qui se contentent de vivre loin des réalités dérangeantes. Tout à coup, ni gardiennes, ni chauffeur de bus, ni prisonnières, mais des humains qui rassemblent leur énergie pour sauver un des leurs menacé.

Le lendemain matin, j'apprends la suite de l'affaire. Cette femme était dans un état si grave qu'on a dû la transférer en ambulance, jusqu'à l'hôpital de Kuala Lumpur, mieux équipé. Elle était bel et bien enceinte. Jay est scandalisé. Je le vois décrocher le téléphone, parler haut et bref, exiger de l'hôpital de Kajang une enquête. Quelle était la date exacte du test ? D'un ton piteux, le laboratoire reconnaît son erreur : deux flacons d'urine ont été confondus. Quelque part dans Kajang, une femme se croit enceinte, en vit peut-être les manifestations somatiques.

On l'appelait l'Anglais.

Ce type, je l'avais rencontré en 1984. Le matin de mon transfert à Kajang. Il avait été arrêté à l'aéroport de Bayan Lepas, ses bottes bourrées à craquer d'héroïne. La drogue l'avait marqué sur tout son être. La drogue et la folie. Son regard, incapable de se fixer ou, au contraire, vous vrillant jusqu'au délire, marquait la frontière dépassée de la démence. Ses cheveux, d'un blond sale, disparus par plaques, laissaient la chair nue et blafarde. Ses mains tremblent. Nicole m'avait déjà longuement parlé de lui, de ses cures psychiatriques à Tanjung-Rambutan. De ses accès de violence. Il balançait le seau hygiénique à la tête de ses gardiens. Poussait des hurlements effroyables. Crises suivies d'anorexie profonde. L'Anglais est schizophrène. Derrière l'épaisse muraille d'un inaccessible que lui seul comprend. Sa folie s'était aggravée durant sa préventive. Au moment de son procès, un psychiatre venu spécialement d'Angleterre avait tenté de démontrer les circonstances atténuantes. Il se heurta aux psychiatres malais. Ils réfutèrent en bloc les causes psychiques et revinrent au lancinant sujet : la drogue, crime suprême.

« *My Lord, en dépit du profil psychiatrique du prévenu d'origine britannique, Mr. X., la cour malaise reconnaît, après entretiens, que le prévenu était en pleine possession de ses facultés mentales et physiques au moment du crime, c'est-à-dire le conscient passage de 300 grammes d'héroïne. En conséquence, la chute mentale du prévenu est nulle et non avenue.* »

On le transféra au quartier des condamnés à mort. Début 1989.

Nicole profite de son parloir mensuel avec moi pour visiter l'Anglais. Sa démence s'est encore accentuée. Il s'astreint à d'étranges jeûnes.

— Béa, je ne sais quoi lui dire... Le voilà maintenant convaincu des visites quotidiennes de Jésus-Christ !... Comment moi, religieuse, lui dire le contraire ?... Il pèse maintenant quarante-cinq kilos... Il ne mange plus, ne boit presque pas... Toujours Jésus-Christ ! En plus, il m'a demandé de l'inscrire à un cours de théologie par correspondance... Il sera prêcheur, l'an prochain, en Angleterre.

Nous nous regardons.

— Il s'est d'ailleurs excusé auprès de moi. Il aurait préféré être prêtre catholique... Malheureusement, il lui reste encore de grandes pulsions sexuelles... Le Christ l'a piloté vers la religion de Luther... Pauvre diable !

— Combien de temps lui reste-t-il à vivre ?

Nicole ne répond pas.

Juin 1989.

Un matin lourd. Devant le dispensaire, une file interminable de filles dans la clarté grise. Jay n'est pas là. Il me manque. Pourquoi ce retard ? Il est neuf heures trente. Blême, méconnaissable d'émotion, Jay vient d'entrer. Il tombe, plus qu'il ne s'assied, dans son fauteuil.

— Soya, on a pendu l'Anglais ce matin. A quatre heures trente.

D'un geste, il désigne le sinistre bâtiment, de l'autre côté. Il parle d'une traite.

— On m'a dit qu'une terreur viscérale s'est emparée de lui, hier, quand on l'a transféré dans la cellule en bout de couloir Celle qu'ils redoutent tous. Mitoyenne à la salle d'exécution. Il comprenait soudain sa situation. Ce qui allait se passer. Certains hurlent, se cognent aux murs. Lui a sombré dans une torpeur lucide, déchirante... A l'aube, je me suis retrouvé dans la salle d'exécution avec les officiels, le juge, le pasteur, six gardiens. Deux vérifiaient le bon fonctionnement de l'estrade. C'est ma première exécution. Mon sang devenait blanc. Pourtant, rien de très impressionnant là-dedans. Une poignée d'hommes, une estrade, un brancard posé au sol. Un sol en ciment. Une petite porte sous l'estrade où on retire le corps une demi-heure après.... La potence, seule, fait peur. Elle prend tout son sens avec sa corde neuve, qui semble attendre, patiente, tel un serpent immobile... Aucune fenêtre. Aucune issue. Une simple ampoule allumée dans l'aube noire. L'impression d'être dans un caveau. Alors, je me suis concentré. J'ai repris mon calme. Puis tout est allé très vite. Une porte a claqué. Il y a eu le bruit sourd d'une sinistre altercation. Il se débattait. On l'a cagoulé, ce qui a semblé le plus pénible. L'effroi de sentir disparaître à jamais la lumière ! Tout cela a duré quelques secondes. Pourtant, j'ai pu capter son regard. Lucide. Horrifié. Exorbité. Un type en uniforme a poussé une manette. Bruit du bois qui claque. Chute lourde d'un corps pourtant léger... L'Anglais a disparu au sous-sol. Dans le noir. J'ai cru entendre le bruit des cervicales brisées... Ensuite, j'ai dû attendre vingt-cinq minutes avant d'entrer dans ce sous-col. Ses pieds pendaient. Un des bourreaux a fait descendre le corps. Ils l'ont posé sur le brancard glissé à l'intérieur. C'était à moi de tenir mon rôle de légiste. Je n'avais rien apporté de précis si ce n'est la trousse d'usage. On a enlevé la cagoule. La corde avait scié les chairs... Du sang, du sang partout... On m'a ordonné de recoudre les chairs. On ne pouvait laisser le cadavre partir ainsi. Je n'avais rien amené. Il a fallu téléphoner. S'y mettre. Le gouvernement avait toléré la présence de caméras anglaises à l'hôpital. La couverture a glissé au moment où passait le brancard. Un cameraman a protesté : nous pendions comme des sauvages. Nous étions des barbares...

Après cette affaire, le gouvernement malais décida d'enfermer désormais promptement tout cadavre dans un cercueil dès la salle d'exécution. Ne pas voir. Ne rien savoir...

Bicentenaire

14 juillet 1989.

Vive la France ! Vive la République !

Révolution pour moi. J'ai reçu un petit carton d'invitation, grâce à Claire : le nouvel ambassadeur « me prie de lui faire l'honneur de ma présence au cocktail de dix-neuf heures, qui aura lieu dans les jardins de la Résidence »...

Tuan Nik vient me chercher. Il s'est mis sur son trente et un. Sa famille aussi. Et moi, là-dedans ? Tenue à la française. Ensemble noir. Chemisier blanc. Au feu la Bastille, et le baju kurong ! Ce soir, je suis française et fière de l'être. Ni Romilly (feu d'artifice maigrelet au-dessus des usines qui soufflent leur suint, Grand-mère bouclée plus que jamais derrière ses volets) ni les murs de Kajang ne terniront mon moral au beau fixe. Nous devons d'abord embrasser Claire, hospitalisée pour une intervention.

— Quel bouquet offrir à Claire ? demande Tuan Nik par-delà le cahot de sa voiture.

— Bleu, blanc, rouge, naturellement !

Arrêt en plein marché. Tuan se précipite vers un étalage de fleurs. Il achète un panier composé des trois teintes symboliques. Une gerbe des bleuets d'ici, plus exubérants que les nôtres, à la senteur de nénuphar, une torsade artistique de renoncules tropicaux, penchée gracieusement contre la branche sanglante d'un bougainvillée.

Nous trouvons Claire couchée, ravie d'une telle invasion et du bouquet-drapeau. Nous parlons, rions.

Réembrassade et en avant pour l'ambassade.

Parterre impressionnant de limousines. Multitude de drapeaux. Les coopérants à l'accueil habillés en sans-culottes, les filles de même. Tout ce monde vole et virevolte, nous entraîne dans les jardins illuminés. Une foule de serviteurs portent plateaux et champagne.

Tuan Nik me désigne discrètement le nouvel ambassadeur.

— Vous le verrez plus tard, dit Tuan Nik. François vient d'arriver. Allez vous amuser. Nous nous retrouverons à neuf heures.

Je suis libre. Pour la première fois, pas de chaperon. Tuan Nik lui a lancé l'ordre de venir avec lui. J'avance dans la foule. Emerveillement. Des Français en smoking. Ils me parlent, s'intéressent à moi. Je joue le jeu :

— Vous venez d'arriver en Malaisie ?

— Vous travaillez à l'ambassade ?

— Je ne vous avais jamais vue.

J'avale une coupe de champagne, puis une autre. Je deviens de plus en plus cette bulle d'air, sans souvenir, gracieuse, légère, qui en effet vient de débarquer en Malaisie.

Tous ces gens sont loin de se douter que je suis le 177-84 HL...

Point n'est besoin de préciser qu'un épais mur incontournable se referme jour et nuit sur mes activités.

Vingt et une heures. Bal à l'Alliance française.

Tout a été décoré dans le style tricolore. Lampions bleus,

blancs, rouges. Petites tables, style bal populaire sur les places, à Paris (et Romilly ?). On entend les chants de « la carmagnole », le « ça ira » et « au son du canon », un délirant « french cancan » version malaise. Une quinzaine de filles en costume du Moulin-Rouge. Un épais collant rappelle les lois coraniques. Ni jarretelles ni froufrous sous les volants qui se soulèvent au rythme d'Offenbach.

Ivre de liberté, de champagne, je n'en oublie pas pour autant qu'il va falloir changer de masque dans les minutes à suivre.

Quand même, la vie est bonne.

Le bicentenaire m'amena à réfléchir sur ce qu'était la liberté. Je réalisais que la brutale liberté ne se vit pas si aisément. La prison tisse lentement une sorte de « sécurité » qui affaiblit toutes les facultés de réinsertion. Être libre, c'est justement réapprendre les codes de la vie, sans parachute, sans l'infâme protection des gardiens et des murs... Les mots de Martine me revinrent en tête : « Béatrice, prépare-toi psychologiquement à la liberté. Tu passeras par une véritable réadaptation... »

Mes multiples activités à Kajang avaient occulté cette réalité. Je vivais mon temps, mes heures, de façon si autonome qu'il m'arrivait d'oublier ma position réelle : la prison. Kajang ne me prépare pas à vivre l'idée même de liberté. Comment marche-t-on à nouveau seule dans la rue sans gardienne ? Ces neuf années ont inscrit dans ma chair, mon esprit, un comportement précis. J'ai dû régresser, sautiller, négocier chaque demande avec le ton bête d'une enfant abrutie. Perd-on d'un seul coup les habitudes, les ruses de la prison ? La prison a-t-elle mutilé à jamais ma nature ? Perdrai-je cette habitude de m'humilier devant chacun pour obtenir un avantage ? Il a fallu cette soirée pour que je prenne vraiment conscience de mes handicaps dus à la détention. J'avais déjà éprouvé ces fugitifs malaises lors de mes brèves escapades. Mais la soirée du bicentenaire où le chaperon avait disparu me trouble particulièrement. Personne n'échappe aux conséquences du système carcéral. La prison, c'est une traversée mouvementée dans un bateau tout noir, fermé de toutes parts. Quand on le quitte, vers on ne sait quel port, on est pris de ce que les marins nomment

« le mal de terre ». Vertige, tangage, que seule une sérieuse réinsertion et surtout un bon entourage peuvent aider à dissiper. Afin d'éviter la tentation de revenir dans les cales de ce mauvais navire. A partir de cette soirée, j'ai compris pourquoi il y a tant de récidivistes. Comment endurer, sans appui, sans travail, sans maison, « le tangage » du monde? Beaucoup préfèrent retourner derrière l'abominable sécurité des barreaux. A n'importe quel prix. Le fameux « syndrome de Stockholm ».

Concert rock

Depuis quelques jours, la chaleur, à son comble, écrase tout. Elle traverse les murs, les toits, les corps. Le ventilateur du dispensaire a beau brasser un air tiède, les filles s'éventent, grognent, rougissent. L'humeur générale est détestable.

Grouillement au bureau des admissions. Des dizaines de nouvelles personnes ont été envoyées par le bureau d'immigration. Manque de place. Entassées jusqu'à douze par cellule. Moiteur, suffocation. Odeurs repoussantes des peaux mal lavées où courent déjà pustules et eczéma. Je ruisselle, Jay est irrité. Pourvu qu'à cette canicule ne s'ajoute pas une panne d'eau et d'électricité...

Au milieu de cette suante agitation, on vient me chercher. « Cik Ana », officier féminin, chargée des relations extérieures de Kajang et de ses activités. Tout en s'éventant avec son mâle képi, elle m'explique brièvement qu'à quatre heures trente — c'est-à-dire d'ici à peine deux heures — il va y avoir un concert rock au quartier des hommes. Le mécène, Datuk Krishnan, est un richissime et bien connu homme d'affaires indien. Représentant local de deux compagnies de disques, la W.E.A. et la E.M.I. Il offre à Kajang deux de ses groupes ainsi qu'une collation. Cikkana me propose d'animer ce spectacle.

— *Dan kali ini pakai rock sikit, hein?* (Cette fois-ci, habille-toi en rocker...)

Soudain, très excitée de renouer avec une autre fête, je m'inquiète.

— *Mana nak cari?* (Où trouver une telle tenue?)

Depuis quarante-huit heures, une petite Malaise est au pire du sevrage. La pièce de « sevrage » est la plus grande de toutes. Terrifiant purgatoire. J'y cours.

De la fenêtre j'aperçois la fille recroquevillée, les yeux fermés. Non sans peine, je la fais se secouer. Elle finit par se traîner à la fenêtre. A brûle-pourpoint, je lui demande si elle peut me prêter provisoirement l'ensemble qu'elle portait à son arrivée. Elle ne sait trop si elle rêve ou si tout est réel. Une Blanche lui demande ses fringues pour aller danser le rock en prison... Elle entend à travers ses brouillards cette histoire saugrenue, acquiesce à ma demande et retourne à sa somnolence. Bureau d'accueil, explications. *No problem,* on me remet aussitôt jean, chaussures et blouson. Miracle, le tout me va. Le temps de redresser en brosse, d'un coup de mousse, mes courts cheveux, bloquer sur mon nez une paire de lunettes noires prêtée par une gardienne amusée, un coup de rouge à lèvres phosphorescent, et en avant!

Excitation générale. Derrière les hauts bâtiments, côté hommes, on a dressé un podium sur la pelouse. Quelques canapés en bambou ont été disposés sous un dais pour les officiels et le mécène. La terre pour nous. Nous sommes bien deux mille, tête nue sous la lumière. Une centaine de gardiens. Le soleil est à son comble. L'ambiance des concerts rock nous exalte rapidement. Quelques prisonniers règlent les derniers micros. On oublie ce que signifie Kajang. Nous nous souvenons de nos joies folles, au temps de la liberté. Nous adorions cela. Vivre, danser sur cette musique qui enivre. Arrive le groupe. Ils sont dix, dont deux filles en minijupe. Sifflements étourdissants côté hommes. A mon tour. Je monte sur le podium. Les sifflements redoublent. C'est la première fois qu'on me voit vêtue d'un jean moulant. Je dois attendre cinq minutes avant de me faire entendre... Toujours le protocole. Remercier le très honorable Datuk Krishnan et son admirable cadeau. D'avoir su prendre en considération l'isolement de notre condition.

— *Sekali lagi ribuan kerima kasih kepada yang berhormat Datuk Krishnan...* (Encore une fois mille mercis au très respectable Datuk Krishnan...)

Tonnerre d'applaudissements. J'introduis le premier groupe. Jeunes Malais chevelus, vêtus en « rockers ». Ils sautent avec l'animale énergie de leur fonction. L'un d'eux s'approche et m'embrasse violemment sur une joue. Feu de la musique, rythme d'enfer. Perturbations. Des prisonnières sautent sur la scène. Des prisonniers les suivent. Ils ont tout oublié. Kajang, leur procès, leurs sanctions, le passé, l'avenir. Ils entrent dans le présent. Cette musique râpeuse, stimulante. Les musiciens redoublent de fougue. Les gardiens s'affolent. Un officier se précipite vers moi. Il m'ordonne de calmer cette soudaine insurrection qui pourrait prendre les proportions d'une foule déchaînée, imprévisible. Capable de tout piétiner, écraser les gardiens, pulvériser le dais et ses officiels... En prison, jamais ne s'assoupit la rage à chaque seconde contenue. L'envie animale de la liberté. La haine de l'autre, celui qui encage... Je remonte sur la scène, micro en main. Je parle sans cesser de suivre le rythme de la danse. Je ne sais pas si j'ai peur. Probablement, mais je parle, je parle. Un masque riant plaqué sur mon visage qui ne doit en rien trahir la crainte. J'arrive à me faire entendre.

Une légère sueur, qui n'a rien à voir avec la canicule, glisse sa goutte froide le long de mon dos. Je vis un coup de poker. Deux mille paires d'yeux me fixent, autant d'oreilles écoutent. Tout est possible dans un sens ou dans l'autre. Je parle, je parle, je souris, je danse... Je suis de leur bord. Peu à peu, ils reprennent leur place, taisent cette rumeur, ce grondement, cette excitation...

Pendant près de deux heures, nous ne serons qu'un seul océan déchaîné dans le fracas rythmé !

Nous défilons ensuite, en braves prisonniers soumis, devant Datuk Krishnan. Quand arrive mon tour, ce vieil homme basané, recouvert d'une mousse de cheveux blancs, me prend les mains. Je représente pour lui un exotisme bien précis : la France. Il retient mes mains dans les siennes. Il me remercie de mon habileté à avoir su calmer mes compagnons trop agités.

— Venez me voir à votre libération ! Vous serez merveilleuse en « public relation » !

— Entendu, Datuk ! Je n'y manquerai pas !

Je ne prends pas même le temps de me changer. Il me faut partager ces heures hallucinantes avec Karen, Martine Si seulement je pouvais aussi l'écrire à Grand-mère...

Août et son cortège de nuages. Flocons blancs annonciateurs de la semi-mousson de septembre. Légère baisse de la température. Est-ce pour cela que je déglutis si péniblement depuis quelques jours ? J'ai dû attraper une angine, le jour du concert. Je ne m'en suis pas rendu compte. Je vais, je viens. Je ne pèse guère sur ce sol parcouru cent fois par jour. J'en oublie les tractations extérieures de ceux qui s'occupent de ma libération. Pourquoi ne passerais-je pas ma vie à Kajang, dévouée à ces êtres qui ont traversé pire que moi ? Un autre mimétisme se greffe dans mon esprit. J'ai appris à les soigner. Je colle à la peau d'un autre personnage que celui de l'aérobic ou du jardinage. Coller, toujours coller, à l'idée que les autres se font de moi ! Karen n'y avait pas échappé. J'avais une telle admiration pour cette femme forte, brillante, convaincante, que j'avais voulu lui ressembler. J'avais inventé alors une Béatrice qui n'existait pas. Une fille extravertie, délurée, sans scrupules, endurcie. Est-ce cela la destruction de la prison ? En prison, le vedettariat est inversé. Les plus salauds sont admirés. L'innocent méprisé. Piétiné.

Je n'ai pas besoin de Jay pour examiner moi-même ma gorge. Un coup de spatule devant la glace. Surprise. Ce n'est pas une angine. J'aperçois une grosseur greffée sur l'amygdale droite.

Un peu troublée, je m'assois par mégarde dans le fauteuil de Jay. La main sur la gorge — « *tu te souviens, Soya, quand tu passais sans relâche ta main sur ton cou ?* » — et si le truc était un cancer ? La maladie : une des pires choses en prison.

Je ne l'ai pas entendu entrer. Ma voix s'enroue. Il regarde aussitôt le fond de ma gorge. Il hoche la tête.

— C'est un peu embêtant, Soya, ce que tu as là. Il faut faire des tests. Je t'envoie chez l'oto-rhino de Kuala Lumpur... Dès demain, au car de six heures trente. Établis tout de suite les papiers nécessaires.

Je me heurte à mon numéro, la définition réelle de ma

condition. Peut-être vais-je mieux. Ces chiffres, si longtemps abominés, ne me font presque plus rien. La prison a achevé son travail. Si je veux récupérer mon autonomie intérieure, il n'est pas mauvais, de temps en temps, qu'on me rappelle que je ne suis ni Florence Nightingale ni un voyou. Mais une fille bouclée là pour avoir fait confiance à un type qui, un jour, lui avait offert une certaine valise d'amour... Les illusions, je sais désormais où elles peuvent mener.

Six heures trente. Le jour encore rose. Roses aussi ces nuages...

Du minibus, je me rends compte à quel point tout bouge en Malaisie. Tels des champignons, blanc sur blanc, par dizaines, montent des flots de constructions neuves. Émergent aussi des tours de sociétés diverses, ciblées en anglais.

Kuala Lumpur.

Hôpital. Je déglutis péniblement. Cette grosseur, soudain, tient toute la place. Abolit les jardins et le ciel. Les mots les plus sinistres défilent à nouveau. Kyste malin, tumeur, abcès purulent, cancer...

On m'examine. Lampe sur le front, l'oto-rhino — un sikh — me parle en médecin.

— Je ne peux rien vous dire pour l'instant. Il faut opérer et envoyer cette grosseur au laboratoire. Voyez mon assistante pour les démarches d'admission.

Menottée jusqu'au laboratoire pour la prise de sang. Comme si j'allais m'échapper. Pour aller où ? Avec mon uniforme de bagnard, je ne ferais pas dix mètres !

... Brancard, chemise blanche, bruit sourd d'une porte caoutchoutée. Dans le Minnesota, on tue maintenant les condamnés d'une simple piqûre. Ça se passe à peu près ainsi. Brancard, bloc, seringue.

Bloc opératoire. Masques — non, non, pas de cagoule ! — aiguille dans le bras, voyons, comment fais-je pour l'aérobic ? *One, two...* Je n'irai pas plus loin dans le compte. Je sombre dans un absolu et agréable repos. On a bien tort de craindre à ce point la mort.

Ce n'est rien.

Réveil. Douleur fulgurante dans la gorge. J'ai perdu ma voix. Du feu dans la bouche. On me fait aussitôt une piqûre calmante. Nouveau réveil. Une infirmière me tend un petit pot de gelée glacée et une minuscule cuillère. Je fais la grimace. Il me faut plus d'une heure pour tout avaler. Un autre jour passe. Malgré les calmants, le feu dévore ma gorge. Ma voisine me tend le journal. Un scandale à la une me distrait un peu.

Photo géante d'Abdullah Ang, un ancien bras droit de Datuk Mahathir, Premier ministre. En 1985, Mahathir s'était détourné de l'Occident — il avait décidé de travailler à la japonaise. Il avait confié son plan à Abdullah Ang, Chinois converti musulman. Cette fripouille de génie détourna habilement à son profit plusieurs millions (?), qui le mena à Kajang, dans une cellule aménagée style « Relais et châteaux ». Un « water-bed », matelas sophistiqué rempli d'eau, spécialement articulé pour masser ses reins surmenés. Une superbe chaîne vidéo, un magnétoscope, la télé, un Frigidaire bien rempli. Le tout sur une épaisse moquette prestement installée. Avec l'argent, tout est possible. La corde est toujours l'apanage des manants, des pauvres de ce monde... Le gros passeur de drogue soudé à sa maffia, la crapule liée à l'État ont tout loisir de réfléchir à leurs coups qui ne cessent jamais. Même si, pour la forme, on les boucle quelque temps.

Abdullah Ang, authentique homme d'affaires, n'en perdit ni son temps ni son argent pour si peu. Il convainquit les autorités carcérales, dans le but de les enrichir, de le laisser monter une ferme d'orchidées dont la production bénéficierait à Kajang. La fripouille émigra de sa belle cellule dans une maison d'officier. Il obtint la permission de se rendre librement à ses nombreux bureaux ! Son gardien, habillé en civil, le suivait respectueusement, tel un valet bien stylé. Personne, dans ses buildings, ne soupçonna un instant que le très honorable Abdullah Ang était officiellement condamné à la prison... Que sait et que peut faire Tuan Nik devant de tels cas ?

Sur la photo, on lui donnerait tous les buildings sans confession. La cinquantaine distinguée. Le costume sobre et bien taillé. Le sourire modeste, si ce n'était cet éclat de ruse au coin de la paupière bridée. Cet éclat qui parfois, aux heures les plus troubles de l'amour, me gênait chez Eddy. Cet éclat que je mettais sur le compte de la passion. Rien que la passion. Le journal annonce la libération d'Abdullah Ang dans les quarante-huit heures. L'affaire fera le scoop de la presse. Tout se tassera à la gloire de l'argent. Grande admiration de ceux qui ont sué sur ses orchidées. Énorme fossé, même en prison, entre ceux qui possèdent l'argent, le monde, et les autres...

Bonne nouvelle pour moi. Ma grosseur n'était qu'un kyste banal. J'ai hâte de sortir de là, retrouver mes activités, l'aérobic. Danser, danser sur l'air de « Locomotion »...

Hamidah me convoque.

Je lis à sa tête qu'une mauvaise nouvelle m'attend. A la suite de l'affaire Abdullah Ang, l'aérobic est supprimé. Investigations gouvernementales sur la situation exacte des prisons. Les sanctions pleuvent de la bouche d'Hamidah comme autant de grêlons sur ma tête.

Plus de sorties. Fini l'ambassade, les cocktails, la maison de Tuan...

Un déclic : le sieur Abdullah était complice de Jamal qui haïssait Tuan Nik. Hamidah continue d'assener les nouvelles. A cause de moi, elle se trouve impliquée dans le scandale des prisonniers en balade.

— Tes sorties ne sont un secret pour personne. J'ai dû me rendre à la convocation du Premier ministre. Je lui ai donné toutes les dates de tes sorties... Je lui ai caché la rumeur qui circule à Kajang. On dit que tu serais enceinte !

Enceinte. A quand l'accouchement ?

— Tout vient des officiers conservateurs. Tu es maintenant une prisonnière comme les autres.

— Est-ce que je dois retourner faire du crochet ?

— Non. Tout le monde est satisfait de ton travail au dispensaire, mais je ne réponds de rien.

... Adieu, veaux, vaches et surtout pas les cochons ! Adieu mes essentielles petites joies. A nouveau le masque, les sautillements, les « Yes, Missi, Yes, Yes ». A nouveau de jouer à la dinde, l'oie, l'imbécile.

— *Tidak apa. Yang sebenarnya saya tak suka keluar... Saya lebih gembira dengan kawan saya !* (Ça ne fait rien. La vérité ? Je n'aime pas sortir. Je préfère rester avec mes copines !)

Hamidah a l'air satisfait.

Jay savait.

— Ne perds pas courage, souffle-t-il. Rien n'est jamais stable. Surtout en prison.

Mes amis sont venus. Les droits de visite ne sont pas encore supprimés. Tuan Nik, Claire, Nicole. Chacun m'encourage. L'essentiel n'est ni compromis ni oublié. Plus que jamais, courriers officiels s'activent à mon sujet vers la France. Tuan Nik maintient sa prédiction.

— Soâbine, tu seras libre avant 1993.

Devant la bassesse de ces rumeurs, Tuan avait aussitôt écrit à son ministre les détails de nos sorties. De son côté, Claire avait fait de même. Pour étouffer cette tempête dans un verre d'eau, elle n'a pas hésité à renouveler une demande de sortie pour Noël 1989...

L'origine de ce bas scandale a été la jalousie carcérale.

Fatalisme actif. Tout est parti. Tout reviendra.

J'investis sur le dispensaire. Il me faut, plus que jamais, me rendre indispensable. Un matin, Jay m'annonce la mise en retraite de Tuan Nik. Il n'est plus directeur général des prisons. Supportons. Encaissons. Qu'on lui rapporte, au moins, que Soâbine reste solide... Ayant perdu mon protecteur, les gardiennes et les filles s'en donnent à cœur joie.

— *Eh, Soâbine, bila nak keluar lagi? You tak rindu Tuan Nik, ke?* (Eh, Saubin! à quand la prochaine sortie? Tuan Nik ne te manque pas?)

Dernier coup. Jay est muté ailleurs. Je ne l'ai jamais revu. L'infirmier, Mr. Koh, sera dorénavant mon terne comparse au dispensaire.

Septembre (trente ans). Octobre, novembre...

La semi-solitude m'enserre de toute part. Nouvel arrivage de gardiennes recrutées afin d'endurcir la discipline de Kajang. Elles sont jeunes, impitoyables, décidées, célibataires. Le port de l'uniforme leur monte à la tête. Moby Dick leur a fait la leçon.

— Les autres se sont amollies au fil des ans. Je compte sur vous pour mener une discipline de fer!

— *Baik Cik!* braille en unisson le troupeau en uniforme. (Bien, madame!)

Ça claque des talons et du képi. Pour un peu, ces faux mâles manieraient le fouet. Nous feraient lécher le sol et leurs bottes. Elles m'ont à l'œil immédiatement. Elles savent qu'on me tolère un peu de liberté pour les activités du dispensaire. N'empêche, dès que l'une me croise, elle ne se prive pas de me lancer :

— *Eh! Orang putih!*

« La Blanche », mais dans le sens injurieux de « sale nègre », « Le juif », « Le raton », etc. Je ne réponds pas. J'encaisse. Plus tard, maître Lombard me dira :

— Béatrice, votre libération, vous ne la devez qu'à vous-même. Votre force. Votre empire sur vous.

Autre déception en décembre. Je ne réveillonnerai pas à l'ambassade. Claire multiplie les courriers. Insiste sur le caractère positif de ma réinsertion. Elle continue, à sa façon, l'œuvre de Tuan Nik. Il y a seulement trois ans, j'aurais peut-être craqué sous cette avalanche de coups bas.

Le jour de Noël, heureusement, j'ai plus d'activités que de coutume. Jamais on n'a vu défiler autant de filles enceintes. Toutes ont besoin de visites à l'hôpital. Problèmes gynécologiques, maladies vénériennes, hypotension... Noël, symbole de toutes les naissances, Noël 1990 me verra où ? En prison, seule la force d'enchaîner le quart d'heure suivant existe. Je m'aperçois à peine que l'on vient de chuter tout droit en 1990.

Kajang devient une auge

La nouvelle année commence bien ! Plus une goutte d'eau. La pompe hydraulique qui alimente Kajang a ses tuyaux pourris. La remplacer coûte 15 000 dollars. Dilemme. Où les trouver ? Les appartements des gardiens sont-ils touchés par ce handicap ? Sinon, cela peut attendre.

Nous attendons.

Cela durera cinq mois.

L'eau nous parvient, mince filet jaunâtre, de quatre heures à six heures du matin. Nous dormons, dans l'attente de cette survie qui remplit à peine une demi-cuvette pour chacune. Parfois, on franchit quarante-huit heures sans rien. Rien au bout des robinets qui glougloutent en vain. Deux seulement fonctionnent à peu près normalement pour assurer la survie minimale. Ceux de la cuisine. Naturellement, ces robinets profitent en premier aux gardiennes et à leur nourriture. Les quelques filles qui travaillent là se débrouillent pour y puiser furtivement leurs ressources. Nos plateaux deviennent progressivement infects. Les légumes ne sont plus lavés. Du sable les recouvre. Tant pis. Nous mangeons le sable. Le riz, mal cuit, colle aux dents. Tant pis. Mangeons ! mangeons ! Le manque d'hygiène ? Pas question de l'accepter. A mes risques et périls, je me douche sous le robinet extérieur des cuisines. Une copine, Chiu Lien, s'arrange pour me dissimuler. On ferme les yeux. On a trop besoin de mes services au dispensaire. Mr. Koh n'y suffirait pas.

Je me lave à la nuit tombée. Après la distribution des derniers médicaments. Les cinq filles de la cuisine me rejoignent. On s'asperge, on rit, on se balance à profusion des cuvettes entières... Tant pis pour le millier de femmes qui croupissent... Quelques sifflements ; cris obscènes. Les hommes nous ont vues. Le fatalisme m'inhibe. Au jour le jour sa vérité. Je dors peu. Malgré le bain clandestin du soir, j'attends l'eau. La recueillir, même tiédie, croupie. C'est l'eau. C'est l'or.

On me réveille fréquemment. La brutale sécheresse déclenche des crises d'asthme. Des maux en tout genre, de furieuses démangeaisons. Je travaille en automate. J'accomplis les gestes. Badigeonne les peaux. Actionne le masque, fais évacuer les cas aggravés. Certaines nuits, je ne m'assoupis qu'une demi-heure. Tout est sale, pourri. Des odeurs pestilentielles montent de chaque cellule où coule le sang mensuel des femmes qu'elles ne lavent plus. Défécation dans ces auges à six. Urine, tout cela mêlé aux parfums des fleurs les plus subtiles du monde : jacarandas, orchidées, hibiscus... Le parfum sous la merde ou la merde sur le parfum. Cela compose l'atmosphère de Kajang 1990.

Le ministère de la Santé a décidé pompeusement non de nous rendre l'eau, mais un dépistage du sida.

Un matin de février, mou et putride, un camion sanitaire est arrivé. Des milliers de seringues stérilisées. Partie administrative. On me demande de refaire toutes les fiches. Coller les étiquettes sur chaque flacon. Remplir le cahier de Kajang. Parallèlement, donner les mêmes détails pour le centre d'analyse en joignant le numéro de la carte d'identité de la prévenue.

J'en ai pour deux jours à voir défiler sept cents filles. Effrayées au mot « sida ». Les trois infirmiers de l'hôpital ont parfois du mal à les piquer. Veines de toxicomanes, dures à trouver. On est alors obligé de prendre le sang d'une artère. Des centaines de flacons s'alignent sur le porte-tubes. A moi de vérifier la bonne correspondance de chacun d'entre eux. Je suis la dernière à tendre mon bras à Mr. Koh.

Mon sang : d'un beau rouge, rubis clair... On a tiré des veines de ces filles, en majorité, du sang marron. « Une sale couleur qui révèle peut-être la trace du mal qu'elles redoutent ?... Du sang pourri. Porteur de mort. Sida. » Elles se bouchent les oreilles. Elles n'y croient pas. Ça n'arrive qu'aux autres. Comme la prison et le malheur. Elles se rassurent. La Malaisie, territoire d'Allah, ne peut pas être atteinte du sida, vice occidental. La Blanche l'a sûrement. Pas nous. Pourtant, une bonne dizaine s'avéreront séropositives. Du côté des hommes, c'est pis.

Dès les résultats, on les enferme. Comme des pestiférés. Par superstition, on ne s'approche plus d'eux. Beaucoup pensent qu'on attrape le sida rien qu'en respirant l'air autour de ces malades. Le fatalisme, une fois de plus, jouera son rôle. Au fil des jours, elles reprendront leur place parmi nous. Inch'Allah ! On tente une information pour les aider à planifier leur maladie. Leur faire comprendre d'employer des préservatifs après leur libération. Elles sont tout sourire. Elles n'en feront rien. Aussitôt dehors, elles se précipiteront à nouveau sur le trottoir et dans les bouges. Allah n'y peut rien.

L'absence d'eau devient insupportable. Sans parler d'un nouvel arrivage de droguées. Certaines en passent en cellule. Les avanies recommencent. De février à mars, on revit sous le signe obsédant de la drogue. Une Indienne réussit à dissimuler

20 grammes dans sa poche. Les fouilles reprennent de plus belle. Les matonnes crient, menacent, insultent, cognent.

Plusieurs cas d'intoxication alimentaire. Mr. Koh ne sait où donner de la tête et pince un nez offensé. A moi de braver l'odeur pestilentielle. Donner les soins urgents. Chaque fille nous apporte le matin un sac en plastique rempli d'innommables déchets pour prouver la bonne foi de leurs malaises. L'une d'elles, débile légère, a même apporté sa merde dans un bol.

Kajang est devenu une fosse à vidange. Mr. Koh distribue les remèdes à la chaîne. La chaîne de ces filles ressemble à un interminable intestin malodorant déroulé d'un bout à l'autre des huit cents mètres de bâtiments carcéraux...

— Vous voyez, dis-je à Mr. Koh au bord de la syncope, j'avais bien raison de vous vanter la diète !...

La chaleur, le grouillement infect attirent les mouches vertes qui rôdent sans relâche sur ces déchets. Une nuée de moustiques complique encore la vie. On se réveille la peau grêlée de dizaines de points rouges.

Visite du sultan de Selangor

Nous ignorons toujours qui est le nouveau directeur des prisons.

26 février, grand branle-bas.

Le fils du sultan de Selangor, le Raja Muda, a annoncé sa visite. Kajang ne doit pas perdre la face. Vite. Maquiller toutes les traces de notre débâcle. Éblouir ce très haut officiel. Présenter une prison modèle. Aseptisée, parfumée, où tout est prévu pour le confort, l'épanouissement et la réhabilitation des prisonniers.

D'abord, nettoyer, enlever les ordures, dissiper les odeurs.

Une équipe de pompiers remplit les réservoirs vides avec d'énormes tuyaux reliés à ceux du bas de la colline Résultat : une boue liquide, noirâtre se met à couler. Qu'importe, c'est « l'Eau ».

Un camion apporte en même temps des centaines de pots de

fleurs. La cour devient un véritable parc floral. (Une heure après le départ du sultan, le même camion s'empressera de tout reprendre.) Une équipe hisse une hampe de drapeaux multicolores représentant toutes les provinces de la Malaisie. On déroule un tapis rouge qui traverse la cour. Les objets fabriqués en atelier par les hommes — petits meubles en rotin, cendriers ornés, etc. — sont rassemblés dans une salle baptisée « Exposition », jouxtant à une autre promptement maquillée. Étoffes aux murs, dentelles sur les guéridons, bref, camouflage en salon de thé. On croirait un décor Hollywood poussé là en quelques heures et que nous savons parfaitement artificiel. Ordre est donné par haut-parleur d'enfiler nos tenues les plus propres et nous peigner.

La grande porte de Kajang, sa façade, badigeonnées d'une couche de peinture à l'eau. Un groupe de prisonniers est obligé d'y travailler jusqu'à la nuit, éclairés par les torches des gardiens.

A l'aube, tout est prêt. La comédie coûte 17 000 dollars, la pompe hydraulique 15 000.

Le fils du sultan ne restera que dix minutes. Il ne verra ni les fleurs ni le reste. Soulagé de rejoindre son extraordinaire voiture au prix incalculable. Pare-chocs rutilant comme de l'or.

Bye, bye, Monseigneur. On ne nous laissera pas même ce décor de carton-pâte. Les tuyaux redonneront la boue jaunâtre entre quatre heures et six heures du matin.

Datuk Yassin ou la terreur

1er mars 1990.

Toujours pas d'eau.

Le directeur remplaçant Tuan Nik est en fonction.

Datuk Yassin, ancien responsable de la Sécurité intérieure de l'État de Selangor, est avant tout un policier. Il se vante d'en avoir fait révoquer plus de deux mille qui lui déplaisaient. Sa fanatique intransigeance est notoire. Je l'ai surnommé « l'automate ». Il en a la démarche mécanique, le pas de l'oie. Il vérifie tout. De la botte au képi en passant par le bon alignement des boutons. Rien ne lui échappe. C'est un petit homme menu et sec, au regard polaire, fixe et indéchiffrable. Il ne parle pas, se contente de censurer. Péremptoire et lourd de menace. Il passe au dispensaire. Cinq longues minutes où Mr. Koh n'en mène pas large. Je me contente de le saluer en malais et me replonge dans mes fiches. Aini sue la peur. Plein de dédain, il me désigne tel un objet.

— Elle sait parler le malais ?

Méthode de Yassin pour humilier l'autre. Ne pas lui parler directement. S'enquérir de lui par personne interposée en sa présence. Le réduire à une chose. Deux fois par semaine — à notre tour de nous en amuser —, Yassin oblige gardiens et gardiennes, sous le soleil de plomb de quinze heures, à défiler au pas. S'arrêter, se mettre au garde-à-vous. Saluer à un millimètre près, la main au képi. Rester ainsi immobiles, sans bouger un cil, parfois plus d'une heure. Ceux qui s'écroulent provoquent son mépris.

Mai, joli mois de mai. L'eau est revenue. Non pas grâce à la bienveillance de Yassin. Des officiels du ministère de l'Intérieur, d'un rang plus élevé que le sien, doivent venir visiter Kajang. Pas question de perdre la face ! Yassin accélère le déblocage des crédits nécessaires à la remise en marche de la pompe défectueuse.

De ce redoutable petit automate, nous devons quand même la fin d'un long cauchemar. Bruits dans les cellules, éclats de voix, de rires, bousculade sous les robinets. L'eau ! l'eau ! Les filles se précipitent en grappes, s'aspergent, boivent, y trempent les vêtements raidis de crasse. S'en jettent à la figure comme une poignée de confettis. On en oublie la discipline durcie, la cruauté de tous les instants. L'eau a été la grande fête du mois de mai.

Décisions

Une lettre de France. Martine annonce sa visite pour la fin du mois de mai. Sait-elle que, depuis Yassin, les visites au parloir libre sont devenues impossibles ? Même les ambassades se sont pliées à cette nouvelle décision. Seuls les avocats peuvent encore en profiter. Je n'ai la possibilité d'apercevoir Nicole et Claire qu'à « l'aquarium », derrière l'épaisse vitre. Depuis le règne Yassin, tout devient embûche. Claire, pourtant haut fonctionnaire, rencontre de multiples obstacles. On lui donne de faux rendez-vous. Elle ne peut me parler que pendant très peu de temps. Une malignité générale suit celle de Yassin. Claire ne se décourage pas. Recueille le maximum de lettres, garde le sourire. Pourtant, on la traite sans respect, avec insolence. Elle décuple son courage qui renforce le mien.

Un matin, on vient me chercher au dispensaire. Visite à l'aquarium.

Martine. En larmes. Effondrée. Elle a mal supporté l'accueil de Hamidah, qui jadis était aimable avec elle... Hamidah fait tout pour abolir le souvenir de Tuan Nik afin de plaire à Yassin. Hamidah ne cache même plus sa jalousie. Un fossé les sépare, Martine et elle. Martine pleure de fatigue, de découragement. Elle a voyagé des heures pour rien, presque rien, puisqu'on ne peut même pas s'embrasser... A peine s'apercevoir comme deux poissons prisonniers dans des eaux différentes.

Hamidah ne nous laisse qu'une demi-heure. Autrefois, on bavardait tout notre soûl, sans contrainte. On se dit ce qu'on peut, ce qui nous vient, pas forcément ce que nous aimerions échanger. Hamidah écoute, les murs écoutent. Tout est devenu hostile. Martine m'apprend que Karen a reporté son voyage et continue à nourrir bon espoir pour ma libération. Martine me répète ce que chacune de ses lettres n'ont jamais cessé de dire :

— Béatrice, tu fais partie de la famille, tu le sais. D'ailleurs, tu es officiellement la marraine de mon fils. A Paris, ma maison t'attend et tu y auras ta chambre.

Derrière cette vitre, le visage de Martine symbolise celui des femmes qui m'ont aimée.

Les femmes. Il y a eu aussi celles qui me détestaient, me rejetaient. Ma mère. Celle qui m'a volé mon dû de confiance et d'amour. Les femmes. J'ai été élevée par les femmes. Grand-mère et sa dureté car il lui fallait tenir, coincée entre ses deux filles — la sienne, ensuite moi. Les femmes. Sans cesse des sortes de gardiennes malveillantes. Il y a eu aussi les passions de femmes.

Chia, Noor... Celles dont j'ai aimé le corps, la bouche, la peau. Hakee, profiteuse des bouches, des corps, des peaux.

Les quatre femmes de ma vie qui ont compté sans que s'insinue cette homosexualité ont été Nicole, Karen, Martine et Claire.

Pourtant, il faudra aussi qu'un jour je me libère de toutes ces propositions maternelles ou protectrices. Que j'abandonne l'ombre de l'enfance.

A bientôt de rencontrer la vraie Béatrice

L'été est encore pire. Yassin continue ses restrictions. On chipote sur tout. Ni sorties ni même le traditionnel spectacle pour la fête de l'Indépendance. Rien ; le vide. L'attente. La vraie vie carcérale. Je me suis fait une autre copine. Une Chinoise des cuisines, Lah Chai. On papote de tout, de rien. Lah Chai a écopé le maximum pour trafic. On lui a promis la libération anticipée, mais elle s'en fout, elle n'y croit pas. Elle sait qu'il existe un protocole de libérations. Les Malaises d'abord, les Chinoises et les Indiennes en dernier. Rituel, racisme, tout se mélange. Lah Chai ne se fait pas d'illusions. Elle a même oublié ses cinq enfants... sinon, comment survivre ? La prison sépare de tout, de tous. Surtout de soi.

7 septembre 1990. J'ai trente et un ans. En 1959 naissait à la clinique de Romilly une petite fille qu'on aurait pu aimer, épanouir, diriger. J'ai désormais presque le double de l'âge où ma mère accouchait de ce fardeau, ce poids, cette enfant de ses brèves amours... Je n'absous pas son abandon, mais je comprends à quel point, en son genre, elle était bien trop jeune et démunie, abêtie de rêves pris aux romans-photos... J'avais vingt ans quand les murs se sont refermés sur moi avec leur menace de mort. L'allure d'une enfant. Dix années viennent de passer. Incommensurable chemin entre l'abîme de la mauvaise enfance et cette liberté intérieure, patiemment acquise. Que fuyais-je ? Que cherchais-je ? Dix années étranges où j'ai peut-être appris à vivre, en dehors des chemins dits convenables. Où j'ai été obligée de faire une longue pause avec moi-même. Trente ans. L'âge où les femmes ne meurent plus d'un amour ou d'une désillusion. L'âge où elles ont au moins un enfant, un métier, une structure.

A vingt ans, mes voyages de plus en plus loin, de plus en plus fous, étaient une quête insatiable du changement, de la nouveauté, de la différence, l'obsession de fuir Romilly. Trente ans. On dit que c'est encore très jeune. Je sais intimement que j'ai franchi plusieurs siècles. La prison a fait de moi une vieille femme camouflée sous un visage lisse.

Bonne nouvelle qui ne manquera pas d'exciter la jalousie des filles. Lah Chai et moi recevons solennellement la traditionnelle tenue bleue de la bonne conduite. Mon cœur se serre un peu. Si on nous fait porter cet estimable costume, c'est sans doute en compensation de nos libérations impossibles.

Peut-être est-ce pour cela que Martine pleurait autant ?

Soya, apprête-toi à devenir ici la Très Honorable Prisonnière, vêtue couleur de ciel délavé. Ce sera toujours ça de gagné sur ton éternité.

Libération

21 septembre 1990.

Karen est au là. Je ne l'avais pas revue depuis deux années. Impossible de nous exprimer librement par courriers sans cesse interceptés. Nous avons droit au parloir libre. Bonheur des retrouvailles ! S'embrasser... Les matonnes la connaissent bien. Karen entre à Kajang sans difficulté. Pendant dix jours, à la même heure, elle reviendra. Nous parlerons d'avenir, d'après... Les projets succèdent aux rêves et les rêves aux projets. Je lui raconte ces deux années. Tuan Nik, le vent de la liberté, le bonheur, puis le couperet Yassin.

Le rire et les larmes se mêlent comme à chaque fois.

Elle promet de revenir le jour de ma libération. Ensemble, nous franchirons la porte principale. Elle doit revenir le 5 octobre... Pour combien de temps ? Quand serai-je libre ? Il va y avoir de nouvelles élections au sein de l'UMNO (parti malais dominant). Si je n'ai pas de réponse du « Pardon Board » très rapidement, je risque de rester ici encore plusieurs années. La veille de son départ, je la trouve d'une agitation et d'une nervosité extrêmes. Elle semble épuisée. Un léger herpès gonfle sa lèvre inférieure. Un souci profond barre son front d'une ride. Elle va du bureau de Hamidah au parloir, sans relâche. Elle téléphone, revient, repart. Me dit quelques mots. S'excuse, se tait, reprend son va-et-vient. Elle ne tient plus en place.

— Que se passe-t-il au juste ? Pourquoi ces mystères ?

— Béatrice, pour l'instant je ne sais rien, mais je serai là tôt demain, dit-elle en m'embrassant.

Le 5 octobre au matin, on vient me chercher dès huit heures. Je n'attendais Karen que pour neuf heures. Elle se précipite vers moi. Elle me serre dans ses bras.

— Tu es libre, Béatrice, libre... Officieusement depuis le 20 septembre. A Paris, j'ai reçu la lettre tant attendue. J'ai pris le premier avion. J'espérais pouvoir t'enlever immédiatement, mais le document officiel n'était pas arrivé à la prison. Cela fait dix jours que je me bats pour le faire signer. Je suis allée à Penang. Il le fallait. Avant la dissolution du Parlement qui doit intervenir demain ou après-demain. Tout allait se jouer en quarante-huit heures. Tu comprends mon anxiété et mon agitation. Tu risquais de rester à Kajang jusqu'à la mise en place de la nouvelle assemblée... Je ne pouvais rien te dire avant d'être tout à fait sûre.

Dès qu'elle a dit ces mots : « Tu es libre », un phénomène étrange se passe. J'avais déjà vécu en rêve le jour de ma libération. Je m'imaginais emportée par le torrent d'une joie indicible. Le bonheur me faisait crier ma liberté, hurler ma délivrance. Je vivais aussi la peur — ma projection hors de l'univers carcéral —, noyée dans les eaux infernales du monde.

La transpiration glacée de l'angoisse, face à ces hommes et à ces femmes devenus mes égaux, mes adversaires.

Je me demandais si mes mains trop longtemps menotées sauraient tenir la barre du « bateau ivre » de ma liberté.

Si j'en étais capable.

Terreur mille fois imaginée — imaginaire.

Rien de semblable ne se produit.

La joie ne déferle pas. Ma bouche reste close. Je ne bondis pas telle une acrobate. Je n'ai pas peur de ma liberté. C'est bien pis. J'étais déjà libre dans la salle blanche du dispensaire. Libre de me venger de l'injustice des hommes en soignant leurs femmes — en pensant les chairs éclatées sous les furoncles — en calmant les hoquets déchirants des asthmatiques.

Cette liberté qui ne doit rien à la justice, je me l'étais donnée. La victoire — ma victoire sur le désespoir —, je l'avais déjà remportée. Il n'y avait plus de grille sur mon cœur.

5 octobre 1990 ! C'est la fin de cette étrange parenthèse de mon destin. C'est le début d'une autre ère, avec un autre (moi) qu'il va falloir réapprivoiser. Je marche droit vers la liberté.

Béatrice Saubin, que vas-tu devenir, dépouillée de la morbide sécurité carcérale ?

Scrupules, cependant. Qui va s'occuper du dispensaire, de mes malades ? Qui va penser à injecter son insuline à Aida, cet après-midi ? Et demain, les autres jours, qui se lèvera la nuit quand elles souffriront de tous leurs maux ? Je m'étais attachée à elles.

— Maintenant, Béatrice, tu as le droit de choisir, dit Karen.

ANNEXES

1.

Liste des signataires de la pétition publiée dans Le Journal du Dimanche *en faveur de Béatrice Saubin lors du procès en appel*

Patrick Aeberhard, Médecins du monde; **Joannès Ambre** (†), avocat; **Louis Aragon** (†), écrivain; **Raymond Aron** (†), philosophe, professeur au Collège de France; **Daniel Balavoine** (†), chanteur; **René Barjavel,** écrivain; **Pierre Bas,** député, adjoint au maire de Paris; **Hervé Bazin,** romancier, président de l'académie Goncourt; **Guy Béart,** chanteur; **Gilbert Bécaud,** chanteur; **Pierre Bellemare,** producteur-animateur de télévision et de radio; **Jean-Pierre Beltoise,** coureur automobile; **Général Marcel Bigeard,** ancien secrétaire d'État; **Huguette Bouchardeau,** secrétaire nationale du P.S.U.; **Jeanne Bourin,** romancière; **André Castelot,** historien; **Bernard Clavel,** romancier; **Philippe Clay,** chanteur; **Julien Clerc,** chanteur; **Jean-Martin Cohen-Solal,** médecin; **Didier Decoin,** romancier; **Alain Deloche,** Médecins du monde; **Elisabeth Depardieu,** chanteuse; **Gérard Depardieu,** acteur; **Pierre Desgraupes,** journaliste, P.-D.G. d'Antenne 2; **Jean Dutourd,** de l'Académie française, écrivain; **David Elia,** médecin; **Xavier Emmanuelli,** Médecins sans Frontières; **René Frydman,** médecin; **Paul Guth,** romancier; **Gisèle Halimi,** présidente du mouvement Choisir, députée; **Johnny Hallyday,** chanteur; **Nicole de Hautecloque,** députée de Paris; **Claude Hertz,** Médecins du monde; **Yvette Horner,** musicienne; **Roger Ikor,** écrivain; **Vladimir Jankélévitch,** philosophe; **Marcel-François Kahn,** médecin; **Georges Kiejman,** avocat; **Brice Lalonde,** Les Amis de la Terre; **Armand Lanoux,** romancier, secrétaire général de l'académie Goncourt; **Louis Leprince-Ringuet,** de l'Académie française, physicien; **Me Charles Libman,** avocat; **Paul Lombard,** avocat; **Enrico Macias,** chanteur; **Françoise Mallet-Joris,** de l'académie Goncourt, romancière; **Félicien Marceau,** de l'Académie française; **Robert Merle,** écrivain; **Paul Milliez,** médecin; **Alexandre Minkowski,** médecin; **Miou-Miou,** actrice; **Pierre Miquel,** historien; **Yves Montand,** chanteur, acteur; **Georges Moustaki,** chanteur; **Henry Noguères,** président de la Ligue des droits de l'homme; **Claude Nougaro,** chanteur; **Jean d'Ormesson,** de l'Académie française; **Louis Pauwels,** écrivain; **Jean-Louis Pelletier,** avocat; **Michel Piccoli,** acteur; **Jean Pierre-Bloch,** président de la Licra; **André Pieyre de Mandiargues,** romancier; **Samuel Pisar,** écrivain et avocat international; **Jean Ristat,** poète; **Christine de Rivoyre,** romancière; **François Sarda,** avocat; **Roger-Gérard Schwartzenberg,** parlementaire européen; **Simone Signoret** (†), actrice; **Jean-Daniel Simon,** metteur en scène; **Henri Troyat,** de l'Académie française, écrivain; **Jean-Marc Varrault,** avocat; **Pierre Vernant,** professeur de cardiologie; **Georges Wolinski,** dessinateur; **Maryse Wolinski,** journaliste.

2.

Conclusions de Mes Lombard et Kumar pour le procès en appel devant la Cour fédérale de Kuala Lumpur

Appel par SAUBIN Béatrice contre la décision de M. le juge B. T. H. Lee, de la Cour fédérale, rendue au palais de justice de Malaisie à Penang le 17 juin 1982 :

1. L'accusée est en détention à la prison royale de Penang pour l'infraction suivante :

Définition de l'infraction :

« Le 27 janvier 1980, vers 14 h 15 à l'aéroport international de Bayan-Lepas dans le district de Balik Puku, État de Penang, vous avez procédé au trafic d'un narcotique dangereux, 534 grammes d'héroïne, et ce faisant avez commis une infraction à l'article 39 (B) (1) (a) de l'ordonnance n° 30, 1952 traitant des narcotiques dangereux, passable de sanctions prévues par l'article 39 (B) (2) de l'ordonnance.

2. L'accusée a plaidé non coupable, et a été reconnue coupable et condamnée à la peine de mort par le juge.

3. L'accusée conteste le verdict d'après les points suivants :

(I) Le juge a enfreint les termes de la loi lorsqu'il a admis que le procureur avait un cas de « prima facie » contre l'accusée, nécessitant l'organisation de sa défense.

(II) Le juge n'ayant pas considéré ou donné l'attention nécessaire à la 1re déclaration (« Cautioned Statement ») de l'accusée présentée par le procureur comme pièce d'accusation, et étant donné que le contenu du Cautioned Statement, tenu pour évidence essentielle, ne correspond pas au reste de l'évidence présentée par l'accusation, l'accusation n'a donc pas prouvé le cas de « prima facie » lors du procès.

(III) Le juge n'a pas tenu compte, ou pas assez tenu compte, du fait que le Cautioned Statement utilisé par l'accusation a enfreint la présomption de l'article 37 (d) de l'ordonnance sur les narcotiques dangereux, 1952.

4. Le juge n'aurait donc pas dû demander à l'accusée de présenter sa défense, et, ce faisant, n'a pas considéré ou donné toute l'attention nécessaire à la défense de l'accusée :

(I) En écoutant la défense, le juge n'a pas comparé le cas de la défense à l'évidence présentée par l'accusation.

(II) Le juge n'a pas considéré ou donné toute la considération nécessaire à la déclaration de l'accusée suivant laquelle celle-ci ignorait la présence de l'objet incriminable dans un compartiment caché de la valise.

(III) Le juge n'aurait pas dû accepter l'évidence suivant laquelle l'accusée aurait vu que les côtés de sa valise présentaient un renflement, alors que l'accusation n'a pas apporté la preuve de ce fait.

(IV) Le juge a enfreint les termes de la loi lorsqu'il n'a pas considéré ou donné toute la considération nécessaire au fait que l'accusation n'a pas interrogé l'accusée sur les points matériels essentiels du cas, concernant sa connaissance de la présence du narcotique dans sa valise ; l'absence d'interrogatoire sur ce point tend à prouver que l'accusation accepte comme vraie la déclaration de l'accusée suivant laquelle elle ignorait la présence du narcotique.

(V) Le juge a enfreint les termes de la loi quand il a accepté qu'Eddy Tan Kim Soo était un personnage fictif, sans prendre en considération que l'accusation aurait pu préciser qui était l' « homme chinois » dont mention est faite dans le Cautioned Statement, si une enquête avait été faite par l'accusation.

TABLE DES MATIÈRES

Prologue : Chambre de la fin 11
L'enfance. L'ombre 13
Le premier sang 17
Premier amour 20
Dépression 22
Premier joint 24
L.S.D. 26
Hélène 28
Premier voyage 30
Vincent ou la fugue 37
Paris 40
La route vers l'Inde 42
Rachid 52
Thaïlande 55
Dom 57
Le Saoudien 61
Intermezzo : l'émirat 67
La cage luxueuse d'Al Nidam 70
La perte du réel 75
Birmanie 79
Eddy le Chinois 81
La valise 89
L'arrestation 94
Penjara Penang 102
Matricule 181-80.TMR 107
Illusion 112
Une journée à Penjara Wanita Penang 114
J'apprends le malais 118
Choix d'un avocat 121
Nicole 127

Communauté de femmes 132
Une garde-robe pour mon procès 137
Le procès 141
Seconde journée (4 mai 1982) 152
Troisième journée (6 mai 1982) 159
Quatrième journée (21 mai 1982) 163
Cinquième journée (16 juin 1982) 165
Verdict ou la sixième journée (17 juin 1982) 171
Quartier privé 173
Nouveau matricule : 284-82 BA (BA = chambre de la fin) 178
Grand-mère débarque 183
Me Lombard ou la course contre la mort 187
Pudu 195
Cour suprême 196
L'atelier 200
Passion de femmes 205
Une prison moderne 215
Visiteurs 219
Travaux forcés 223
Karen Berreby 227
Les nouveaux amis 229
La fouille 236
Ma peau 240
Le nouveau directeur, Tuan Nik 243
Aérobic 246
Rejet 248
Tuan Nik, père Noël 253
Le dispensaire 255
Responsabilités 259
Magie jaune 261
Ramadan 264
Adieu, l'Anglais 267
Bicentenaire 271
Concert rock 274
Rumeurs 277
Kajang devient une auge 282
Visite du sultan de Selangor 285
Datuk Yassin ou la terreur 286
Décisions 287
Libération 290

Annexes 293

Achevé d'imprimer en juin 1991
sur presse CAMERON,
dans les ateliers de la S.E.P.C.
à Saint-Amand-Montrond (Cher)
pour le compte des éditions Robert Laffont
6, place Saint-Sulpice - 75279 Paris Cedex 06

Dépôt légal : mai 1991.
N° d'édition : 33523. N° d'impression : 1405.